MICHAEL SOMMER

# VOLKSTRIBUN

Die Verführung der Massen
und der Untergang der Römischen Republik

KLETT-COTTA

MIX
Papier | Fördert gute Waldnutzung
FSC® C083411

Klett-Cotta
www.klett-cotta.de

Gesetzt von C.H.Beck.Media.Solutions, Nördlingen
Gedruckt und gebunden von CPI – Clausen & Bosse, Leck
ISBN 978-3-608-98644-0
E-Book ISBN 978-3-608-12241-1

Zweite Auflage, 2023

Bibliografische Information der Deutschen Nationalbibliothek
Die Deutsche Nationalbibliothek verzeichnet diese Publikation in der Deutschen Nationalbibliografie; detaillierte bibliografische Daten sind im Internet über http://dnb.d-nb.de abrufbar.

Allen, die sich den staatsmännischen Takt für das Mögliche und Unmögliche bewahren.

# INHALT

# VORWORT

> Als Bibulus, der Konsul, mit Lucullus und Cato auf das Forum hinunterging, stürzte sich die Menge auf ihn und zerbrach die Rutenbündel seiner Liktoren. Jemand warf Bibulus einen Eimer mit Jauche über den Kopf, und zwei der Tribunen, die ihn begleiteten, wurden verwundet.[1]

Bibulus bekommt es nicht gut, dass er sich im Wendejahr 59 v. Chr. seinem Kollegen Caesar und dessen Gesetzgebung in den Weg stellen will. Die von Caesars Gefolgsmann Vatinius aufgehetzte Menge schreckt vor roher Gewalt nicht zurück. Die Quellen berichten von tätlichen Angriffen gegen den Konsul und die ihn begleitenden Volkstribunen. Die Fasces der Liktoren, das Symbol seiner Würde als höchster Magistrat der Republik, werden zerbrochen. Der in Rom traditionell so ausgeprägte Respekt vor dem Amt, so scheint es, hat sich in nichts aufgelöst. Nur Plutarch lässt uns am unappetitlichen Höhepunkt des Spektakels teilhaben: Ein Teilnehmer der Demonstration ist offenbar so wütend auf Bibulus, dass er einen Eimer Jauche über seinem Kopf entleert.

Zehn Jahre vor diesen Ereignissen, Ende 69, führt der Prokonsul Lucullus Krieg in Asien. Seine Legionäre marschieren durch die Schluchten des Kaukasus und über die endlosen Ebenen Mesopotamiens: durch Landstriche, in die noch nie ein Römer seinen Fuß gesetzt hat. Lucullus hat, nachdem er in Asien eingetroffen ist, die Steuerlast der Provinz reduziert und die astronomischen Gewinne der römischen Bankiers mit einem Deckel versehen. Das rächt sich nun. Die Lobby der Finanzhaie setzt in Rom das Gerücht in Umlauf, Lucullus ziehe von Ruhmsucht getrieben den Krieg in die Länge. Rund zweieinhalb Jahre später ist der große General und Feinschmecker sein Kommando los.

Shitstorms und Fake News: Diese Methoden des politischen Kampfes kommen uns heute nur allzu vertraut vor. Gewalt und Desinformationen sind gefährliche Waffen, die sich nicht nur gegen Gegner richten, sondern ganze politische Systeme aus den Angeln heben können. So geschah es auch in der Spätzeit der römischen Republik. Als Lucullus seinen Krieg in Asien führte, schien die Republik unangefochten, ihre politische Führungsschicht fest im Sattel zu sitzen. Zwanzig Jahre später tobte der Bürgerkrieg, Caesar holte zum tödlichen Schlag gegen die Ordnung aus, die jahrhundertelang allen Krisen getrotzt hatte.

Dieses Buch will Schritt für Schritt rekonstruieren, wie es dazu hatte kommen können. Wie der Republik allmählich die Republikaner davonliefen und die Elite ihre Autorität verlor. Jede Geschichte braucht einen Helden. Diese hier hat einen Protagonisten, der vielen heute als Antiheld gilt, aber für unzählige Römer doch ein Held war: Publius Clodius Pulcher wurde in eine der angesehensten und mächtigsten Familien der römischen Republik hineingeboren. Er brachte alles mit, um in dieser Republik selbst strahlende Erfolge feiern zu können. Trotzdem widmete er sein politisches Leben der Zerstörung ihrer Ordnung. Und wurde am Ende selbst unter den Trümmern begraben, die er hinterlassen hatte. So oder so ähnlich ließe sich die Geschichte des Publius Clodius erzählen.

Man kann sie aber auch ganz anders schreiben. Das römische Volk war frei. Aber die meisten Bürger konnten mit dieser Freiheit wenig anfangen, weil sie arm und abhängig waren. Clodius machte den Römern ihre Bedürftigkeit bewusst. Er brachte sie dazu, ihren Schmerz laut herauszuschreien, wurde selbst zum Resonanzboden ihres Schmerzenschreies und zeigte ihnen, wie sie sich Linderung verschaffen konnten. In einem System, das von einer tyrannischen Aristokratie beherrscht wurde, ging das nur mit Gewalt. Clodius wurde der Held der Massen, und als er tot war, feierte die Volksmenge ein blutiges Requiem für ihn.

Wer war dieser Clodius zu Lebzeiten? So genau wussten das vermutlich nicht einmal seine Zeitgenossen. Ständig wechselte er Bündnispartner und Rollen, stets ließ er seine Mitmenschen im Unklaren darüber, ob er eine Maske trug oder sie sein wirkliches Gesicht vor sich hatten. Clodius war als Publius Claudius Pulcher zur Welt gekommen. Irgendwann, wir kennen nicht den genauen Zeitpunkt, änderte er seinen Namen in Clodius. So sprach das Volk auf der Straße »Claudius« aus. Wollte er damit ein Zeichen seiner Volkstümlichkeit setzen? Denkbar, doch womöglich war der Namenswechsel kein politisches Programm, sondern einfach eine Frage des Zeitgeistes. Man war gern extravagant, und besonders extravagant war es, wenn Hocharistokraten dem Volk aufs Maul schauten. Zwei von Clodius' Schwestern nannten sich Clodia , aber die Brüder Gaius und Appius blieben beim aristokratischen Claudius, und Clodius' Kinder kehrten zum traditionellen Gentilicium ihrer Familie zurück. Moden ändern sich schnell.

Es gibt Biografien, die erinnern an ein klassisches Drama. Die Handlung strebt unaufhaltsam einem Höhepunkt zu, von dem es im letzten Akt steil bergab geht. Der Held wird von einem Schauspieler verkörpert, der Maske und Kostüm stetig wechselt, doch darunter bleibt er stets er selbst. Er und die übrigen Protagonisten bewegen sich auf einer Bühne zwischen Kulissen, von denen einige unverrückbar installiert sind, die sie aber zum Teil auch nach Gutdünken herumschieben können. Clodius war ein Kulissenschieber. Stets sorgte er dafür, dass die Requisiten auf der Bühne so standen, dass sie ihm Deckung boten und seinen Mitspielern im Wege standen.

Der Held des Dramas, das hier erzählt wird, war auch ein Rollenspieler. Nie ist der Rollenspieler das, als was er sich zeigt. Clodius brillierte während seines Erwachsenenlebens in den unterschiedlichsten Rollen: Geboren als Patrizier, zum Aufrührer geworden im fernen Armenien, ein (nicht nur) politischer Transvestit, Dompteur der Massen und verhinderter Revolutionär. Stets verbarg sich unter der Maske derselbe Clodius, das Produkt einer vierhundertjährigen Familiengeschichte im Zentrum der Macht. Im Umgang mit der Macht und den anderen Mächtigen konnte sich diese Familie ein Quantum Souveränität genehmigen, das anderen abging. Das prägte. Wie viele Angehörige seiner Familie war Clodius ein politischer Solitär: rücksichts- und bindungslos, aber auch origineller und virtuoser in seinem Stil, Politik zu machen.

Zu besonderer Virtuosität brachte Clodius es in der Entfesselung von Gewalt. Dieses Buch ist eine Geschichte über Gewalt. Über das, was Gewalt in der Politik anrichten kann.

# PROLOG: DIE VERFÜHRUNG DER MASSEN

Die Geschichte der römischen Republik ist eine welthistorisch einzigartige Geschichte des Erfolgs. 509 v. Chr., als der Legende nach der letzte König gestürzt und die Republik ausgerufen wurde, war Rom ein Flecken am Unterlauf des Tibers in der Mitte Italiens. Das Territorium der Stadt konnte ein guter Wanderer bequem an einem Tag durchqueren. Gut hundert Jahre später hatten die Römer die etruskische Nachbarstadt Veji erobert und ausgelöscht, ihr Land annektiert. Nach noch einmal einem guten Jahrhundert, man schrieb das Jahr 275 v. Chr., war ganz Italien erobert. Die Republik hatte sich ihres ersten Feindes entledigt, der nicht aus Italien kam: des Molossers Pyrrhos, der zunächst im Auftrag der griechischen Stadt Tarent Krieg gegen Rom geführt hatte. Am Ende des 3. Jahrhunderts v. Chr. waren die Tiberstadt und ihre Verbündeten mit Hannibal fertiggeworden, einem ungleich gefährlicheren Gegner. Karthago, die mächtigste Rivalin im westlichen Mittelmeerbecken, lag am Boden. Und noch einmal gut 50 Jahre später konnten die Römer das gesamte Mittelmeer mit Fug und Recht als »ihr« Meer bezeichnen: *mare nostrum*. In rund 350 Jahren war die Republik vom mittelitalischen Kleinstaat zur beherrschenden Macht der mediterranen Welt aufgestiegen.

## DER LEVIATHAN

Die Geschichte der römischen Republik ist eine welthistorisch einzigartige Geschichte des Misserfolgs. Denn am Ende scheiterte die *res publica*, deren unbedingtem Herrschaftsanspruch sich ein Stadtstaat, ein Stamm, schließlich ein großes Imperium nach dem anderen hatte beugen müssen. Sie scheiterte nicht an äußeren Feinden, denn die hatte sie schließlich alle vom Spielfeld genommen. Sie scheiterte an sich selbst – und an ihrer Unfähigkeit, die zu zähmen, auf die es in der politischen Arena ankam: die breite Masse der Bürger, vor allem aber die Elite, die in Rom ein kleiner, streng vom Rest der Gesellschaft abgeschotteter Zirkel war. Wie konnte es dazu kommen?

Philosophen und Theologen streiten noch heute über die Frage, ob der Mensch gut sei oder böse. Einigkeit besteht immerhin in dem Punkt, dass der Mensch seiner biologischen und mentalen Grundausstattung nach defizitär ist. Aristoteles hat daraus gefolgert, er sei ein soziales Lebewesen: *zoon politikon*. Nur durch Zusammenarbeit mit anderen Menschen könne er überleben. Thomas Hobbes hingegen glaubte, dass im Urzustand der Menschheit ein Krieg Aller gegen Alle herrsche. Der Mensch an sich sei egoistisch und zu sozialem Handeln nur befähigt, wenn er dazu gezwungen wird. Um den zerstörerischen Krieg zu überwinden, hätten sich die Menschen per Gesellschaftsvertrag darauf geeinigt, einen Teil ihrer natürlichen Freiheiten und Rechte zu opfern. Sie hätten so den Staat geschaffen. Hobbes benutzt für den allmächtigen, souveränen Staat die biblische Metapher des Leviathan: Das Seeungeheuer des Alten Testamentes ist sterblich, bricht aber jeden menschlichen Widerstand. Hobbes' Leviathan schützt die Menschen vor sich selbst und vor anderen. Indes: Auch der Leviathan ist bedroht. Nirgends steht geschrieben, dass die von ihm gesicherte Ordnung ewig währt.

Am Anfang aller Staatlichkeit, in den Flusstalzivilisationen Mesopotamiens, Ägyptens, Indiens und Chinas, stand ein mehr oder weniger theokratisch hergeleitetes Königtum, das despotisch-allmächtig über eine Bevölkerung aus Untertanen gebot. Die politische Willensbildung funktionierte streng von oben nach unten: »Will er, so tut er«, hieß es über den ägyptischen Pharao. Macht ist nach Max Weber »jede Chance, innerhalb einer sozialen Beziehung den eigenen Willen auch gegen Widerstreben durchzusetzen, gleichviel worauf diese Chance beruht«. Bei Macht geht es also um Willensdurchsetzung, und insofern ist der Pharao allmächtig. Auch wenn der König durchaus Erwartungen seiner Untertanen zu erfüllen und im Koordinatensystem der herrschenden Vorstellungen von Gerechtigkeit – in Ägypten: Ma'at – zu agieren hatte, gab er die Befehle, die anderen gehorchten. »Er spricht und es geschieht«, lautete die Formel dafür im alten Ägypten.[1]

Der ägyptische Leviathan bändigte die Untertanen durch das ganze Arsenal der Machtformen, die der Freiburger Soziologe Heinrich Popitz in einem kleinen, nicht nur für Historiker lesenswerten Büchlein typologisch aufgefächert hat: Er konnte diejenigen, die sich ihm in den Weg stellten, ob äußere oder innere Feinde, physisch vernichten. Er konnte ihnen drohen und ihnen etwas versprechen, er konnte strafen und belohnen. Bei den meisten aber konnte er sich darauf verlassen, dass ihnen seine Autorität in Fleisch und Blut übergegangen war, ja: dass sie sich ihr sogar gerne unterwarfen. Er konnte, in den Kategorien von Popitz, Aktionsmacht einsetzen, instrumentelle Macht und autoritative Macht. Die drei Typen sind wie unterschiedliche Aggregatzustände von Macht: Mit jeder Stufe verfestigt sie sich ein Stück. Die verdauerte, institutionalisierte Form von Macht ist Herrschaft. Sie hängt, sagt wiederum Weber, vom Legitimitätsglauben der Beherrschten ab. Herrschaft rationalisiert die Durchsetzung des Willens und reduziert so die Kosten für die Ausübung von Macht: »Herrschaft soll heißen die Chance, für einen Befehl bestimmten Inhalts bei angebbaren Personen Gehorsam zu finden«. Weil die Beherrschten an die Autorität der Herrscher glaubten, war der Leviathan in den frühen Flusstalzivilisationen von innen kaum zu besiegen, allenfalls ließ er sich in sehr langen Rhythmen domestizieren. Im alten Ägypten und ähnlich im alten Mesopotamien konzentrierte sich zumindest der Idee nach Herrschaft auf eine einzelne Person. Der Pharao ritt den Leviathan sozusagen ganz alleine.[2]

Ab etwa 700 v. Chr. experimentierten Gesellschaften in Griechenland und im von Griechenland aus kolonisierten Mittelmeerraum mit einem radikal neuen Verständnis von politischer Ordnung. Darin war der Einzelne nicht länger Untertan, sondern Teilhaber von Herrschaft. Der Bürger war geboren, und der Staat war identisch mit der Summe seiner Bürger, die Polis war nicht Athen, sondern *hoi Athenaioi*: »die Athener«. Aristoteles beschreibt es so: »Die Tugend des Bürgers besteht darin, gut zu regieren und gut regiert zu werden.« In der Herrschaft, die er »politisch« nennt und vom Despotismus abgrenzt, sind Herrscher und Beherrschte identisch. Die Kehrtwende verdankte sich zwei elementaren Erfahrungen, die das alte Hellas auf seinem Weg in die Geschichte gesammelt hatte: der Kolonisation, durch die Griechen weite Teile des Mittel- und des Schwarzen Meeres als ihr Siedlungsgebiet erschlossen, und der Hoplitenphalanx, mit der sich die Polis gegen ihre Feinde zur Wehr setzte. Wer überall neue Städte gründete, merkte schnell, dass er sich nicht auf die Götter verlassen durfte, wenn es um Fragen der politischen Organisation ging. Gesellschaft und Staat waren menschengemacht, Bürger hatten einen freien Willen. Und wer mit seinen Nachbarn Seite an Seite in identischer Rüstung und mit identischen Waffen kämpfte, mit dem Schild den linken Nebenmann deckend, dem leuchteten die Ideen von Gleichheit und Solidarität unmittelbar ein. Bürger waren also nicht nur frei, sondern auch gleich.[3]

Mit der Idee des Bürgers war der revolutionäre Gedanke der Volkssouveränität in der Welt, der fortan nicht mehr daraus zu entfernen war. Vom Volk, nicht von göttlichen, numinösen Mächten oder von der Person des Monarchen selbst, ging alle Staatsgewalt aus. Der Bürger und eben nicht die später ebenfalls von den Griechen erfundene Demokratie macht den Kern der politischen Identität Europas aus. Despoten gab es zwar immer wieder, aber sie waren gut beraten, Kreide zu fressen und zumindest den Anschein zu erwecken, sie würden ein gewisses Quantum bürgerlicher Freiheiten respektieren. So unterschiedlichen Gewaltherrschern wie den römischen Kaisern, den absolutistischen Monarchen der Frühmoderne oder faschistischen wie realsozialistischen Machthabern gelang es nicht, die Geschichte hinter die Erfindung des Bürgers zurückzudrehen. Der Bürgergedanke schuf neue Formen der Legitimierung von Herrschaft, aber er erschwerte dem Leviathan in einem entscheidenden Punkt auch seine Arbeit. Der Bürger hatte sich einen Teil der Freiheiten und Rechte zurückertrotzt, die der Untertan einst an das Ungeheuer abgetreten hatte. Die Freiheit des Bürgers setzte das Problem auf die Tagesordnung, wie diese Freiheit so zu begrenzen sei, dass aus ihr keine Anarchie erwuchs.

## DAS VOLK FÜHREN

Noch ein anderes Problem wurde mit der Erfindung des Bürgers akut: Die Fragen aller Fragen, die Machtfrage, zu klären, war nicht mehr so einfach wie im Despotismus. Wie lautete der Wille, der durchzusetzen war, wenn es ein kollektiver Wille von vielen, kein Wille von einem oder wenigen war? Eine kommunikative Ebene trat zum einfachen Prinzip der Willensdurchsetzung hinzu. Hannah Arendt trägt der Komplexität der Machtfrage in pluralistischen Gesellschaften Rechnung, wenn sie diese Dimension einpreist: »Macht entspringt der menschlichen Fähigkeit, nicht nur zu handeln oder etwas zu tun, sondern sich mit anderen zusammenzuschließen und im Einvernehmen mit ihnen zu handeln.« Entscheidende Quellen von Macht werden deshalb die Bündnis-, aber auch die Überzeugungsfähigkeit von Individuen.[4]

Doch wie sollten Tausende, gar Hunderttausende oder Millionen ihren politischen Willen artikulieren? Selbst in der Überschaubarkeit der griechischen Poleis, von denen die meisten nur wenige Tausend Bürger zählten, war guter Rat teuer. Nach und nach fand man Lösungen: Das Volk versammelte sich und traf wichtige Entscheidungen wie die über Krieg und Frieden. Es kürte Beamte, die auf Zeit die Geschäfte der Polis führten. Es wählte einen Rat als politischen Ausschuss, in dem vier- oder fünfhundert Bürger wichtige Fragen berieten, bevor sie der Volksversammlung vorgelegt wurden. Es setzte Gerichte ein. Wählbar für diese Funktionen, regimentsfähig, waren zunächst nur Angehörige der Eliten, also die, die mehr besaßen und deshalb von ihren täglichen Verrichtungen »abkömmlich« waren, wie wiederum Max Weber formuliert.[5]

Damit stellte sich der Bürgergesellschaft unversehens ein

drittes Problem: Wie sollte man das Verhältnis zwischen Eliten und allen anderen austarieren? Die griechischen Denker ließ diese Frage nicht los. Als erster ersann Platon drei Grundtypen politischer Ordnung: die Monarchie, in der einer herrscht, die Aristokratie, in der die Besten (also wenige) herrschen, und die Demokratie, in der das Volk herrscht, der *demos* (also alle). Platon war ein Gegner der Attischen Demokratie, in der er aufgewachsen war. Er hielt die Vielen für nicht zum Herrschen befähigt und stand mit dieser Auffassung keineswegs allein. Der breiten Masse fehle die intellektuelle Grundausstattung, die Urteilsfähigkeit zum Regieren, meinte etwa auch der Verfasser eines antidemokratischen Pamphlets, das unter Xenophons Namen überliefert ist: Armut sowie Mangel an Erziehung und Bildung würden sie »zur Schlechtigkeit verleiten«.[6]

Die Verführbarkeit der Masse war auch das Thema einer 424 v. Chr. uraufgeführten Komödie des Dichters Aristophanes. In dem Stück ist der feiste Herr Demos ein seniler Tattergreis, den sein Sklave, der »Paphlagonier«, dadurch von sich abhängig gemacht hat, dass er ihm täglich sein Leibgericht auftischt und ihm im Übrigen bei jeder Gelegenheit Honig um den Bart schmiert. Als unversehens der »Wursthändler« auftritt, ein noch geschickterer Verführer, liefern sich die beiden einen erbarmungslosen Wettbewerb um die Gunst des Demos, den schließlich der Wursthändler gewinnt. Die Komödie ist eine bitterböse Parabel auf die Verführbarkeit des Volkes und die Skrupellosigkeit von Demagogen, die Athen in den Peloponnesischen Krieg gegen die zweite griechische Großmacht geführt und in den 420er Jahren verhindert hatten, dass der Konflikt beigelegt wurde.[7]

Aller Kritik zum Trotz funktionierte die Attische Demokratie ziemlich reibungslos. Die Besoldung von Richter- und Beamtenstellen sowie das Losprinzip, durch das mit Ausnahme der militärischen Ämter alle Funktionen besetzt wurden, garantierten identische Partizipationschancen für alle Bürger. Das Scherbengericht, *ostrakismos*, stellte sicher, dass niemand zu mächtig wurde. Einmal im Jahr wurde abgestimmt und derjenige, auf den die meisten Stimmen entfielen, für zehn Jahre in die Verbannung geschickt. Selbst *demagogos* war kein ehrenrühriger Titel. Allen war bewusst, dass es redegewandter Leute mit Autorität bedurfte, um diffuse Stimmungen im Volk aufzufangen, zu kanalisieren und daraus einen politischen Willen zu artikulieren. Der Althistoriker Moses I. Finley hat schon vor über 60 Jahren mit dem moralischen Naserümpfen über den Demagogen aufgeräumt und in Erinnerung gerufen, dass er eine unverzichtbare, »strukturelle« Zutat zur Attischen Demokratie war. Finley vergleicht ihn, »up to a point«, mit dem Typus des modernen Politikers. Ähnlich bemerkte schon Max Weber in seiner Schrift »Politik als Beruf« 1919: »Der ›Demagoge‹ ist seit dem Verfassungsstaat und vollends seit der Demokratie der Typus des führenden Politikers im Okzident.« Die Unverzichtbarkeit der Demagogen korrigiert das Idealbild der absoluten Egalität, wie sie dem Selbstverständnis nach in der Demokratie herrschte. Macht war nicht gleich über das politische Feld verteilt, sondern verdichtete sich in Individuen, die besser reden konnten, weil sie besser gebildet waren als der Durchschnitt. Besser gebildet waren diese Männer, weil sie zur Elite der ökonomisch Bessergestellten gehörten. Sie hatten, mehr als der Durchschnittsbürger, im Sinne Arendts die Fähigkeit, sich mit anderen zusammenzuschließen und gemeinsam mit ihnen zu handeln. Der Demagoge war dem Wortsinn nach ein »Volksführer«, kein Volksverführer. Demagogen operierten selbstverständlich mit Halb- und Unwahrheiten, um das Volk auf ihre Seite zu ziehen, aber sie stachelten sie nicht zu gewaltsamen Protesten an. Ihre Waffe blieb stets das Wort.[8]

Das politische Feld auch der Attischen Demokratie war also nicht völlig plan. Die Landschaft wies relativ flache Erhebungen um die Demagogen auf, aber keine Gebirge und keine tiefen Täler völliger Ohnmacht. Die Demokratie meisterte ihrer Radikalität zum Trotz etliche Herausforderungen, die sich politischen Ordnungen damals wie heute stellen. Der Ostrakismos war ein Instrument der Elitenkontrolle, die in den meisten Gesellschaften, auch in modernen Repräsentativsystemen, ein meist ungelöstes Problem ist. Über die Demagogen gelang die politische Willensbildung in einer sonst amorphen Volksmasse. Sie wirkten, analog unseren Parteien, sozusagen an der politischen Willensbildung mit. Die Institutionen der Polis und vor allem die in Athen auf breiter Front verwirklichte Besoldung der Ämter leisteten die Integration breiter, auch der unteren Bevölkerungsschichten. Und schließlich war die Legitimität der Ordnung durch die kompromisslose Durchsetzung der Volkssouveränität unangefochten. Mehr noch: Die Demokratie bot keinerlei Angriffsfläche für soziale Protestbewegungen. Auch deshalb blieb politisch motivierte Gewalt im klassischen Athen die absolute Ausnahme. Die Gesellschaft unterstellte sich freiwillig dem Gesetz, die Bürger für die Schlichtung ihrer Streitigkeiten den Gerichten. In den Gerichten unterwarfen sich die Reichen dem Urteil derer, die auf den Richterstühlen saßen. In ihrer Mehrzahl waren das ganz normale Leute. Die Demokratie bewältigte die Herausforderungen auch deshalb, weil die Bevölkerung Attikas kompakt und homogen war. Die attische Spielart der Demokratie war eine politische Ordnung, die nur in Face-to-Face-Gesellschaften funktioniert. Noch James Madison und Alexander Hamilton erklärten während der Verfassungsdiskussion in den dreizehn Kolonien den Gedanken für völlig abwegig, die angestrebte Föderation könne demokratisch aufgebaut sein: Dazu war sie einfach viel zu groß.[9]

146 v. Chr. stand der Geschichtsschreiber Polybios vor den rauchenden Trümmern des einst weltbeherrschenden Karthago und fragte sich, warum Rom und nicht irgendeine der vielen anderen Mächte zwischen Atlantik und Nahem Osten den beispiellosen Sieges- und Eroberungszug angetreten hatte, der jetzt das Mittelmeer politisch in einer Hand vereinte. Polybios wäre kein griechischer Intellektueller gewesen, hätte er sich nicht eine Theorie zurechtgelegt, um seinen Landsleuten das Wunder der römischen Expansion zu erklären. Er griff auf das ursprünglich von Platon erdachte und später von Aristoteles verfeinerte Instrumentarium der drei Verfassungstypen zurück. Die Stärke der römischen Republik bestehe darin, argumentiert Polybios, dass die monarchische, aristokratische und demokratische Komponente in ihrem Staatsaufbau in perfektem Gleichgewicht lägen. Monarchisch sei die Amtsgewalt der höchsten Magistrate, der Konsuln, aristokratisch seien Autorität, Beratungs- und Beschlussfassungskompetenz des Senats und demokratisch sei das ausschließliche Recht der Volksversammlung, Gesetze zu beschließen sowie Magistrate zu wählen. »Und die Hinzuziehung dieser drei Elemente bei der Ausarbeitung der Verfassung und ihrer anschließenden Handhabung war in jeder Hinsicht so ausgewogen und gleichmäßig, dass es selbst für einen Einheimischen unmöglich war, mit Sicherheit zu sagen, ob das gesamte Gemeinwesen nun aristokratisch, demokratisch oder monarchisch war.«[10]

Das Gemeinwesen, *politeuma*, wie Polybios es nennt, war das Produkt einer Jahrhunderte dauernden Auseinandersetzung zwischen Roms altem Geburtsadel, den Patriziern, und allen anderen, den Plebejern. Die 509 v. Chr. errichtete Republik war zunächst ein Projekt der Patrizier gewesen, an dessen Verwaltung die Plebejer keinen Anteil hatten. Das änderte sich allmählich, nachdem die Plebejer – der Legende nach zuerst 494 v. Chr. – kollektiv in den Streik getreten und aus der Stadt ausgezogen waren. Zug um Zug wurden die Patrizier in den Ständekämpfen zu Zugeständnissen gezwungen, bis 287 v. Chr. die nahezu völlige Gleichstellung mit den Patriziern erreicht war.[11]

Darüber, ob Polybios' Modell der »Mischverfassung« die römische Republik korrekt beschreibt oder nicht, tobte in der Alten Geschichte vor knapp 40 Jahren ein heftiger Streit. Lange galt als ausgemacht, dass der Grieche etwas Entscheidendes übersehen hatte. Dass sich die Institutionen der Republik nämlich nicht in Magistraturen, im Senat und der Volksversammlung sowie ihren rechtlich genau festgelegten Kompetenzen erschöpften, sondern tief in der Gesellschaft Kräfte am Wirken waren: Kräfte, die dafür gesorgt hätten, dass sich mit dem Ende der Ständekämpfe die Macht in den Händen einer neuen, jetzt patrizisch-plebejischen Elite konzentrierte. Sie bestand demnach aus den führenden Männern im Senat, jenen, die zuvor die Prätur oder gar den Konsulat und damit die beiden höchsten Ämter der vierstufigen Ämterlaufbahn bekleidet hatten, des *cursus honorum*. Bereits Theodor Mommsen prägte für diese Elite den Begriff »Nobilität« und definierte ihn als »Erbadel« von »Quasi-Patriciern«. Die Nobilität, so Mommsen, habe für ihre Nachkommen den privilegierten Zugang zu den höchsten Ämtern reserviert und ihn Außenstehenden so schwer wie möglich gemacht. Tatsächlich gelang es »neuen Männern«, *homines novi*, nur äußerst selten, in den Kreis der Nobilität vorzudringen. Der berühmteste *homo novus* war Marcus Tullius Cicero.[12]

Die Nobilität verstand sich als Leistungselite. *Nobilis* war man, wenn man »kenntlich« war – und das wurde man durch Verdienste. Verdienste erwarb man in den Magistraturen: den Ehrenämtern, *honores*, der vierstufigen senatorischen Laufbahn, die von der Quästur über die Ädilität und die Prätur bis zum Konsulat emporführte. Alle Magistraturen waren Wahlämter, es entschied das versammelte Volk. Als Leistung galt die Errichtung oder Instandsetzung öffentlicher Gebäude, auch von Straßen oder Aquädukten. Die Ausrichtung von Gladiatorenspielen und Tierhetzen war ebenfalls auf dem Leistungskonto zu verbuchen. Die wichtigste Leistung aber bestand im siegreichen Bestehen von Kriegen. Wer, wie Scipio Africanus und sein Adoptivenkel Scipio Aemilianus über Karthago, wie Marius über die Kimbern und Teutonen oder wie Pompeius über die Seeräuber und über Roms orientalischen Lieblingsfeind Mithradates von Pontos triumphiert hatte, besaß Autorität und gehörte zum exklusiven Kreis der Männer, deren Wort in der Kurie allerhöchstes Gewicht hatte. Leistung war ein Kapital, das in den großen Familien Generation um Generation aufgehäuft wurde. Wer sich Wahlen stellte, wurde nicht allein daran gemessen, was er persönlich im Dienst der Republik vollbracht hatte, sondern auch an den Taten seiner Vorfahren. Edle Herkunft war die wertvollste Trumpfkarte im Kampf um Ehre und Verdienste: Im Normalfall stach sie alle Asse, die andere im Ärmel haben mochten. Die Bedeutung des »Ahnenkapitals« erklärt, warum es Außenseitern wie Cicero allen persönlichen Verdiensten und allen Bekenntnissen der Republik zur Meritokratie zum Trotz so schwer gemacht wurde, bis ins höchste Amt aufzusteigen.[13]

Das kollektive Machtinstrument der Nobilität war der Senat. Debatte und Meinungsfindung in diesem Gremium waren einer strikt hierarchischen Logik unterworfen. Zuerst ergriffen die Senatoren mit der höchsten Autorität das Wort, und das waren in der Reihenfolge der Seniorität diejenigen, die zuvor die führenden Ämter bekleidet hatten: Konsulare und Prätorier. Die Nobilität gab daher im Senat den Ton an, auch wenn sie nicht über die Mehrheit verfügte. War ein Beschluss, *senatus consultum*, erst einmal gefasst, dann vertraten ihn alle Senatoren, ganz gleich, wie kontrovers die Diskussion innerhalb der Kurie zuvor gewesen war. Die Standessolidarität der Nobilität war die zentripetale Gegenkraft zum Konkurrenzdruck, der auf den führenden Senatoren lastete. Wer aus der Reihe tanzte, musste scharfe Sanktionen des Kollektivs fürchten. Das Procedere sah vor, dass Konsuln oder Volkstribunen die Beschlüsse des Senates in der Volksversammlung als Gesetzesvorlagen zur Annahme vorschlugen. Der Vorschlag hieß *rogatio*, und nur diese Magistrate besaßen das Rogationsrecht. Rein rechtlich stand es jedem Magistrat frei, auch eigenmächtig ein Gesetz einzubringen, doch in der Praxis waren die Kosten solchen Handelns unkalkulierbar. Im Senat wie im politischen Raum insgesamt traf permanent der Geltungsdrang von Einzelnen auf die entschlossene Abwehrhaltung des Kollektivs. Die Fähigkeit der Nobilität zur Selbstdisziplinierung machte die Stärke des römischen Leviathan aus. Lange blieben seine Klauen und Zähne scharf – bis zu der Zeit, von der dieses Buch handelt.[14]

Eine Generation nach Mommsen arbeitete sich der Schweizer Althistoriker Matthias Gelzer in seiner Habilitationsschrift an der Frage ab, was es denn der Nobilität erlaubt habe, ihr faktisches Machtmonopol so effektiv gegen die Außenwelt zu verteidigen. Bereits Mommsen hatte gesehen, dass die nobilitäre Exklusivität »nie durch Gesetz geregelt« worden und »daher mehr thatsächlicher als rechtlicher Art« gewesen sei. Gelzer stieß bei seiner Suche auf Beziehungsgeflechte, die Roms Gesellschaft in ihrer Tiefe horizontal und vertikal durchzogen: »Freundschaft«, *amicitia*, zwischen

Gleichrangigen und »Beschützung«, *patrocinium*, zwischen Patron und Klient. Zwischen Gleichen und Ungleichen herrschte das Band von *fides*, unbedingter gegenseitiger Solidarität. Solche »Nahverhältnisse« waren in einer Gesellschaft, die keine Polizei und keine Staatsanwaltschaft kannte, unerlässliche Diziplinierungs- und Friedenssicherungsmechanismen. Ohne die soziale Kontrolle des Bindungswesens wäre die römische Gesellschaft an Gewalt erstickt. Gelzer interpretierte die Nahverhältnisse aber noch als etwas anderes: als Netzwerke, über die sich das politische Feld sortiert und Entscheidungsfindung stattgefunden habe: Freunde hätten einander politische Hilfestellung, der Patron dem Klienten die Gewährung von Schutz, der Klient dem Patron Gefolgschaft geschuldet, und das alles generationenübergreifend. Durch das Netzwerk des Bindungswesens, folgerte Gelzer, sei es den in der Nobilität versammelten mächtigen Patronen möglich gewesen, Wahlergebnisse regelrecht zu programmieren: »So ist der Mächtigste der, welcher kraft seiner Clienten und Freunde die meisten Wähler mobilisieren kann.«[15]

In Gelzers die Debatte lange beherrschendem Modell fand politische Willensbildung zunächst durch Absprachen in den Hinterzimmern der mächtigen Häuser Roms statt, dann im Senat und schließlich strikt von oben nach unten in der Gesellschaft: dadurch, dass Patrone ihren Klienten auftrugen, wen sie zu wählen oder für welches Gesetz sie zu stimmen hätten. Nach Arendts Machtbegriff wären Nobiles umso mächtiger gewesen, je mehr Freunde und Klienten sie hatten. Darauf, dass diese einfache Rechnung so nicht aufgeht, hat zuerst der britische Althistoriker Fergus Millar hingewiesen. Millar stellte provokant fest, Demokratie sei keine Frage gesellschaftlicher Bindekräfte, sondern im strengen Sinne ein Verfassungsprinzip. Seine radikale Lösung des Problems lautete: »Polybius was right and his modern critics are wrong.«

Das politische System der römischen Republik, folgerte Millar, habe durchaus eine starke demokratische Komponente gehabt: Das zu leugnen, hieße zu verkennen, dass die Volksversammlung auf zahlreichen Gebieten das letzte Wort hatte, dass Macht von der Fähigkeit abhing, politische Überzeugungsarbeit zu leisten, und dass es einen öffentlichen Raum gab – das Forum, die Komitien und die Straße –, in dem politisch debattiert wurde und Redner mit geschliffener Rhetorik die Klingen kreuzten.[16]

Millar hat seine These unter dem Druck der von ihm ausgelösten Kontroverse immer weiter radikalisiert und behauptet, die Republik sei eine Demokratie gewesen. Wie Polybios ignoriert er geflissentlich die Differenz zwischen »Verfassung« und politischer Wirklichkeit in Rom. Die Bindekräfte von *amicitia* und *patrocinium* waren reale Machtfaktoren, auch wenn sich mit ihnen Wahlen und Abstimmungen nicht vorherbestimmen ließen. In der Forschung glaubt man heute nicht mehr an die Macht einflussreicher Senatoren, durch »simples, schematisches Manövrieren großer Clientenmassen« Wahlergebnisse zu beeinflussen oder gar zu erzwingen, aber die Zahl der Klienten war trotzdem ein wichtiger Gradmesser für soziales Prestige und politischen Einfluss. Die Klientel war einer unter mehreren Transmissionsriemen, über die senatorische Politiker Einfluss auf die politische Stimmung im Wahlvolk nehmen konnten. Sie war alles andere als unmaßgeblich.[17]

Mit der Mobilisierung von Freunden und Klienten allein war aber keine Wahl zu gewinnen. Wer als Erster aus dem Rennen hervorgehen wollte, musste politische Landschaftspflege in weit größerem Stil betreiben. Er musste dafür sorgen, dass sein Name buchstäblich auf jeder Hauswand zu lesen stand. Mund-zu-Mund-Propaganda war die wirkungsvollste Waffe im Kampf um die Sympathien der Massen. Die

Genossen in den Wahlabteilungen, *tribus*, aber auch Nachbarn, Freigelassene, selbst Sklaven müsse man sich durch gute Taten, *beneficia*, verpflichten, damit sie, wo immer möglich, Überzeugungsarbeit leisten, empfahl Quintus Cicero seinem Bruder Marcus in einer *Commentariolum petitionis* betitelten Schrift mit Tipps für einen erfolgreichen Wahlkampf. Fast erübrigt es sich zu sagen, dass Bewerber auch vor Stimmenkauf nicht zurückschreckten, wenn es darum ging, das Wahlvolk für sich einzunehmen. Doch selbst der teuerste und aufwendigste Wahlkampf musste wirkungslos verpuffen, wenn der Kandidat mit seiner Bewerbungsrede vor der Volksversammlung enttäuschte. Eine sorgfältig geschulte Redebegabung war nahezu die Grundvoraussetzung dafür, in der hochkompetitiven politischen Arena der römischen Republik reüssieren zu können.[18]

Politische Willensbildung funktionierte auch in Rom nicht ausschließlich von oben nach unten. Bei Themen, die dem Volk auf den Nägeln brannten und bei denen aufgrund evidenter gemeinsamer Interessen ein spontaner Konsens herzustellen war, konnte sie auch die umgekehrte Richtung gehen. Im Jahr 200 v. Chr. legte der Konsul Publius Sulpicius Galba Maximus dem Volk einen Antrag vor, mit dem ein neuer Krieg gegen den makedonischen König Philipp V. beschlossen werden sollte. Der Hannibalkrieg und damit der schwerste militärische Konflikt, den die Republik überhaupt in ihrer 500-jährigen Geschichte bestanden hatte, lag zu diesem Zeitpunkt gerade ein Jahr zurück. Der Senat stand einmütig hinter diesem Vorhaben, doch die versammelten Zenturien des nach siebzehn Jahren des Tötens kriegsmüden Volkes lehnten ihn fast unisono ab. Dies ist freilich der einzige überlieferte Fall eines vom Senat beschlossenen und dann vom Volk abgelehnten Antrages. Der Senat reagierte, indem er den Konsul abermals vorschickte und eine Versammlung, *contio*, abhalten ließ, auf der er um Vertrauen warb und dem Volk die Sachlage erläuterte. Die Episode zeigt, gerade weil sie die absolute Ausnahme repräsentiert, wie unerschütterlich das Vertrauen des Volkes in die kollektive Problemlösungskompetenz der Nobilität war. Das Vertrauen verdankte sich vor allem dem in Rom tief verankerten Respekt vor den Ahnen und ihren Verdiensten: Wer eine schier endlose Reihe von Konsuln und Prätoren zu seinen Vorfahren zählte, der konnte bei wichtigen Entscheidungen so falsch nicht liegen.[19]

Es war aber nicht nur Vertrauen, das die breite Masse daran hinderte, in Opposition zur Nobilität zu treten, es war vor allem die Unfähigkeit, politische Stimmungen autonom in politisches Handeln zu verwandeln. Die römische Gesellschaft kannte durchaus das Äquivalent einer öffentlichen Meinung: Es herrschte keinerlei Zensur, auf den Straßen machten Gerüchte und Klatsch die Runde, wer lesen konnte, konsultierte Flugschriften und die politische Publizistik. Auch in den Organisationszellen der Gesellschaft, in den Nachbarschaften, *vici*, den *tribus*, in den Berufsgenossenschaften, *collegia*, und natürlich in der Familie sprach man über Politik. Die Stimmung auf der Straße war unberechenbar und hochvolatil. Sie konnte vor allem dann schnell kippen, wenn Katastrophen wie Hungersnöte oder Krankheiten über die Stadt hereinbrachen. Dennoch war die öffentliche Meinung ihrer Natur nach informell. Sie blieb diffus und ungerichtet, aus ihr ließen sich keine Beschlüsse und Gesetze destillieren, mit ihr keine Wahlen gewinnen. Aus den Stimmungslagen der Öffentlichkeit ließ sich aber auch keine Gewalt generieren, mit der man die Nobilität einfach beseitigen und ein anderes Regiment an ihre Stelle hätte setzen können. Macht durch Masse war eine Gleichung, die in Rom aufgrund der überstarken auf die Gesellschaft wirkenden Beharrungskräfte nicht aufging. Nicht umsonst hat es eine Revolution am Tiber nie gegeben, selbst die Ständekämpfe waren ein langer, evolutionärer Prozess gewesen.[20]

Der eingespielte Weg der politischen Entscheidungsfindung führte bei Sachfragen über den Senat und die Antragstellung durch einen Magistraten. Die einzige Alternative war unüblich, aber rechtlich durchaus vorgesehen: Ein Magistrat konnte eigenmächtig, unter Umgehung des Senats, einen Antrag zur Abstimmung stellen. So vorzugehen, barg große Risiken. Wer diesen Weg wählte, brach für alle sichtbar mit der Tradition. Das Althergebrachte nannten die Römer »Sitte der Vorfahren«, *mos maiorum*. Zwar war der Inhalt des *mos* nirgendwo kodifiziert, und so etwas wie eine schriftlich ausgearbeitete »Verfassung«, die dem politischen System einen Rechtsrahmen gab, kannte die Republik auch nicht. Der *mos* stellte als exemplarisch aus, was die Vorfahren getan oder angeblich getan hatten. Er war ein »Pool normativer Muster, die selektiv aufgerufen werden konnten«: Was *mos maiorum* war, war im Lauf der Jahrhunderte durchaus Wandlungen unterworfen, aber es war stets verbindlich und setzte dem Handeln politischer Akteure effektive Grenzen. Wer mit der Tradition brach, vor einem Antrag an die Volksversammlung den Senat zu konsultieren, begab sich also auf schwankenden Boden. Andererseits warteten auf den, der eigenmächtig handelte und sich direkt, ohne den Umweg über den Senat, ans Volk wandte, durchaus auch große Chancen. Als Erster ging den Weg, der bald der »populare« heißen sollte, 133 v. Chr. Tiberius Sempronius Gracchus. Sein Sprungbrett war das Amt des *tribunus plebis*, des Volkstribunen.[21]

Der Volkstribunat war das wichtigste Instrument, das sich die Plebejer im Kampf gegen die Patrizier geschaffen hatten. Es war den Magistraturen nachempfunden, mit denen die Patrizier die Gemeinde verwalteten. Wie sie war er mehrstellig und auf ein Jahr begrenzt. Weil sich die Plebs als eigenständige Gemeinde konstituiert hatte, wurden die Tribunen nicht von der Volks-, sondern von der Plebejerversammlung, *concilium plebis*, gewählt, der sie auch vorstanden und die zu eigenen Beschlussfassungen, *plebis scita*, befähigt war. Die Volksbeschlüsse galten zunächst nur für die Plebs und erlangten erst 287 v. Chr. dieselbe Wirksamkeit wie Gesetze, *leges*. Anfangs waren alle Befugnisse angemaßt, die sich die Plebs selbst und ihren Tribunen gegeben hatte. Mommsen bezeichnet die Plebs in diesem Frühstadium der Ständekämpfe als »die Revolution in Permanenz«, ihr Recht sei »die Möglichkeit der Selbsthülfe« gewesen.[22]

Die Instanz der Selbsthilfe war der Volkstribun. Damit er im Konfliktfall die Plebejer gegen patrizische Übergriffe schützen, *auxilium* leisten konnte, hatte die Plebs ihn mit weitreichenden Möglichkeiten versehen. Grundlage seiner politischen Potenz war die physische, sakralrechtlich untermauerte Unantastbarkeit, *sacrosanctitas*, seiner Person. Sie war unberührbar, tabu, der »Basilisk als Institution«, wie José Ortega y Gasset schreibt. Die sakrale Unverletzlichkeit trat an die Stelle der rechtlichen Unverletzlichkeit der Magistrate. Sie erlaubte es ihm, bei Handlungen jedes regulären Magistraten, gegen die ein Plebejer das tribunizische *auxilium* anrief, »dazwischenzutreten«, zu interzedieren. Das Interzessions-, ein faktisches Vetorecht, erstreckte sich auf sämtliche Rechtsakte, die ein Magistrat vorzunehmen imstande war:

gegen Anweisungen, *decreta*, Gesetzesanträge, *rogationes*, und das Erwirken eines Senatsbeschlusses, *senatus consultum facere*. Der Volkstribun besaß gegenüber Plebejern die Zwangsgewalt, *coercitio*, und die Jurisdiktion. Außerdem war er befugt, das *concilium plebis* einzuberufen, dort Plebiszite einzubringen und die Wahl der ihm nachfolgenden Tribunen zu leiten. Begrenzt waren die außerordentlich weiten Kompetenzen des Volkstribunen allein durch das Recht seiner Kollegen, seinerseits gegen ihn zu interzedieren.[23]

Eine Institution, der so viel Altehrwürdigkeit wie dem Volkstribunat innewohnte, konnte in der traditionsverhafteten römischen Gesellschaft nicht einfach abgeschafft werden, auch dann nicht, als das Amt nach dem vollständigen Sieg der Plebs in den Ständekämpfen eigentlich seinen Sinn verloren hatte. Die politische Ordnung Roms war gespickt mit Relikten, und so blieb auch der Volkstribunat erhalten. Er wurde spätestens unter Sulla zu einem Amt, das als zweite Stufe in die Ämterlaufbahn des *cursus honorum* eingereiht wurde und dem Träger nach dem Amtsjahr die Tür zum Senat öffnete. Obwohl Volkstribunen mit Ende zwanzig oder Anfang dreißig meist recht jung waren, behielt die Magistratur ihre rechtliche Hebelwirkung und ihre moralische Autorität. Hellsichtig bemerkt Ortega y Gasset, womöglich sei es gerade der Volkstribunat in seiner Relikthaftigkeit gewesen, der die römische Republik »dreieinhalb Jahrhunderte vor der schiefen Ebene der Revolution bewahrt« habe, indem er ein rechtliches und moralisches »Scharnier« zwischen dem Senat und den breiten Volksmassen bildete.[24]

Die *sacrosanctitas* des Amtes, das seinen Trägern auch Immunität vor Strafverfolgung gewährte, das Interzessionsrecht, die Möglichkeit, die Volksversammlung einzuberufen und Volksbeschlüsse mit Gesetzeskraft zu erwirken, das alles verlieh den Amtsinhabern in der Theorie viel Macht, machte den Tribunat zu einem formidablen Instrument des politischen Wettbewerbs. Dass diese Macht sich nicht materialisierte, lag an der zunächst nicht zu durchbrechenden Binnensolidarität der Senatorenschaft. Keinem Volkstribun kam es in den Sinn, keiner hätte es auch nur gewagt, sein Amt als Waffe gegen die eigenen Standesgenossen zu gebrauchen – keiner, bis zu Tiberius Gracchus. Denn dass man diese Waffe auch offensiv als Schwert im Kampf gegen politische Rivalen führen konnte, war seine große Entdeckung. Er wurde 133 v. Chr. inmitten einer Agrarkrise, in der sich die Schere zwischen Arm und Reich geöffnet hatte, zum Volkstribun gewählt. Gracchus machte sich im Vorfeld der Wahl zum Anwalt der Schwachen und versprach eine Bodenreform, ohne dafür zuvor die Zustimmung des Senats eingeholt zu haben. Er erklärte den römischen Bürgern, wie schlecht es ihnen ging, und versprach ihnen, Politik dafür zu machen, dass es ihnen besser gehen würde. Kaum ins Amt gewählt, nutzte er die Machtfülle des Volkstribunates und den »Mythos seiner Herkunft«, um seine politische Agenda gegen erhebliche Widerstände im Senat durchzuboxen. Am Ende scheiterte Gracchus, aber er hatte einen neuen Politikstil geprägt, der das Volk direkt ansprach. Tiberius Gracchus war der erste *popularis*, die römische Variante des Demagogen.[25]

Viele folgten ihm auf seinem popularen Weg, übten sich im *populariter agere*, wie Cicero es nannte. Alle versprachen sie den Armen Land und später auch günstiges Getreide. Weil sie meist den Volkstribunat zur Plattform für ihre Politik gemacht hatten, betrachtete die Senatsmehrheit das Amt in einer politisch immer aufgeheizteren Atmosphäre zunehmend als Bedrohung. Sulla zog während seiner Diktatur (82–79 v. Chr.) die Konsequenzen daraus und beschränkte die Amtsvollmachten der Tribunen: Sie durften Gesetze dem *concilium plebis* nurmehr nach Rücksprache mit dem und

Zustimmung durch den Senat vorlegen, das Interzessionsrecht wurde beschnitten, vor allem wurde der Tribunat zur Sackgasse. Wer ihn bekleidet hatte, durfte sich um kein weiteres Amt mehr bewerben, lebenslang. Der Volkstribunat wurde nicht abgeschafft, aber »politisch amputiert«.[26]

Sullas antipopularen Reformen war keine Dauer beschieden. Bereits 70 v. Chr. gaben Gnaeus Pompeius und Marcus Licinius Crassus als Konsuln dem Tribunat seine alten Befugnisse zurück. Fortan war das Amt wieder ein nützliches Werkzeug für alle, die im politischen Wettbewerb früh Sichtbarkeit erlangen wollten, längst nicht nur, aber besonders für Popularen. Etliche der Figuren, die in dieser Geschichte wichtige Rollen spielen, waren in den 60er und 50er Jahren des letzten vorchristlichen Jahrhunderts Volkstribune: Aulus Gabinius, Marcus Porcius Cato, Quintus Fufius Calenus, Titus Annius Milo, Publius Sestius – und natürlich der Hauptprotagonist, Clodius.[27]

Publius Clodius – oder Claudius – Pulcher war um 92 v. Chr. als Patrizier zur Welt gekommen und musste erst zum Plebejer werden, um den Volkstribunat überhaupt bekleiden zu können. Wenn Nobilität in irgendeiner Familie förmlich ins Genom eingebrannt war, dann bei den Claudii Pulchri. Wer, wie Clodius, auf so viele berühmte Vorfahren zurückblicken konnte, gehörte kraft Geburt zum Club der Mächtigsten und war mit der Autorität einer Ahnenreihe ausgestattet, die in 400 Jahren mindestens zehn Generationen von Konsuln gestellt hatte. Das war einer von fünf Gründen, weshalb ihm gelang, woran alle gescheitert waren, die sich seit Tiberius Gracchus im *populariter agere* versucht hatten: Clodius überwand die Beharrungskräfte, die Roms Republik fest im Griff hielten, und schuf sich eine Anhängerschaft, die über den Tag hinaus Bestand hatte. Anders als bei seinen Vorgängern fiel bei Clodius die Mobilisierungskurve nicht nach wenigen Monaten steil ab. Der schillernde Aristokrat war und blieb der Held der Massen. Der zweite Grund dafür, dass seine Rechnung aufging, war das Nachlassen der alten Bindungen: Clodius sprengte die bereits im Schwinden begriffene Solidarität der Klientel, die bis dahin ein zentrales Instrument der Massenmobilisierung gewesen war, und setzte an ihre Stelle einen neuen Typus von Gefolgschaft. Sie war durch und durch politisch. Zusammengehalten wurde sie durch persönliches Charisma, Netzwerke und gemeinsame Interessen. Hier lag der dritte Grund dafür, dass Clodius Erfolg haben konnte: Die Massen waren sich ihrer Interessen nur allzu bewusst, weil sie nicht wussten, wie sie satt werden sollten. In den Jahren nach 60 v. Chr. durchlitt Rom eine der größten Hungerkrisen der Republik. Mitten in dieser Notzeit konnte Clodius seinen vierten Trumpf ausspielen: Anders als Tiberius Gracchus und die Popularen vor ihm sprach er die Massen nicht nur an, er führte und verführte sie, so dass sie Dinge taten, die sie ohne ihn nicht getan hätten. Clodius war ein begnadeter Agitator, der das Geschäft von der Pike auf gelernt hatte, und ein nicht minder begabter Redner. Die Masse war Wachs in seinen Händen. Sie schreckte, von ihm angestachelt, auch vor extremer Gewalt nicht zurück. Den fünften und wichtigsten Baustein zu seinem Erfolg steuerte die Nobilität selbst bei: Ihre Binnensolidarität, die stets stärker gewesen war als der zentrifugale Ehrgeiz der Einzelnen, war unwiderruflich zerbrochen. Clodius konnte seine Standesgenossen nach Gutdünken gegeneinander ausspielen. Er übte sich in diesem Spiel mit Beharrlichkeit und taktischem Geschick.

Drei der fünf Faktoren bewirkten, dass das politische System als solches in eine Legitimitätskrise geriet. Zwei davon – Erosion der alten Klientel und Spaltung der Nobilität – waren chronisch und wirkten langfristig, der dritte trat akut als

Katalysator hinzu: die Hungersnot. Zusammen schufen sie den idealen Nährboden für Protestbewegungen. Der schleichende Legitimitätsverlust der herrschenden Ordnung und gewaltsamer Protest waren Phänomene, die der Attischen Demokratie fremd gewesen waren, mit denen Rom sich aber schon seit den Gracchen hatte herumschlagen müssen. Um 60 v. Chr. gewannen die Proteste indes eine neue Qualität. Die Schlüsselfigur in diesem Prozess war Publius Clodius.

Der Politikwissenschaftler James DeNardo unterscheidet zwei Mobilisierungsmechanismen für Protestbewegungen: »ideologische« und »organisatorische« Rekrutierung. Ideologische Rekrutierung wird dadurch geleistet, dass politische »Dissidenten« Standpunkte und Forderungen publik machen. Die Bürger können dann entscheiden, ob sie den Dissidenten näherstehen oder der Regierung. Im einen Fall schließen sie sich den Protesten an, im anderen bleiben sie zu Hause. Diese Form der Mobilisierung war in Rom seit den Gracchen gang und gäbe. Organisatorische Rekrutierung setzt voraus, dass die Mitläufer von Protesten über soziale Kontakte in die Bewegung hineingezogen werden, nicht notwendig, dass sie durch Beschwernisse hineingeschoben werden. Die Beweggründe, die Mitläufer in die Proteste hineinziehen, sind oft außerpolitischer Natur: Freundschaften, Drohungen, finanzielle Anreize oder ganz einfach Abenteuerlust. Organisatorische Rekrutierung war um 60 v. Chr. ein neuer Faktor der Mobilisierung, den Clodius perfektionierte. Ein begnadeter Agitator wie er verstand auf beiden Klaviaturen virtuos zu spielen.[28]

Nichts Neues in Rom war das Umschlagen von Protesten in Gewalt. Bereits die Volkstribunate von Tiberius Gracchus sowie seinem Bruder Gaius hatten 133 und 121 v. Chr. jeweils in einer mit aberwitziger Geschwindigkeit rotierenden Gewaltspirale ihr Ende gefunden. Lucius Appuleius Saturninus hatte, nachdem er im Dezember 100 v. Chr. für eine zweite Amtszeit als Volkstribun gewählt worden war, seine Anhänger einen der Kandidaten für den Konsulat erschlagen lassen und dann mit ihnen das Kapitol gestürmt. Auch er selbst kam gewaltsam ums Leben. 87 v. Chr. griff Lucius Cornelius Cinna in Rom inmitten von Straßenschlachten nach der Macht und ließ seinen Kollegen Gnaeus Octavius umbringen. Gemeinsam war diesen Gewalteruptionen ihr ephemerer Charakter. Sie endeten stets mit dem Tod ihrer Urheber. Clodius hingegen verstand es, Gewalt als sorgsam dosiertes Mittel über lange Zeiträume einzusetzen und so das Zerbröseln der Nobilitätsherrschaft zu beschleunigen.

Gewalt ist für den, der sie einsetzt, nicht gratis zu haben. Sie muss organisiert werden, möglicherweise müssen Waffen bereitgestellt werden. Empörung kann sich gegen die Krawallmacher richten, die öffentliche Meinung sich gegen die Protestierenden wenden. Vor allem birgt Gewalt Risiken für alle, die an den Ausschreitungen teilnehmen. Die Regierung kann mit Repressalien antworten und Gegengewalt einsetzen. Wer die Gewalt auf die Straße trägt, riskiert Verwundung oder im Extremfall den Tod. Deshalb birgt Gewalteinsatz für die Hintermänner stets die Gefahr, dass ihre Bodentruppen auf der Straße der Mut verlässt, dass sie der Protestbewegung den Rücken kehren. Wer an der Eskalationsschraube der Gewalt dreht, kann überdrehen und am Ende mit leeren Händen dastehen. Andererseits können gewaltsame Störungen ein wirksames Mittel sein, dem Ziel näherzukommen. Wer Gewalt einsetzt, übt Druck auf die Obrigkeit aus, deren Autorität umso mehr Schaden nimmt, je länger die Krawalle dauern. Er kann die Auseinandersetzung eskalieren und den Einsatz erhöhen, ohne mehr Leute auf die Straße zu bringen. Gewalt kann ein effektives Mittel sein, den Gegner einzuschüchtern und Konzessionen zu erzwingen.[29]

Die Kombination aus organisatorischer Rekrutierung und gezieltem, wohldosiertem Gewalteinsatz war das Neue an der von Clodius angeführten Bewegung und ihr Erfolgsgeheimnis. Überhaupt war eine Bewegung, die sich systematisch gegen die Nobilitätsherrschaft richtete, ein Novum in der politischen Landschaft Roms. Sie brachte die bereits erodierende Legitimität der Ordnung in wenigen Jahren vollends zum Kollabieren. Die Verführung der Massen durch Clodius war deshalb der entscheidende Schritt auch zum Sturz des Leviathan.

# ERSTER AKT: DER PATRIZIER

Am Fuß des Kapitols in Rom befindet sich die alte Familiengruft der *gens Claudia*. Zu diesem Grabmal machte sich Ende des Jahres 76 v. Chr. eine große Zahl von Menschen auf. Ein langer Zug wälzte sich quer durch die Stadt zum Forum, machte dort bei den Rostra halt und setzte dann seinen Weg bis zum Südwesthang des Kapitols fort. Die Spitze des Zuges bildeten Musiker, es folgten Klageweiber, Tänzer und Possenreißer. Daran schlossen sich Schauspieler an. Sie trugen lebensechte, aus eingelegten Glasaugen starrende Abbilder aus Ton oder Wachs: *imagines*. Die Masken oder Büsten – die genaue Ausführung ist in der Forschung umstritten – stellten die verblichenen Angehörigen des trauernden Hauses dar. Normalerweise wurden sie im Atrium aufbewahrt, wo die Klienten warteten, wenn sie ihrem Patron allmorgendlich ihre Aufwartung machten. Jedes Bild war in einem Schrein aufgestellt, auf dem säuberlich Name und Karriere des Dargestellten vermerkt waren. Jetzt, für den Leichenzug, waren sie aus ihren Schreinen hervorgeholt und symbolisch zu neuem Leben erweckt worden.

Die Hauptperson war aber natürlich der Tote selbst: Normalerweise wurde der Verstorbene, aufrecht sitzend und von einem Leichenausstatter prächtig zurechtgemacht, zum Grab getragen und dort auf dem Scheiterhaufen verbrannt. Appius Claudius Pulcher war als Prokonsul im fernen Makedonien gestorben. Dass sein Leichnam nach der Überführung in die Hauptstadt noch in präsentationsfähigem Zustand war, darf bezweifelt werden. Gut erhalten hingegen waren die Beutestücke, die der Tote in seinen Kämpfen errungen hatte. Sie und prachtvolle Weihegaben, mit denen er Roms Heiligtümer verschönert hatte, wurden im Zug mitgeführt.

Dass vornehme Römer das Zeitliche segneten, kam mehrmals im Jahr vor. Wenn ein großes Haus, eine *domus*, trauerte, gab es immer etwas zu sehen: den üppig inszenierten Leichenzug, *pompa funebris*, oft auch Gladiatorenspiele zu Ehren des Toten. Selten aber konnte ein Verstorbener mit einem Spektakel auftrumpfen wie im Jahr 76 der Prokonsul Appius Claudius. Als ehemaliger Konsul, die Forschung spricht von einem Konsular, hatte er in der ersten Reihe der römischen Politik gestanden. Die Pompa war ein Gradmesser für den gesellschaftlichen Rang, den der Tote zu Lebzeiten kraft seiner individuellen Taten und Tugenden, aber auch dank des von seinen Ahnen aufgehäuften symbolischen Kapitals erworben hatte. Emotionaler Höhepunkt der Veranstaltung war die Leichenrede an den Rostra. Hier, auf der Rednertribüne, zählte in der Regel ein naher Verwandter, oft der Sohn, manchmal auch ein enger Freund des Verblichenen, dessen Verdienste auf. War er ein guter Redner, dann steckte er mit seiner Trauer die versammelten Zuschauer an. Und gute Redner waren die meisten Nobiles, denn die Fähigkeit, eine Menge in den Bann zu ziehen, gehörte zu den Schlüsselqualifikationen für eine politische Karriere. Der Redner machte dem Publikum bewusst, dass nicht nur die Angehörigen, sondern die *res publica* in ihrer Gänze einen unersetzlichen Verlust erlitten hatte. Damit nützte er auch seiner eigenen politischen Laufbahn: Sprang der Funke über, dann mehrte die Rede sein individuelles Kapital und das seiner Ahnen. Sie beglaubigte den Anspruch des Trauerredners darauf, in die Fußstapfen des Toten treten und auch politisch seinen Platz einnehmen zu können.[1]

Appius Claudius wurde auf seinem Trauerzug von den *imagines* seines Vaters, Großvaters, Urgroßvaters, Ururgroßvaters, Urururgroßvaters, Ururururgroßvaters und noch unzähliger weiterer Ahnen begleitet: mehr als zehn Generationen von Claudii, deren Stammbaum bis in die Frühzeit der Republik zurückreichte. Familien der Nobilität gestatteten das Mitmarschieren im Zug nur den Vorfahren, die ein höheres Amt, in der Regel mindestens die kurulische Ädilität, erreicht hatten. Bei den Claudii Pulchri spielte diese Einschränkung keine Rolle. Denn ausnahmslos alle Vorfahren waren Konsuln gewesen, so dass kein Mangel an vorzeigbaren Repräsentanten des Geschlechts herrschte. »Im Laufe der Zeit wurde sie mit achtundzwanzig Konsulaten, fünf Diktaturen, sieben Zensuren, sechs Triumphen und zwei Ovationen geehrt«, schreibt der Kaiserbiograph Sueton in seiner Tiberius-Vita über die *gens Claudia.* So viel akkumuliertes Ahnenkapital konnten außer den Claudiern allenfalls noch die Cornelii Scipiones vorweisen, deren Vorfahren die bedeutendsten Feldherren in den Punischen Kriegen gestellt hatten. Wer die Leichenrede für Appius Claudius hielt, wissen wir nicht. Er hatte drei Söhne, den knapp 25-jährigen Gaius, den etwas jüngeren Appius und den etwa 15-jährigen Publius. Gaius und Appius hatten zu diesem Zeitpunkt bereits die ersten Stufen ihrer politischen Karriere absolviert und als Militärtribunen Soldaten kommandiert. Gaius war außerdem Mitglied eines Priesterkollegiums, der Salier. In wenigen Jahren würde er 30 Jahre alt sein und dann für die Bewerbung um das erste Amt der senatorischen Ämterlaufbahn qualifiziert, die Quästur. Gaius wäre deshalb der ideale Kandidat auch für die Trauerrede auf seinen Vater gewesen. Einen besseren Einstand in die eigene Karriere hätte er sich jedenfalls nicht wünschen können.[2]

Welche Stationen im Leben seines Vaters wird Gaius Claudius, wenn er denn die Leichenrede hielt, hervorgehoben haben? Selbstverständlich listete er die Ämter auf, die sein Erzeuger bekleidet hatte: Appius Claudius Pulcher war um oder kurz nach 100 v. Chr. Quästor geworden und versah in diesem Amt richterliche und finanzhoheitliche Funktionen. Ein paar Jahre später bekleidete er die kurulische Ädilität, zu deren Aufgaben es gehörte, die Aufsicht über öffentliche Gebäude, Tempel, Märkte und die Getreideversorgung zu führen. Ädilen hatten außerdem öffentliche Gladiatorenspiele sowie Wagenrennen auszurichten und dafür aus eigener Tasche aufzukommen. Um dieses Amt hatte sich Appius Claudius einmal vergeblich beworben, was der Trauerredner selbstverständlich verschwieg. Auch ein Claudius konnte bei Wahlen durchfallen. 89 v. Chr. amtierte er als Prätor, ein Amt, dessen Inhaber vor allem richterliche Funktionen ausübten.[3]

Wenige Jahre später erlitt seine Karriere abermals einen Knick. Lucius Cornelius Sulla wurde für das Jahr 88 v. Chr. zum Konsul gewählt und mit dem Oberbefehl im Krieg gegen den König Mithradates VI. von Pontos beauftragt. Mithradates hatte die römische Provinz Asia im westlichen Anatolien angegriffen und dort in der »Vesper von Ephesos« an einem Tag angeblich Zehntausende Römer und Italiker abschlachten lassen. Das Kommando war attraktiv, denn auf den

Schlachtfeldern des Orients gab es reiche Beute und viel Ehre zu gewinnen. Doch Sulla hatte mächtige Feinde, die dafür sorgten, dass ihm per Volksbeschluss das Kommando gegen Mithradates wieder entzogen wurde. Der Konsul war kein Mann, der sich eine Brüskierung dieses Formats ohne Weiteres bieten ließ. An der Spitze seiner bereits ausgehobenen Soldaten marschierte er nach Rom und nahm sich mit Gewalt den Oberbefehl, den man ihm hatte vorenthalten wollen. Indem er mit seinem Heer die Stadtgrenze überquerte, beging Sulla einen ungeheuerlichen Tabubruch, denn heiliges Recht machte Rom zur entmilitarisierten Zone, in der Soldaten nichts zu suchen hatten.

Der Proprätor – Promagistrate waren Prätoren und Konsuln, deren Kommando über ihre Amtszeit hinaus verlängert worden war – Appius Claudius Pulcher erhielt von Sulla den Auftrag, in Kampanien Aushebungen für den Krieg durchzuführen. Damit war er noch beschäftigt, als politisch erneut der Wind drehte. Sulla war nach Ablauf seines Konsulatsjahres 87 v. Chr. in den Orient aufgebrochen. In Rom waren mit Gnaeus Octavius ein Anhänger Sullas und mit Lucius Cornelius Cinna ein eingefleischter Popular Konsuln geworden. Beide mobilisierten ihre Anhänger, die sich heftige Straßenschlachten lieferten. Daraus ging Octavius zunächst als Sieger hervor, doch Cinna entkam nach Kampanien, wo er die von Claudius ausgehobenen Truppen zum Abfall bewegte und seinem Kommando unterstellte. Mit diesem Heer nahmen Cinna und sein Verbündeter Marius Rom ein. Die Popularen errichteten dort ein Schreckensregiment, das bis zu Sullas Rückkehr aus dem Orient Bestand hatte. Claudius wurde seines Oberbefehls – der lateinische Begriff lautete *imperium* – enthoben, aus der Senatsliste gestrichen und in die Verbannung geschickt.[4]

Die Erlösung für ihn brachten Sullas Rückkehr nach Italien und dessen Sieg über die Popularen 83 v. Chr. Sulla griff nach der Diktatur und räumte mit Proskriptionen unter seinen Gegnern auf. Listen wurden überall in der Stadt ausgehängt, wer seinen Namen darauf lesen konnte, war vogelfrei. Wenn jemand einen Proskribierten erschlug, wurde er mit einem Teil von dessen Vermögen belohnt. Claudius wurde als loyaler Anhänger Sullas nach Rom zurückgerufen. 79 v. Chr. trat er seinen Konsulat an: just in dem Jahr, da Sulla aus freien Stücken von seiner Diktatur zurücktrat und die Sorge für die Republik wieder in die Hände der Nobilität legte. Als Konsul sorgte Claudius dafür, dass die in Schilde eingearbeiteten Porträts seiner Vorfahren im Tempel der Bellona auf dem Marsfeld aufgehängt wurden. Dieses Heiligtum war seit alter Zeit mit dem Namen der Familie verbunden. Bellona war die Göttin des Kriegsausbruchs und der Tempel ein prominenter Ort. In einem symbolischen Ritus schleuderte ein Priester jedes Mal einen Speer gegen die Säule auf dem Tempelgrundstück, *columna bellica*, wenn Rom einem gegnerischen Staat den Krieg erklärte.[5]

Nach Ablauf seines Konsulatsjahres erhielt Claudius als Prokonsul die Provinz Macedonia, erkrankte aber auf dem Weg dorthin und war zu einem längeren Aufenthalt in Tarent im Süden des italienischen Stiefels genötigt. Sulla starb 78 v. Chr. Möglicherweise kehrte Claudius noch einmal nach Rom zurück und fungierte dort als Interrex, um im sich ausbreitenden Chaos die Wahlen für das nächste Jahr zu leiten. Schließlich begab er sich nach Makedonien und kämpfte dort siegreich gegen die Thraker sowie gegen die von Kelten abstammenden Skordisker, unter deren Einfällen die Provinz litt. Während dieser Kämpfe an der Nordgrenze Makedoniens erlag er einer Krankheit und musste nach Rom überführt werden, um dort bestattet zu werden.[6]

# BLUTVERGIESSEN

Appius Claudius Pulcher war um 130 v. Chr. zur Welt gekommen, war also gerade erst Mitte 50, als er im fernen Makedonien starb. Die Zeit, in die er hineingeboren worden war, gestaltete sich für die römische Welt äußerst unruhig. Das Jahr 133 markierte für die Republik gleich in mehrfacher Hinsicht einen Wendepunkt. In diesem Jahr errang Publius Cornelius Scipio Aemilianus Africanus, der gut zehn Jahre zuvor Karthago zerstört hatte, nach langen Kämpfen den entscheidenden Sieg über die spanische Stadt Numantia. Die Iberische Halbinsel, auf der rund 70 Jahre lang ein zäher Kleinkrieg zwischen Rom und den keltiberischen Stämmen getobt hatte, war damit fast vollständig befriedet. Ebenfalls 133 hatte der letzte König von Pergamon, Attalos III., sein kleines, aber sehr wohlhabendes Königreich in Kleinasien testamentarisch den Römern vermacht. Sie mussten sich zwar noch ein paar Jahre mit einem Usurpator dort herumschlagen, konnten aber eine über alle Maßen ertragreiche Provinz in Besitz nehmen, die mehr noch als dem Staat römischen Rittern, die sich als Steuerpächter betätigten, hohe Einnahmen bescherte.[7]

Doch auch für Rom selbst war das Jahr ein Wendepunkt, der Beginn eines neuen Zeitalters. Tiberius Sempronius Gracchus, ein junger Mann aus großer Familie, bekleidete 133 den Volkstribunat und hob in diesem Amt buchstäblich die Republik und die sie führende Nobilität aus den Angeln. Gracchus hatte als Quästor 140 v. Chr. vor Numantia gekämpft, nur wenige Jahre, bevor sein entfernter Verwandter Scipio die Stadt eroberte. Weil sich das römische Heer damals eine peinliche Niederlage zugezogen hatte, fiel ein Schatten auch auf seine Karriere. Er schloss sich einer Gruppe von Senatoren an, die sich vorgenommen hatten, auf die sich häufenden sozialen Problemlagen zu reagieren.[8]

Roms zahlreiche Kriege hatten wenigstens regional den italischen Bauernstand zerrüttet. Familien, die ihren Ernährer verloren hatten, büßten auch ihr Land ein, sanken in Armut ab und verstärkten das rapide anwachsende städtische Proletariat, vor allem in Rom. Ganze Landstriche in Italien waren demgegenüber von Abwanderung betroffen. Vor allem im Süden und Osten der Halbinsel, in Samnium, Lukanien, Apulien und Picenum, dort, wo viele Menschen von Viehzucht mit saisonalem Weidewechsel lebten, drohte eine regelrechte Entvölkerung. Währenddessen hatten sich reiche Grundbesitzer in großem Stil herrenloses Staatsland angeeignet, für das sie obendrein kaum Pacht bezahlen mussten. Sie bewirtschafteten gigantische Güter mit Heerscharen von Sklaven, deren Preis durch die vielen Kriege ins Bodenlose gefallen war. Auch wenn das Bild, das der kaiserzeitliche Geschichtsschreiber Appian von der Agrarkrise jener Jahre zeichnet, womöglich übertrieben ist und Italien über weite Landstriche nach wie vor kleinbäuerlich geprägt war: Der gesellschaftliche Wandel, den die dynamische Expansion des 3. und 2. Jahrhunderts eingeleitet hatte, produzierte Gewinner, aber auch unzählige um Haus und Hof gebrachte Verlierer. Arm und Reich drifteten scheinbar unumkehrbar auseinander. Kleinbauern, die ihr Land verloren hatten, zogen nach Rom und verstärkten dort das Heer der städtischen Armen. Für die Wehrfähigkeit der *res publica* konnte das nichts Gutes heißen, denn sie hing nach wie vor von einer Milizarmee ab, deren Soldaten wirtschaftlich abkömmlich waren. Sie mussten außerdem in der Lage sein, ihre Ausrüstung selbst zu finanzieren. Deshalb formierte sich im Senat eine Gruppe, die bereit war, mit behutsamen Reformen der fatalen Entwicklung entgegenzuwirken. Zur Debatte stand die

Neuverteilung des Staatslandes, *ager publicus*, von der das in Armut abgesunkene Proletariat profitieren sollte.[9]

Im Mittelpunkt dieses Zirkels stand wieder ein Appius Claudius Pulcher. Er war Konsul des Jahres 143 und, nachdem er 141 bei der Wahl durchgefallen war, Zensor 136. Etwa ab demselben Jahr war er auch *princeps senatus*. Das jedenfalls berichtet Plutarch. Das Amt, das wenig reale Macht trug, war Ausdruck überragender Autorität. Der *princeps senatus* gab in dem Gremium als Erster seine Meinung zum Besten, damit erschöpften sich seine Vorrechte auch schon. Die Funktion war älteren Konsularen vorbehalten, die sich große Verdienste um die Republik erworben hatten. Überhaupt war die Geschäftsordnung des Hauses das Produkt streng hierarchischen Denkens. In der Redereihenfolge spiegelten sich Autorität und Anciennität der Senatoren. Wer mit seinem Beitrag eine Debatte eröffnete, konnte, wenn er es rhetorisch geschickt anstellte, ihren Grundton setzen. Das Ergebnis maßgeblich beeinflussen oder gar vorherbestimmen, das konnte er nicht.[10]

Appius Claudius Pulcher war der Vater des gleichnamigen Sulla-Anhängers und Konsuls von 79. Den wichtigen Feldzug in Spanien kämpfte 143 sein Kollege im Konsulat, Quintus Caecilius Metellus Macedonicus. Deshalb schuf sich Claudius seinen eigenen Kriegsschauplatz im Westalpenraum, wo er gegen den Stamm der Salasser vorging. Zuerst kam die Kampagne nicht recht in Gang, und Claudius musste unter hohen Verlusten den Rückzug antreten. Dann holte er zum Gegenschlag aus und tötete 5000 Feinde. Weil in dem Krieg kaum weniger Römer gefallen waren, verweigerte der Senat ihm den Triumph. Claudius aber war das Ritual aus »schändlicher Unverschämtheit«, wie der spätantike Geschichtsschreiber Orosius urteilt, so wichtig, dass er mit eigenen Geldmitteln für die Unkosten des Zuges durch die Hauptstadt aufkam. Weil er den Privattriumph für unrechtmäßig hielt, wollte einer der Volkstribunen eingreifen und ihn vom Wagen stoßen. Seine Tochter, eine Vestalin, verhinderte den Eklat, indem sie sich mit ihrer sakrosankten Person zum Vater auf den Wagen stellte. In dieser Episode scheint sich der militärische Ruhm des Claudius erschöpft zu haben.[11]

Der unbedingte Wille zum Triumph machte ihn aber zu einem typischen Vertreter seines Standes, dazu zu einem, auf dessen Wort man hörte. Wenn so jemand sich für eine Agrarreform stark machte, dann hatte das durchaus Gewicht. Claudius hatte eine ansehnliche Schar von Unterstützern für das Projekt zusammengetrommelt: In vorderster Reihe standen Publius Mucius Scaevola, der 133 Konsul war, und dessen Bruder Publius Licinius Crassus Dives Mucianus. Dessen Beiname *Dives* – »der Reiche« – trog nicht, doch war er obendrein mit einer einzigartigen Redegabe gesegnet. Servius Sulpicius Galba, der in Spanien Kriegsgräuel verübt hatte, war mit einer Tochter des Mucianus verheiratet und hatte es wohl der Unterstützung mächtiger Freunde zu verdanken, dass er es 144 v. Chr. überhaupt zum Konsul gebracht hatte. Quintus Fulvius Nobilior, der ebenfalls in Spanien ein Kommando bekleidet hatte, war 136 v. Chr. gemeinsam mit Appius Claudius Zensor und setzte durch, dass sein Kollege *princeps senatus* wurde – wobei andere hoch angesehene Senatoren geflissentlich übergangen wurden: außer Scipio Aemilianus auch Lucius Cornelius Lentulus Lupus, Konsul des Jahres 156 und vermutlich der dienstälteste Anwärter auf das Amt. Auch ein anderer Fulvier, Marcus Fulvius Flaccus, hospitierte im Kreis der Reformer um Appius Claudius. Gaius Porcius Cato, Enkel des älteren Cato, und Gaius Papirius Carbo standen ihm ebenfalls nahe. Das waren illustre Namen, die sich hinter Claudius und seinem Projekt versammelt hatten. Nicht einmal Scipio Aemilianus, der Intimfeind des Appius Claudius, war anfangs den Plänen der Reformer abgeneigt.[12]

Wichtigster Vertreter dieses Lagers war Tiberius Gracchus. Er war mit Claudia, einer Tochter des Appius Claudius – und somit einer Tante des Clodius –, verheiratet, sein jüngerer Bruder Gaius mit Licinia, der Tochter des Mucianus. Dynastische Ehen und *amicitia* verliehen dem Kreis Zusammenhalt und machten ihn zu einer politisch relevanten Größe. Selbstverständlich gab es für viele Senatoren auch gute Gründe, sich gegen den Reformgedanken zu stellen. Einige waren unversöhnliche Gegner von Claudius und seiner Umgebung und opponierten deshalb gegen deren Ziele. Für andere, und das waren nicht wenige, drohte im Fall eines Erfolgs großer wirtschaftlicher Schaden. Sie hatten bei der Verteilung des *ager publicus* munter mitgemischt, betrachteten das okkupierte Land als Besitzstand und sahen überhaupt nicht ein, dass sie jetzt um des sozialen Friedens willen mit hergelaufenen Habenichtsen teilen sollten. Einer wachsenden Gruppe von Senatoren, und dazu gehörte auch Scipio, behagten aber vor allem die Methoden nicht, mit denen Tiberius Gracchus für seine Ziele kämpfte: Die Politisierung der Volksversammlung war ein eklatanter Bruch mit dem *mos maiorum*.[13]

Deshalb zeichnete sich ab, dass sich für ein Gesetz, das die Großagrarier verpflichtete, einen Teil ihres Landes an landlose Proletarier abzugeben, im Senat keine Mehrheit finden würde. Tiberius ging sein Reformwerk trotzdem mit viel Elan an. In Absprache mit seinen Verbündeten überging er den Senat und brachte sein Ackergesetz, die *lex Sempronia agraria*, direkt vor das *concilium plebis*. Das Gesetz an sich war maßvoll: Es sah lediglich die Aufteilung von Okkupationsland vor, das die recht großzügige Freigrenze von 500 *iugera* überschritt, rund 125 Hektar. Weil manche selbst das für zu knapp bemessen hielten, besserte man nach: Für die ersten beiden Söhne sollten noch je 250 *iugera* hinzukommen, für getätigte Investitionen bei Flächen, die darüber hinausgingen, Entschädigungen fällig werden. Weil es ausschließlich um Okkupationsland und nicht um den im Eigentum der Großagrarier befindlichen Grund und Boden ging, bedeutete das Gesetz für niemanden die Gefährdung seiner Existenz. Um die Neuverteilung des Bodens und die Zahlungen vorzunehmen, sollte eine Kommission mit dem klangvollen Titel *triumviri agris iudicandis adsignandis* gebildet werden, der außer Tiberius und seinem jüngeren Bruder Gaius auch Appius Claudius Pulcher angehören sollte. Die Kommission war mit den aus Pergamon reichlich fließenden Finanzmitteln auszustatten: In ihren Händen ballte sich viel Geld und entsprechend viel Macht.[14]

Das missfiel der Gegenseite. Die Senatoren um Scipio störten sich aber vor allem am unorthodoxen Weg, den Tiberius und seine Bundesgenossen eingeschlagen hatten. Dass sie darauf verzichteten, einen Senatsbeschluss zu erwirken, bevor sie den Antrag dem Volk vorlegten, nahm man ihnen übel. Die Abstimmung im *concilium* würde selbstverständlich eine reine Formsache sein, so populär war das Gesetz. Damit aber drohte genau das, wovor sich Roms konservative Aristokratie immer so sehr gefürchtet hatte: die Politisierung der Wahlen und deshalb die Spaltung der Nobilität. Aus diesem Grund instruierte die Senatsmehrheit einen der Ihren, den Volkstribun Marcus Octavius, von seinem Interzessionsrecht Gebrauch zu machen. So sollte verhindert werden, dass über den Antrag überhaupt abgestimmt wurde. Doch Tiberius war nicht bereit, den Einspruch des Kollegen und damit das Scheitern seines Gesetzes einfach so hinzunehmen. Er erwirkte einen Volksbeschluss, der Octavius für abgesetzt und seine Interzession für unwirksam erklärte. Die Plebs stimmte danach über das Gesetz ab und verabschiedete es mit der erwarteten Mehrheit.

Schon mit der Umschiffung des Senats war Gracchus von den Gepflogenheiten der Republik abgewichen. In einer konservativen, dem Herkommen verpflichteten Gesellschaft wie der römischen war kein Politiker gut beraten, zu offensichtlich gegen die im *mos maiorum* verkapselten Traditionen zu verstoßen. Gerade wer radikal Neues plante, musste mit Bedacht vorgehen und seine Mitbürger davon überzeugen, dass er durch das Neue nicht vom *mos* abweichen, sondern ihn dem Sinn nach wieder herstellen würde. Diesen mühsamen Umweg sparte sich Tiberius Gracchus. Die Amtsenthebung des Kollegen per Volksbeschluss war ein eklatanter Verstoß gegen alle politischen Spielregeln, war ohne Präzedenz und mit dem Herkommen nicht zu versöhnen.

Weil die Gegner jetzt unverhohlen drohten, nach Ablauf seines Amtsjahres das Ackergesetz zu annullieren und ihn selbst unter Anklage zu stellen, wollte sich Tiberius um eine zweite Amtszeit bewerben – und brach so abermals mit dem Herkommen, das die Iteration von Ämtern nicht vorsah. Für seine Gegenspieler war der Volkstribun damit endgültig zum Staatsfeind geworden, den man vernichten musste. Sie streuten das Gerücht, er strebe nach dem Königtum. Das war seit den ersten Tagen der Republik, seitdem man, der Sage nach 509 v. Chr., den letzten König Tarquinius Superbus aus Rom getrieben hatte, mit einem Tabu belegt. Ende des Jahres 133 geriet die Wahlversammlung, auf der Tiberius seine Wiederwahl anstrebte, zur Orgie der Gewalt. Gegner und Unterstützer des Volkstribunen lieferten sich hitzige Wortgefechte, Schimpfwörter flogen, bald auch Stuhlbeine und Steine. Unter Führung des Pontifex Maximus Publius Cornelius Scipio Nasica Serapio stürmte ein Senatorenmob auf das Komitium und überwältigte die Leibwache des Tiberius. Der verlor im

Eifer des Gefechts seine Toga, stürzte und wurde von zwei Senatoren erschlagen. »Dies soll der erste Aufstand in Rom seit der Abschaffung der Königsherrschaft gewesen sein, der mit Blutvergießen und dem Tod von Bürgern endete«, kommentiert Plutarch die brutale Eskalation.[15]

Die Galionsfigur der Reformbewegung war tot. Appius Claudius Pulcher starb kurze Zeit später und Crassus Dives fiel auf einem Feldzug. Obwohl das Ackergesetz nicht kassiert wurde, verlief sich der Kreis der Unterstützer, und das Engagement für die verarmten, landlosen Massen erlahmte. Daran konnte auch Tiberius' jüngerer Bruder Gaius nichts ändern, der zehn Jahre später einen zweiten Anlauf unternahm, über den Volkstribunat eine Reformagenda zu verwirklichen. Die Beharrungskräfte im Senat und in der republikanischen Gesellschaft waren stärker als Tiberius und Gaius Gracchus. Die Brüder gehören zu den großen Gescheiterten der römisch-republikanischen Geschichte. Dennoch wies ihr Weg in die Zukunft. Der Geist des *populariter agere* war aus der Flasche. Marius, Saturninus, Glaucia, Cinna, schließlich Caesar: Die Liste der Männer, die auf diesem Pfad wandelten, ist lang.

## GENS CLAUDIA

Der Konsul von 143 ist der letzte Claudier, der sich mit Sicherheit als direkter Vorfahre des Clodius ausmachen lässt. Die weitere Rekonstruktion des Stammbaums ist mit einigen Unsicherheiten behaftet. Vermutlich der Urgroßvater unseres Helden war Gaius Claudius Pulcher, Konsul des Jahres 177, Augur von 195 bis zu seinem Tod 167 und Zensor 169 v. Chr. 180 bekleidete er die Prätur und leitete in dieser Funktion die Ermittlungen gegen einen Giftmischerring.

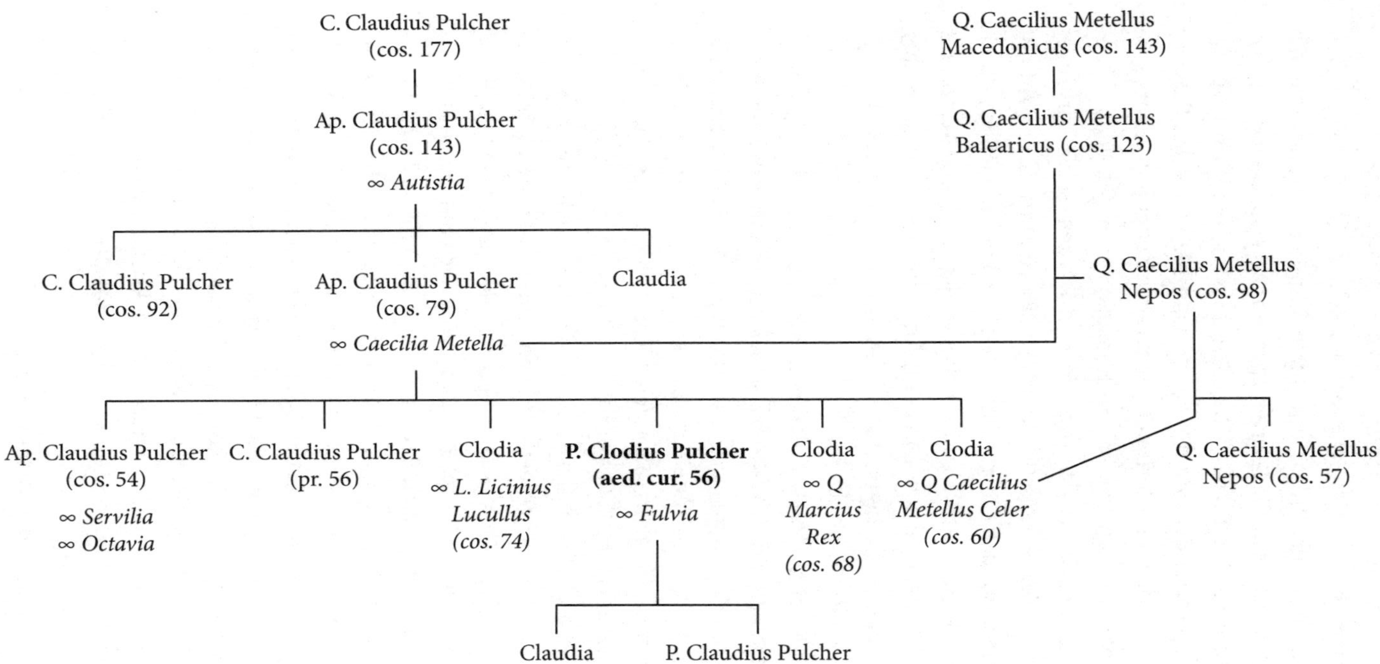


*Die gens Claudia zählt zu den bedeutendsten Familien der römischen Republik: Bis zur Lebenszeit des Clodius erlangte nahezu in jeder Generation mindestens ein Claudier das höchste Staatsamt, den Konsulat.*

Darin hatten sich Damen der feinen Gesellschaft Roms zusammengefunden, um durch Eliminierung unliebsamer Konkurrenten die Karrierechancen ihrer Sprösslinge zu verbessern. Der Prätor Tiberius Minucius, der Konsul Gaius Calpurnius Piso »und viele verdiente Männer jeden Ranges« waren den Mörderinnen zu diesem Zeitpunkt schon zum Opfer gefallen. Für seinen Konsulat 177 erhielt Gaius Claudius zunächst Istrien zugewiesen, wo bereits seine Vorgänger mit prokonsularischem *imperium* Krieg führten. Er stritt mit ihnen um den Oberbefehl, setzte sich aber schließlich durch und konnte den Sieg über den örtlichen König Aepulo für sich beanspruchen. Direkt im Anschluss errang er auch über aufständische Ligurer einen Sieg und konnte für beide Siege einen Triumph feiern. Als Prokonsul erhielt er die Provinz Gallia cisalpina, wo er weitere Kämpfe gegen die Ligurer zu bestehen hatte. Während seiner mit großer Strenge ausgeübten Zensur zog sich Gaius Claudius den Groll weiter Teile des Volkes zu. Vor einer Anklage rettete ihn nur die Solidarität seines ungleich beliebteren Kollegen Tiberius Sempronius Gracchus, des Vaters der Volkstribunen von 133 und 123.[16]

Die Laufbahn des Gaius Claudius ist nicht untypisch für die Zeit zwischen dem Zweiten und dem Dritten Punischen Krieg. Hauptkriegsschauplatz in jenen Jahren war die Iberische Halbinsel, doch daneben hatten sich mit der einstweilen noch barbarischen Peripherie Italiens weitere Bewährungsräume für Senatoren geöffnet, die ehrgeizige, tatkräftige Politiker wie Gaius für sich zu nutzen verstanden. Charakteristisch für einen Angehörigen der *gens Claudia* ist aber auch die Selbstverständlichkeit, mit der ein exklusiver Bewährungsraum – in diesem Fall Istrien gegen die dort offenbar erfolgreich operierenden Vorgänger im Konsulat – reklamiert wird. Nicht zuletzt die Rücksichtslosigkeit, mit der Gaius Claudius als Zensor agierte, lässt tief blicken. Der Angehörige eines alten Geschlechts agierte in der politischen Arena mit maximalem Selbstbewusstsein und weit ausgefahrenen Ellenbogen. Konfrontation war ihm, keineswegs nur in Istrien, wichtiger als Kooperation, und Popularität war eine Ressource, derer ein Claudius Pulcher weniger bedurfte als andere Nobiles.

Mit der, rückwärts betrachtet, nächsten Generation von Claudii Pulchri befinden wir uns bereits im Zweiten Punischen Krieg und damit in der Phase des entscheidenden Kräftemessens zwischen den beiden Großmächten im westlichen Mittelmeer. 218 v. Chr. eröffnete Hannibal mit einer groß angelegten Invasion Italiens seinen Revanchefeldzug gegen Rom, das die Karthager im Ersten Punischen Krieg nach 23-jährigem Kämpfen vor allem auf Sizilien niedergerungen hatte. Mit über 50 000 Mann überquerte er die Alpen und erreichte im Herbst Norditalien, wo er die Römer noch vor Wintereinbruch zweimal schlug. Nachdem der Karthager Juni 217 ein römisches Heer unter dem Konsul Gaius Flaminius am Trasimenischen See zu drei Vierteln vernichtet hatte, hallte der Schreckensruf »Hannibal bei den Toren« durch Rom: *Hannibal ad portas!* Wieder ein gutes Jahr später erlitten die Konsuln Lucius Aemilius Paullus und Gaius Terentius Varro eine katastrophale Niederlage in der größten Umfassungsschlacht der Antike bei dem apulischen Ort Cannae.[17]

Bei allen Erfolgen gelang es Hannibal nicht, sein Ziel zu erreichen, das Bundesgenossensystem aufzusprengen, mit dem die Römer Italien beherrschten. Rom hatte im 4. Jahrhundert v. Chr. die gesamte Apenninhalbinsel unterworfen, aber seinen besiegten Kriegsgegnern ihre Autonomie belassen und sie im Gegenzug zur Heeresfolge verpflichtet. Diesem System verdankte Rom ein nahezu unerschöpfliches Rekrutierungsreservoir für seine Streitkräfte, das sich im Ersten Punischen Krieg bestens bewährt hatte und seine Probe auch gegen Hannibal bestand. Allen Versuchen des Karthagers zum Trotz, die Alliierten zum Abfall von der Tiberstadt zu bewegen, hielten ihr die Städte und Stämme Italiens, von wenigen Ausnahmen abgesehen, die Treue. Während Hannibal seinen Kampf mit wachsender Erbitterung führte, entglitt den Karthagern die Kontrolle über Iberien. Ohne die Möglichkeit, von dort Verstärkungen heranführen zu können, hatte ein Weiterkämpfen in Italien keinen Sinn. 203 v. Chr. kehrte Hannibal der Halbinsel den Rücken und schiffte sich nach Nordafrika ein. Da war der Krieg schon zu den Karthagern nach Hause gekommen: Im Sommer 204 war eine römische Flotte unter dem Kommando Scipios – er war der Adoptivgroßvater des Africanus, der 146 Karthago zerstören würde – in der Nähe Karthagos gelandet. Zwei Jahre später hatte Hannibal seine letzte Schlacht verloren, der Krieg war zu Ende. Der Friede bedeutete für Karthago das Ende seiner Stellung als Großmacht. Rom hatte durch den Zweiten Punischen Krieg, in den zwischenzeitlich auch Makedonien hineingezogen worden war, alle anderen Mächte im Mittelmeer deklassiert.

Appius Claudius Pulcher, der Vater von Gaius, war Teilnehmer am Zweiten Punischen Krieg, wenn auch als Akteur eher der zweiten Reihe. Er nahm als Militärtribun an der Schlacht von Cannae teil, gehörte dort zu den wenigen Überlebenden und führte eine Gruppe von Kameraden in Sicherheit, nachdem die meisten Offiziere gefallen waren. 215 bekleidete er die Prätur auf Sizilien, wo im selben Jahr Hieron II. von Syrakus starb, ein treuer Bundesgenosse der Römer. Die Stadt suchte unter Hierons Nachfolger Hieronymos nur ein Jahr später das Bündnis mit Karthago. Dieser Rückschlag wurde Appius Claudius ebenso angelastet wie wenig erfolgreich verlaufende Operationen gegen den karthagischen Feldherrn Bomilkar und die Stadt Lokroi. So übernahm

Marcus Claudius Marcellus, genannt »das Schwert Roms«, als Prokonsul das Kommando auf Sizilien und schloss den Belagerungsring um Syrakus. Appius Claudius diente bis 213 als Proprätor und Unterfeldherr in seinem Stab. Er gewann die Wahl zum Konsul des Jahres 212 und belagerte mit seinem Heer die zu Hannibal übergelaufene Stadt Capua. Während eines karthagischen Angriffs verwundet, führte er die Belagerung bis zu ihrem bitteren, für die Römer erfolgreichen Ende. Appius Claudius, der sich für die Schonung Capuas starkmachte, drang mit seiner relativ milden Haltung im Senat nicht durch. Die Bürger der kampanischen Stadt wurden in die Sklaverei verkauft, ihr Land vom römischen Staat eingezogen. Der Konsul starb wenig später, möglicherweise an den Folgen der im Kampf erlittenen Verwundung.[18]

Noch eine Generation früher lagen Rom und Karthago zum ersten Mal miteinander im Krieg. Der Vater des Siegers über Capua führte als erster Angehöriger der *gens Claudia* den Beinamen Pulcher, »der Schöne«. Dieser Publius Claudius Pulcher war 249 v. Chr. Konsul, zu einer Zeit, da die römische Kriegführung gegen Karthago in der Krise steckte. Der Erste Punische Krieg tobte seit beinahe 15 Jahren, und keine der beiden Seiten hatte im Kampf um Sizilien den Durchbruch erzielen können. Brennpunkt des Kriegsgeschehens war die karthagische Nachschubbasis Lilybaion im Westen der Insel. Der Versuch scheiterte, die Hafenstadt im Sturm zu nehmen. Der Konsul Publius Claudius führte auftragsgemäß den Oberbefehl über die Belagerung, die mühsam war, weil die karthagische Garnison bestens verproviantiert war und auf dem Seeweg versorgt werden konnte. Ohne sich mit seinem Kollegen oder dem Senat abzustimmen, verfolgte Publius Claudius deshalb noch einen anderen Plan: Er ließ seine Belagerungstruppen Kriegsschiffe bauen, mit denen er Drepana angreifen wollte, den zweiten wichtigen

Hafen der Karthager auf Sizilien. Hier lag das Gros der gegnerischen Flotte. Doch der Überraschungsangriff geriet zum Fiasko für die Römer: Die karthagische Flotte unter dem Admiral Adherbal stellte die Quinqueremen des Konsuls, drängte sie in Richtung Küste ab und manövrierte sie aus. Publius Claudius entkam mit 30 Schiffen, während über 90 zerstört wurden.[19]

Die Niederlage, die alle bisherigen Erfolge in Westsizilien zunichte zu machen drohte und den Belagerungsring um das wichtige Zentrum Lilybaion sprengte, kreidete man in Rom dem Konsul an. Die lange nach den Ereignissen schreibenden Chronisten berichten, man habe Publius Claudius nicht so sehr seine Eigenmächtigkeit vorgeworfen, als vielmehr einen furchtbaren Religionsfrevel. Er habe, als die heiligen Hühner vor der Schlacht nicht hätten fressen wollen, dieses ungünstige Omen nicht nur beiseite gewischt, sondern die Vögel in Meer werfen lassen und dazu sarkastisch bemerkt: »Wenn sie nicht fressen wollen, dann sollen sie saufen!« Kurz nach der Niederlage von Drepana traf die Römer noch eine zweite Katastrophe zur See. Die Flotte von Publius Claudius' Kollegen Lucius Iunius Pullus erlitt ebenfalls eine Niederlage gegen Adherbal und geriet dann zu allem Unglück auch noch vor Kamarina in einen Sturm, der sie fast vollständig vernichtete. Für die Römer lautete die Lehre aus dem doppelten Debakel, dass sie einstweilen auf den Bau einer neuen Flotte verzichteten und den Krieg mehrere Jahre lang nur noch zu Lande führten.[20]

Nach Rom zurückberufen, wurde Publius Claudius gezwungen, einen Diktator zu ernennen, der statt der gedemütigten Konsuln den Oberbefehl übernehmen sollte. Auch bei dieser Amtshandlung wirft sein Urteilsvermögen Fragen auf, denn er ernannte mit Marcus Glaucus Glicia einen seiner Mitarbeiter und womöglich Klienten, der für die Aufgabe in keiner Weise qualifiziert war. Glicia wurde zur sofortigen Abdankung genötigt, Claudius unter Anklage gestellt. Polybios resümiert: »Publius hingegen geriet bei den Römern in Verruf, und es gab einen großen Aufschrei gegen ihn, weil er unbedacht und unüberlegt gehandelt und alles getan hatte, was ein einzelner Mann tun konnte, um ein großes Unglück über Rom zu bringen. Er wurde daraufhin vor Gericht gestellt, zu einer hohen Geldstrafe verurteilt und entkam nur knapp mit dem Leben.«[21]

Wie jedem Verdikt, das historische Quellen aussprechen, muss man auch der Beurteilung des Stammvaters der Claudii Pulchri durch viel später schreibende Autoren mit einer gehörigen Portion Skepsis begegnen. Wie viel von dem, was wir hier erfahren, beruht auf zeitgenössischen Zeugnissen? Welche Elemente verdanken sich späteren Hinzufügungen? Und was ist dem Ruf geschuldet, den der Familienzweig der Claudii Pulchri in späteren Generationen hatte? Zwei Kontinuitäten in der Berichterstattung über die Familie stechen ins Auge: die Selbstherrlichkeit, mit der sich Claudii Pulchri immer wieder über die in der Nobilität eigentlich gebotene Standessolidarität hinwegsetzen, und der nur mäßige Erfolg, der ihren Operationen im Feld beschieden war. Nicht alle Unternehmungen gingen so spektakulär schief wie der Angriff auf Drepana 249 v. Chr., doch blieb keiner von den Vorfahren des Clodius im kollektiven Gedächtnis der Römer für spektakuläre Kriegstaten haften – in auffälligem Gegensatz etwa zu den Aemilii Paulli, den Fabii Maximi und den Claudii Marcelli, den entfernten plebejischen Cousins der Claudii Pulchri – von den Cornelii Scipiones ganz zu schweigen, die sich mit so viel Kriegsruhm bekleckerten, dass es einige ihrer Mitsenatoren mit der Angst zu tun bekamen und eine Intrige gegen die Brüder Publius und Lucius Cornelius Scipio anzettelten. Obwohl die Claudii Pulchri ausnahmslos konsularischen Rang erreichten, verbindet sich kein einziger großer Sieg mit ihrem Namen. Denkbar, ja sogar wahrscheinlich ist, dass die schlecht dokumentierte Frühgeschichte der Familie mit dem Ruf in Übereinstimmung gebracht wurde, den ihre späteren Vertreter genossen. Deshalb wirft die Darstellung von Männern wie Publius Claudius Pulcher ein bezeichnendes Licht auf das Ansehen, in dem der Pulchri-Zweig der Claudier im letzten Jahrhundert der Republik stand: Sie galten als arrogant und exzentrisch, ja extravagant, und das gewaltige Ahnenkapital der Familie stand in einem deutlich wahrnehmbaren Missverhältnis zu den Leistungen, die ihre Vertreter zumindest auf dem Schlachtfeld im Dienst der *res publica* erbracht hatten. Cicero prägte für das auftrumpfende Gebaren dieses uralten Geschlechts das schöne Scherzwort *Appietas*, in dem der in der Familie gängige Vorname Appius mit der abgeleiteten Negation der römischen Kardinaltugend *pietas*, Pflichtgefühl, verschmilzt. Wenigstens unterschwellig wirft Cicero seinem Briefpartner Appius Claudius, dem Bruder unseres Clodius, damit Pflichtverletzung vor, die sich notorisch wie ein Charakterzug durch die Familiengeschichte ziehe.[22]

## CAECUS

Der Stammvater der von Cicero bespöttelten »Appietas« war Appius Claudius Caecus. Nach ihm tragen die Via Appia und die Aqua Appia ihre Namen, und er ist von allen vor dem Ersten Punischen Krieg lebenden Römern derjenige, von dem wir am meisten wissen. Seine Laufbahn ist durch das sogenannte Elogium von Arretium bezeugt, eine Inschrift aus augusteischer Zeit. Danach war Caecus Zensor, zweimal Konsul, Diktator, dreimal Interrex, zweimal Prätor, zweimal kurulischer Ädil, Quästor und dreimal Militärtribun. Denkbar, ja sogar zu vermuten ist, dass die Inschrift auf der Familienchronik der *gens Claudia* beruhte, somit also authentische Informationen enthält. Die Inschrift berichtet: »Er eroberte viele Städte von den Samniten, vernichtete ein Heer der Sabiner und Etrusker, verhinderte, dass Frieden mit König Pyrrhos geschlossen wurde, baute während seiner Zensur die Via und die Aqua Appia bis in die Stadt und errichtete den Tempel der Bellona.«[23]

Die 21 Kilometer lange Aqua Appia war die erste Leitung, die Rom mit Wasser aus den umliegenden Hügeln versorgte. Die Via Appia verband Rom mit Capua – also der Stadt, die im Zweiten Punischen Krieg zu Hannibal abfiel – und war als Militärstraße gedacht, um notfalls Truppen zügig nach Süditalien verlegen zu können. Die erste befestigte Straße durch die Halbinsel wurde aber auch zur Lebensader eines schwunghaften Handels, der Kampanien und das in mehreren blutigen Kriegen Ende des 4. Jahrhunderts v. Chr. unterworfene Samnium allmählich mit Rom und seinem latinischen Umland zusammenwachsen ließ. Straße und Wasserleitung kosteten Unsummen: Beträge, die den Budgetrahmen eines Zensors bei weitem überschritten.[24]

Die Zensur, die er nutzte, um diese Bauprojekte zu verwirklichen, bekleidete Caecus ab dem Jahr 312. Zensoren wurden in späterer Zeit alle fünf Jahre gewählt und amtierten 18 Monate lang; außerdem war ein zuvor bekleideter Konsulat die Voraussetzung für die Wählbarkeit. Diese Regeln waren 312 noch nicht in Kraft. Im 4. Jahrhundert hatte sich die Reihung der Ämter noch nicht fest etabliert. Der später kanonische, mit der Quästur beginnende und über die Ädilität und die Prätur zum Konsulat führende *cursus honorum* verfestigte sich zuerst gewohnheitsrechtlich und dann formal 180 v. Chr. mit der *lex Villia Annalis*. Trotzdem ist ungewöhnlich, dass Caecus die Zensur vor dem Konsulat und in offenbar recht jungen Jahren bekleidete. Sie war um 319 v. Chr. durch die *lex Ovinia* mit der Befugnis ausgestattet worden, eine *lectio senatus* vorzunehmen: Statt der Konsuln führten ab diesem Zeitpunkt die Zensoren die Senatslisten. Sie legten fest, wer in das Gremium aufzunehmen und wer aufgrund von moralischen Verfehlungen oder, weil er den Zensus nicht mehr erfüllte, aus ihm auszustoßen war. Deshalb war die Zensur ein mächtiger Hebel, um die politische Tektonik in der römischen Elite zu verändern.[25]

Caecus scheint ihn nach Kräften genutzt zu haben. Er verstieß die Angehörigen alteingesessener Geschlechter aus dem Senat und berief Männer mit obskurem familiärem Hintergrund, darunter auch die Söhne von Freigelassenen. Außerdem sorgte er dafür, dass alle Plebejer das volle Bürgerrecht erhielten, auch dann, wenn sie keinen Grundbesitz ihr Eigen nannten. Viele der neuen Vollbürger ließen sich in die ländlichen *tribus* eintragen. Weil in den Tributkomitien nach diesen Abteilungen abgestimmt wurde, hatte das erhebliche Auswirkungen auf die Wahlarithmetik. Die ländlichen *tribus* waren viel kleiner als die städtischen, und deshalb erhöhte sich auf diese Weise das Stimmengewicht der bis dahin völlig bedeutungslosen Armen. Viele hegten den Verdacht, genau das sei das Kalkül des Zensors gewesen. Jedenfalls schuf das Revirement, das Caecus dem politischen System verordnete, böses Blut. Man fürchtete um die Exklusivität der Nobilität. Die hatte sich erst unlängst aus den Ständekämpfen herausgeschält und arbeitete jetzt, Ende des 4. Jahrhunderts, mit Hochdruck daran, sich abermals nach unten abzuschließen. Solchen Tendenzen schienen die Maßnahmen des Caecus zuwiderzulaufen. War der Zensor gar ein Popular avant la lettre?[26]

Die Konsuln weigerten sich, den Senat nach der neuen,

von ihm zusammengestellten Liste einzuberufen und hielten sich stattdessen an die alte. Viele der Neuerungen, die Caecus durchgesetzt hatte, wurden später wieder rückgängig gemacht. Aber er stieg 307 zum Konsul auf und setzte ein paar Jahre später die Wahl seines Schreibers Gnaeus Flavius zum kurulischen Ädil durch. Flavius war der Sohn eines Freigelassenen und entfaltete, kaum im Amt, eine rege Reformtätigkeit: Er ließ einen Kalender publizieren, auf dem die Gerichtstage verzeichnet waren, und er machte auch die Prozessformeln öffentlich, auf denen das Rechtswesen fußte. Durch die Preisgabe von aristokratischem Herrschaftswissen wurde eine Bastion elitärer Exklusivität geschleift.[27]

Doch das war nur die eine Seite dieses Appius Claudius Caecus. Die andere sah sehr wohl auf die Bewahrung alter Standesprivilegien. Caecus war Patrizier, und deshalb wandte er sich energisch – allerdings auch erfolglos – gegen den Versuch der Volkstribunen Gnaeus und Quintus Ogulnius, die wichtigen Priesterkollegien der Auguren und der Pontifices für Plebejer zu öffnen. Für 296 wollte er sich gemeinsam mit Quintus Fabius Maximus Rullianus zum Konsul wählen lassen. Damit waren beide Kandidaten Patrizier, obwohl eine der beiden Stellen für Plebejer reserviert war. Gewählt wurde Caecus tatsächlich, aber nur deswegen, weil Rullianus rechtzeitig von der Kandidatur zurücktrat. Die Episode zeigt, welch tiefe Wurzeln die politische Teilhabe der Plebejer inzwischen im politischen System geschlagen hatte und wie dadurch der Konkurrenzdruck auf die Patrizier zugenommen hatte.

Caecus, der Volksfreund, und Caecus, der standesbewusste Patrizier: Wie passt das zusammen? Wie lässt sich die scheinbare Widersprüchlichkeit erklären, mit der Caecus im politischen Feld der sich noch sortierenden Republik agierte? In den Ständekämpfen hatten die Plebejer gegen die Patrizier zusammengehalten wie Pech und Schwefel. Anders hätte sich das Monopol der alten Aristokratie auf Ämter und Einfluss kaum brechen lassen. Doch waren die Plebejer keine homogene Gruppe. Es gab unter ihnen viele Arme, es gab eine Mittelschicht und es gab Plebejer, die den Patriziern ökonomisch sehr wohl das Wasser reichen konnten. Mit dem sich abzeichnenden Erfolg in den Ständekämpfen zerfiel die Koalition zwischen den Plebejern der unterschiedlichen Schichten. Während die Reichen in die neue Elite aufrückten, standen die Armen nach wie vor mit leeren Händen da. Genau das machte sie zu potenziellen Bündnispartnern von Patriziern wie Caecus, die in der neuen Ordnung, in der sie ihre angestammten Standesprivilegien mit den zu Wohlstand gekommenen Plebejern teilen mussten, ihre Felle davonschwimmen sahen. Was also, wenn Caecus gezielt um die Gunst der armen Plebejer warb und ihr Stimmengewicht in der Wahlversammlung erhöhte? Wenn er eine neue Koalition gegen die in die Nobilität aufgerückten Plebejer schmieden wollte? Dann wäre Caecus mit dieser Idee seiner Zeit um Jahrhunderte voraus gewesen und hätte einen zentralen Gedanken seines Nachfahren Clodius vorweggenommen: dass sich Karrieren auf Beliebtheit in der breiten Masse gründen ließen. Freilich ist Vorsicht geboten: Solche Kontinuitäten konstruierten natürlich auch die Geschichtsschreiber späterer Jahrhunderte. Denkbar also, dass der »populare« Appius Claudius Caecus ein Zerrbild ist, das aus dem letzten Jahrhundert der Republik in die Zeit um 300 v. Chr. projiziert wurde. Sicher sagen lässt sich das nicht.

Von Geburt an trug Caecus den Beinamen Crassus, »Fettsack«. Caecus, »der Blinde«, wurde er erst genannt, nachdem er sein Augenlicht verloren hatte. In den 280er Jahren war Caecus alt und gebrechlich. Politisch aktiv blieb er dennoch. 281 v. Chr. hatte ein Konflikt mit Rom die unteritalische Griechenstadt Tarent dazu veranlasst, den Molosserkönig Pyrrhos nach Italien zu rufen, der an der Spitze einer Söldnerarmee die expandierende Tiberrepublik bekämpfen sollte. 280 landete Pyrrhos mit über 25 000 Mann in Tarent. Ein römisches Heer unter dem Konsul Publius Valerius Laevinus zog ihm entgegen. Pyrrhus stellte die Römer bei der Stadt Herakleia in Lukanien zur Schlacht, schlug sie und rechnete fest damit, dass der Gegner um Frieden nachsuchen würde. Tatsächlich scheint im Senat kontrovers darüber diskutiert worden zu sein, wie auf die Niederlage zu reagieren war. Den Ausschlag gab Caecus, der sich in einer Sänfte in die Kurie tragen ließ und dort erklärte, jeglicher Waffenstillstand oder gar Frieden sei für Rom jetzt von Nachteil. Man solle Kineas, den Gesandten des Pyrrhos, entlassen und dem König auftragen, sich nach Griechenland zurückzuziehen. Dann könne man über Frieden reden.[28]

Der Rat des Caecus erwies sich als weise. Zwar siegte Pyrrhos bei Asculum 279 noch einmal über ein römisches Heer, doch gelang es ihm nicht, den militärischen in einen politischen Erfolg zu verwandeln. Wie später im Hannibalkrieg hielt die Wehrgemeinschaft, die Rom aus den Städten und Stämmen Italiens geformt hatte, der Bedrohung stand. Der Molosser gab Italien auf und setzte nach Sizilien über, wo er sich ebenfalls als Söldnerführer verdingte. Nach Griechenland zurückgekehrt, wurde Pyrrhos 272 während bürgerkriegsartiger Unruhen in Argos das Opfer eines fallenden Dachziegels.[29]

Nach Plinius dem Älteren war Caecus der Großvater des Publius Claudius Pulcher, die meisten Quellen stimmen aber darin überein, dass er der Vater des Mannes war, von dem die Claudii Pulchri abstammten. Allerdings lägen dann zwischen dem ersten Konsulat des Caecus, 307 v. Chr., und dem des Publius Claudius Pulcher, 249 v. Chr., fast 60 Jahre – eine außerordentlich lange Zeitspanne von zwei Generationen, bedenkt man, dass römische Aristokraten normalerweise früh heirateten und Nachwuchs hatten. Selbst wenn man in Rechnung stellt, dass Publius bei seinem Konsulat schon älter gewesen sein und eventuell einer zweiten oder dritten Ehe des Appius entstammen könnte, wäre das Intervall ungewöhnlich lang. Möglicherweise liegt also zwischen den beiden doch eine Generation, von der wir keine Nachrichten haben.[30]

Die Familienchronik der Claudii hält noch etliche weitere illustre Namen bereit: Der Vater des Appius Claudius Caecus war der Diktator des Jahres 337, Gaius Claudius Inregellensis, sein Großvater Appius Claudius Inregillensis, Konsul 349 v. Chr. Inregillensis soll 362 v. Chr. in einer Krise im Krieg gegen die Herniker die Diktatur übernommen und einen rettenden Sieg errungen haben, für den er mit einem Triumph belohnt wurde. Der Großvater dieses letzten Inregillensis wiederum soll der berüchtigte Appius Claudius Crassus Inregillensis Sabinus gewesen sein, Konsul 471 v. Chr. und führender Decemvir. Er war damit Mitglied der Gruppe von Männern, die 451 v. Chr. mit der Ausarbeitung des Zwölftafelgesetzes beauftragt wurden. Die Quellen beschreiben ihn als machtlüstern und brutal. Er soll sich ans Amt des Decemvirn geklammert und obendrein ein Auge auf Verginia, die schöne Tochter eines Zenturionen, geworfen haben. Weil Verginia aber schon mit einem anderen Mann verlobt war, ließ er sie entführen und behauptete, sie sei seine Sklavin. Um die Ehre seiner Tochter zu retten, tötete der Zenturio Verginia. Inregillensis Sabinus wurde der Prozess gemacht. Er erhängte sich in seiner Zelle, bevor die Verhandlung eröffnet wurde.[31]

Inregillensis Sabinus, der Decemvir; der Konsul des Jahres 349; der Diktator des Jahres 337; Appius Claudius Caecus, der

Zensor; Publius Claudius Pulcher, Konsul 249 v. Chr.; der im Hannibalkrieg kämpfende Appius Claudius Pulcher, Konsul 212 v. Chr.; Gaius Claudius Pulcher, Konsul 177 v. Chr.; der in die Reformen der Gracchen verwickelte Appius Claudius Pulcher, Konsul 143 v. Chr. – sie alle und noch viel mehr Angehörige der *gens Claudia* waren neben dem Toten die Hauptattraktionen des grandiosen Leichenzugs, mit dem Appius Claudius Pulcher, 76 v. Chr. drei Jahre nach seinem Konsulat zu Grabe getragen wurde. Durch ihre Präsenz in Gestalt der Ahnenbilder machten sie das gewaltige symbolische Kapital, das die Claudii in Generationen aufgehäuft hatten, für die römische Öffentlichkeit sinnlich erfahrbar.

Für die Söhne des Appius, für Clodius und seine Brüder, die ebenfalls an herausgehobener Stelle an der Pompa teilnahmen, war dieses Kapital Ansporn und Bürde zugleich. Es verbesserte ihre Karrierechancen in einer auf hypertrophe Weise kompetitiven, dem Leistungs- wie dem Abstammungsgedanken gleichermaßen verpflichteten Elite. Zugleich mussten sie sich mit jedem Einzelnen der verblichenen Claudii messen, die Konsuln, Zensoren und Diktatoren gewesen waren. Sie mochten weniger Ruhm auf dem Schlachtfeld erworben haben als manch andere große Familie, aber sie hatten jahrhundertelang in der ersten Reihe der römischen Politik gestanden. Dass auch sie dort in naher Zukunft ihren Platz erobern würden, das erwartete die Familie selbstverständlich von Gaius, Appius und Publius, die an jenem Tag ihrem Vater das letzte Geleit gaben.

Die großartige Inszenierung konnte aber auch nicht darüber hinwegtäuschen, dass der Familie der Wind politisch ins Gesicht blies. Ahnenkapital war nach wie vor eine Schlüsselressource im politischen Wettbewerb, doch die großen Männer der letzten Jahrzehnte, die Gracchen, Marius, Sulla, sie alle hatten nicht auf dem Ticket ihrer Vorfahren Karriere gemacht, sondern ihren Anspruch auf Ämter mit eigenen Worten und Taten begründet. Die Claudier scheinen sich in der späten Republik keiner besonders guten Presse erfreut zu haben. Auf auffällig viele Vertreter ihrer Familie fällt im Geschichtswerk des Livius, dessen Vorlagen die römischen Annalisten des 2. und 1. Jahrhunderts v. Chr. waren, ein ungünstiges Licht. Römische Familien häuften nicht nur Kapital an, sie verkörperten auch kollektive Eigenschaften: Wenn Claudiern wie dem Decemvir Inregillensis Sabinus Machtgier und Grausamkeit, wenn dem Konsul von 249 Eigenmächtigkeit, wenn dem Zensor von 169 Rücksichtslosigkeit und übermäßige Strenge, wenn dem Konsul von 143 sein Privattriumph vorgehalten wird, dann sind das Kritikpunkte, die am Image der Claudier insgesamt kratzten. Selbst wenn es sich um Zerrbilder handelte, konnten sie sich auf das berufen, was zu Lebzeiten der Autoren die Spatzen von den Dächern Roms pfiffen. So waren sie eben, diese Claudier: anmaßend, brutal und eigensinnig, eine Dynastie der breiten Beine und ausgefahrenen Ellenbogen, Leute, auf deren Kooperationswilligkeit in der Nobilität kein Verlass war.

Für Clodius und seine beiden älteren Brüder barg die anticlaudische Stimmung ein hohes Risiko. Zusammen mit den sich ändernden Rahmenbedingungen für erfolgreiche politische Laufbahnen drohte sie das Ahnenkapital des Clans zu entwerten, ja in eine Hypothek zu verwandeln.

# ZWEITER AKT: DER AUFRÜHRER

Im Jahr 88 v. Chr. wurde Kleinasien Schauplatz eines der größten Kriegsverbrechen der gesamten Antike. Die 133 v. Chr. eingerichtete Provinz Asia war jahrelang von römischen Steuerpächtern ausgeplündert worden, die hier lukrative Geschäfte witterten. Die *publicani* genannten Pächter, in der Regel römische Ritter, streckten dem Staat das Steueraufkommen einer Provinz für ein ganzes Jahr vor und holten sich dann ihr Geld mit saftiger Dividende zurück, indem sie die Provinz auspressten wie eine reife Frucht. In Asia, dem Westen Kleinasiens, war besonders viel zu holen, die Provinz war wohlhabend. Aus diesem Grund rissen sich die Publikanen um das Fleckchen Erde am Ostrand des Mittemeers. Und deshalb schürte die Ausplünderung der Provinz unter den Provinzialen einen unbändigen Hass auf alle Römer und Italiker, die sich seit 133 in großer Zahl in Kleinasien niedergelassen hatten.

## FLAMMEN ÜBER ASIEN

Dieser Hass kam Mithradates VI. Eupator nur allzu gelegen. Den ehrgeizigen König von Pontos drängte es seit geraumer

Zeit, sein gebirgiges kleines Reich an der Südküste des Schwarzen Meeres zu erweitern. Er stieß bis zur Halbinsel Krim vor, die er annektierte, und warf als nächstes ein Auge auf das westliche Kleinasien. Dort stand seinen Expansionsplänen das benachbarte Königreich Bithynien entgegen. Als Krieg ausbrach, wandten sich Mithradates und der bithynische König Nikomedes III. an die Römer, die Schiedsrichter spielen sollten. Rom senkte den Daumen über Mithradates als den vermutlich stärkeren Gegner und ermunterte die Bithynier, in sein Königreich einzufallen. Und der König von Pontos reagierte, indem er ganz Kleinasien in Aufruhr versetzte. Vor allem den Bewohnern der Provinz Asia empfahl er sich als Befreier vom römischen Joch.[1]

In einer Nacht der langen Messer sollten sämtliche in der Provinz ansässigen Römer und Italiker getötet werden. Das Massaker war bewusst als Genozid geplant: Zielscheiben waren alle, die Latein sprachen. Mithradates hatte die »Vesper von Ephesos« generalstabsmäßig vorbereitet. Appian berichtet:

> In der Zwischenzeit baute Mithradates eine große Anzahl von Schiffen für einen Angriff auf Rhodos, und er schrieb heimlich an alle seine Satrapen und Magistrate, dass sie am dreißigsten Tag danach alle Römer und Italiker in ihren Städten, ihre Frauen und Kinder und ihre Hausangestellten italischer Abstammung überfallen, sie töten und ihre Leichen unbestattet hinauswerfen und ihre Güter unter sich aufteilen sollten. Er drohte mit Strafe für jeden, der Tote begraben oder Lebende verstecken würde, und setzte Belohnungen für Informanten und für diejenigen aus, die Versteckte töten, sowie Freiheit für Sklaven, die ihre Herren verraten würden. Schuldnern, die Geldverleiher töteten, bot er die Be-

freiung von der Hälfte ihrer Verpflichtungen an. Diese geheimen Befehle sandte Mithradates gleichzeitig an alle Städte.[2]

In einer einzigen Nacht sollen in Ephesos und sechs anderen Städten Kleinasiens Anfang 88 v. Chr. 80 000 oder gar 150 000 Menschen umgebracht worden sein. Die Wenigen, die sich auf das mit Rom verbündete Rhodos flüchten konnten, berichteten von herzzerreißenden Szenen, die sich quer durch die Städte der Provinz abspielten:

> Die Epheser rissen die Flüchtlinge, die sich in den Tempel der Artemis geflüchtet hatten, von den Bildern der Göttin und töteten sie. Die Pergamener schossen mit Pfeilen auf diejenigen, die sich in den Tempel des Aesculap geflüchtet hatten, während sie sich noch an seinen Statuen festhielten. Die Adramyttier verfolgten diejenigen, die schwimmend zu entkommen versuchten, ins Meer und töteten sie und ertränkten ihre Kinder. Die Kaunier, die nach dem Krieg gegen Antiochos [192–188 v. Chr.] von Rhodos unterworfen und kürzlich von den Römern befreit worden waren, verfolgten die Italiker, die sich um die Vesta-Statue des Rathauses geflüchtet hatten, rissen sie aus dem Schrein, erschlugen die Kinder vor den Augen ihrer Mütter und töteten dann die Mütter selbst sowie ihre Ehemänner nach ihnen. Um den Anschein von Blutschuld zu vermeiden, heuerten die Bürger von Tralles ein wildes Ungeheuer namens Theophilos aus Paphlagonien an, um das Werk zu vollenden. Er führte die Opfer zum Concordia-Tempel und ermordete sie dort, wobei er einigen, die die heiligen Bilder umarmten, die Hände abhackte. Dies war das schreckliche Schicksal, das die Römer und Italiker in

> der ganzen Provinz Asia ereilte, Männer, Frauen und Kinder, ihre Freigelassenen und Sklaven, alle, die italischen Blutes waren.[3]

Die Republik war herausgefordert und sie reagierte. Rom erklärte Mithradates den Krieg und schickte den Konsul Sulla mit einem Heer in den Osten. Das kleinasiatische Strohfeuer drohte sich zum Flächenbrand auszuweiten, als, angefangen mit Athen, ganz Griechenland sich Mithradates anschloss. Sulla eroberte 86 v. Chr. Athen und schlug wenig später die pontische Hauptarmee bei Chaironeia in Boiotien. Bei Orchomenos errang Sulla schließlich einen dritten Sieg über die restlichen Verbände des Mithradates. Der römische Feldherr setzte zwar zur Verfolgung des Gegners nach Kleinasien an, war jedoch 85 v. Chr. genötigt, mit ihm Frieden zu schließen, weil die Ereignisse in Italien aus dem Ruder zu laufen drohten. Dort hatten die Popularen um Cinna ein Terrorregiment errichtet und ihrerseits zwei Legionen unter dem Konsul Lucius Valerius Flaccus in den Osten entsandt. Das Heer solle in Konkurrenz zu Sulla Mithradates bekämpfen, lautete der Auftrag. In diesem Heer säte der Legat Gaius Flavius Fimbria Unfrieden, so dass eine Meuterei ausbrach und Flaccus zu Tode kam. Fimbria setzte sich selbst an die Spitze der beiden Legionen und führte auf eigene Rechnung Krieg gegen Mithradates. Der Kompetenzwirrwar auf römischer Seite ermöglichte es Mithradates, sich nach Pontos abzusetzen und die Friedensverhandlungen in Dardanos aus einer Position relativer Stärke zu führen. Er kam ungeschoren davon, während Sulla die Bewohner der Provinz Asia hart bestrafte, bevor er den Heimweg nach Italien antrat.

Mit diesem Frieden war bereits die Saat für den zweiten Krieg zwischen Rom und Mithradates gelegt. Der neue Statthalter der Provinz Asia, Lucius Licinius Murena, sah in dem

Machtvakuum, das der Krieg in Kleinasien hinterlassen hatte, eine willkommene Profilierungschance. 83 v. Chr. überfiel er Pontos und ließ seine Soldaten plündernd durch das Königreich ziehen. Mithradates leistete keinen Widerstand, sondern schickte Gesandte nach Rom, die dort unter Berufung auf den Frieden von Dardanos offiziell Protest einlegten. Sulla beorderte Murena nach Rom zurück, während es Mithradates in Kleinasien gelang, seinen Einfluss auch auf das Königreich Kappadokien auszudehnen.

Mithradates verhielt sich in den kommenden Jahren zunächst kooperativ. 78 v. Chr. schickte er Gesandte nach Rom, die darauf dringen sollten, dass der Senat endlich den formal noch nicht in Kraft getretenen Vertrag von Dardanos ratifizierte. Die Senatoren redeten sich mit dem Vorwand heraus, sie seien im Moment zu beschäftigt, und schickten die Gesandten zurück nach Pontos. Tatsächlich hatte man am Tiber kein Interesse an einer vertraglichen Abmachung mit Mithradates. Der König erkannte nun, dass sein Plan gescheitert war, im Bündnis mit den Römern seine Ziele zu erreichen. Deshalb sicherte er seine Position zunächst diplomatisch ab: Er tauschte Gesandtschaften mit dem Partherreich im Osten aus, mit dem die Römer erst 96 v. Chr. in Kontakt getreten waren. Außerdem verband er sich dynastisch mit dem Ptolemäerreich in Ägypten, schmiedete eine Allianz mit thrakischen, sarmatischen, skythischen sowie taurischen Stämmen und suchte den Schulterschluss mit seinem Schwiegersohn Tigranes, dem König von Armenien. Sein größter Coup war 75 v. Chr. ein Vertrag mit dem römischen Rebellen Quintus Sertorius, der Spanien zu seiner Basis gemacht hatte. Von Sertorius' Leuten und einigen Überläufern ließ er seine Armee auf Vordermann bringen. Außerdem ließ er eine Flotte bauen.

Krieg lag also in der Luft, als 74 v. Chr. König Nikomedes

von Bithynien das Zeitliche segnete und sein kleines Reich testamentarisch den Römern vermachte. Der Statthalter von Asia, der Prokonsul Marcus Iunius Iuncus, erhielt den Auftrag, Bithynien in Besitz zu nehmen. Während er dort vorrückte, beorderte Mithradates seine neue Flotte und die Kontingente seiner Verbündeten nach Pamphylien im Süden Kleinasiens. Etwa gleichzeitig starb der Statthalter Kilikiens, Lucius Octavius, Konsul des Jahres 75. Damit war die Verwaltung einer Schlüsselprovinz für den zu erwartenden Feldzug vakant geworden. Der Senat reagierte, indem er beide Konsuln des Jahres 74 in den Osten schickte: Marcus Aurelius Cotta hatte bereits vor Antritt seines Konsulats die Provinz Bithynien erlost und schickte sich an, sie von Iuncus zu übernehmen. An Lucius Licinius Lucullus gingen nach einigem Tauziehen Kilikien sowie Asia und das Oberkommando im bevorstehenden Krieg gegen Mithradates.

Die Krise in Kleinasien öffnete den mit Abstand interessantesten Bewährungsraum für römische Aristokraten der Zeit. Im Vergleich zum Bürgerkrieg in Spanien, wo Pompeius die Operationen gegen Sertorius leitete, warf ein auswärtiger Krieg bedeutend mehr Prestige ein. Mithradates hatte sich seit 88 v. Chr. einen Ruf als hartnäckigster und schwierigster Gegner Roms erarbeitet. Und außerdem warfen Kriege im wohlhabenden Osten grundsätzlich mehr Beute ab als die oft zähen und verlustreichen, aber eben finanziell kaum lukrativen Kämpfe gegen Barbarenstämme in Spanien oder an der keltischen Peripherie Italiens. Dort gab es, wenn überhaupt, wenig mehr als Sklaven zu holen. Im Senat tummelten sich genug ehrgeizige Männer, die es nach einem Kommando wie dem gegen Mithradates dürstete. Doch kam als Oberkommandierender für einen solchen Feldzug längst nicht jeder Senator konsularischen Ranges in Frage. Lucullus hatte Statur. Sein gleichnamiger Vater hatte 104 die Prätur bekleidet, sein mutmaßlicher Großvater den Konsulat 151. Die Familie war also von alter Nobilität. Lucullus selbst hatte im Bürgerkrieg 88 v. Chr. Sulla unterstützt und war dafür mit einem Posten als Legat in dessen Krieg gegen Mithradates belohnt worden. Er kannte sich also mit dem Gegner aus. Als Proquästor in Asia war er mit der Steuereinziehung in der Provinz betraut worden, die er effizient und mit einigem Gerechtigkeitssinn erledigte. 79 v. Chr. war er Ädil und bereits ein Jahr später Prätor geworden. Die anschließende Promagistratur hatte er in der Provinz Africa bekleidet. Lucullus war ein Hochkaräter, sein Konsulat 74 v. Chr. der Beweis, dass er über den nötigen Rückhalt in der Nobilität verfügte. Unbedarft im Kriegshandwerk, *rei militaris rudis*, wie Cicero an einer Stelle anmerkt, war Lucullus gewiss nicht.[4]

Dass Lucullus den Hauptgewinn ziehen würde, war dennoch alles andere als ausgemacht. Die Provinzen für die Konsuln wurden vor Antritt der Amtszeit ausgelost, als ein Krieg gegen Mithradates noch in weiter Ferne schien, und Lucullus hatte die Gallia cisalpina erhalten. Als im Osten die Kriegsfanfaren tönten, ging es für alle Interessenten darum, genügend Rückhalt im Senat zu organisieren. Lucullus tat sich als erstes mit Cotta zusammen, seinem Kollegen im Konsulat, der ebenfalls an einem Kommando im Osten interessiert war, dort aber nicht die erste Geige spielen wollte. Dann suchte und fand er die Unterstützung des einflussreichen Senators Publius Cornelius Cethegus. Über die Laufbahn des Cethegus ist kaum etwas bekannt, doch war er ausgesprochen reich und verfügte in der Kurie über hervorragende Verbindungen zur Gruppe der *pedarii*: Hinterbänkler, die keines der höheren Ämter bekleidet hatten und im Senat mit seiner streng hierarchischen Geschäftsordnung kein Rede-, wohl aber Stimmrecht besaßen. Den Kontakt zwischen Lucullus und Cethegus vermittelte eine Dame der besseren Gesellschaft: die ebenso schöne wie gebildete Praecia. Plutarch urteilt über sie: »In anderer Hinsicht war sie kein bisschen besser als eine gewöhnliche Kurtisane, aber sie nutzte ihre Partner und Gefährten, um den politischen Ehrgeiz ihrer Freunde zu fördern, und fügte so zu ihren anderen Reizen den Ruf hinzu, eine gute Kumpanin zu sein, die etwas bewirken konnte. Auf diese Weise erlangte sie den größten Einfluss.« Praecia unterhielt im Rom jener Tage eine Art Salon, in dem sich reiche, wohlhabende Senatoren die Klinke in die Hand gaben. Plutarch behauptet, Cethegus sei dieser Praecia regelrecht hörig gewesen. Lucullus nutzte die Situation aus, erwarb Praecias Vertrauen und zog so den einflussreichen Senator auf seine Seite. Der Plan ging auf: Lucullus erhielt das Oberkommando, sein Kollege Cotta die Provinz Bithynien.[5]

Cotta brach unverzüglich nach Kleinasien auf, wo bereits vier Legionen standen. Nicht wenige der Soldaten harrten seit der Zeit von Sullas Feldzug gegen Mithradates im Osten aus. Während Cotta nach Bithynien eilte, ließ Lucullus sich Zeit, um die bevorstehende Kampagne gut vorzubereiten. In Italien warb er eine weitere Legion an, um mit insgesamt fünf Großverbänden gegen Mithradates ziehen zu können. Wichtig war auch die Frage, wer in den Stab des Heeres zu berufen war. Diese Entscheidung oblag allein dem Feldherrn. Wie es Brauch war, wird Lucullus bewährte Leute aus seiner nächsten Umgebung ausgesucht haben, die ihm loyal dienen und Führungsaufgaben gewachsen sein würden. Zu kommandierenden Offizieren seiner Legionen, *legati*, berief er Gaius Salluvius Naso, Gaius Valerius Triarius sowie vier Senatoren namens Mamercus, Barba, Censorinus, Sornatius und Sextilius oder Selicius. Über kaum einen dieser Männer wissen wir mehr, als dass er in herausgehobener Position im Heer des Lucullus Dienst tat. Ein gewisser Marcus Fabius Hadrianus, auch er sonst ein Unbekannter, war mit der Logistik des Heeres betraut, und über einen Marcus Pompeius vermelden die Quellen immerhin, dass er im Krieg die Abteilung befehligte, die Mithradates 72 v. Chr. nach Armenien verfolgte.[6]

Ein helleres Licht fällt auf drei Männer im Stab des Lucullus, die alle aus seiner nächsten Umgebung kamen. Lucius Licinius Murena war der Sohn des gleichnamigen Proprätors, der in Kleinasien den zweiten Krieg gegen Mithradates vom Zaun gebrochen hatte. Er kommandierte für Lucullus als Legat eine der Legionen und war möglicherweise mit ihm verwandt, sicher aber ein enger politischer Weggefährte. Der zweite im Bunde war Appius Claudius Pulcher, der zweitälteste der drei Pulcher-Brüder, dessen Schwester Clodia Lucullus wenige Jahre vor seinem Konsulat – also wohl 76 v. Chr., im Todesjahr ihres Vaters – geheiratet hatte. Varro, der behauptet, die Brüder seien nach dem Tod ihres Vaters bettelarm gewesen, will uns weismachen, Clodia habe nicht einmal eine Mitgift in die Ehe eingebracht. Doch gehört diese Geschichte vermutlich ebenso wie die behauptete Armut der Brüder Appius, Gaius und Publius ins Reich der Legenden. Lucullus, der zum Sprung in den Konsulat ansetzte, heiratete Clodia kaum aus Nächstenliebe und gewiss auch nicht aus reiner Liebe. Wenn er sich mit den Claudii Pulchri verband, einer der großen patrizischen Familien, dann ganz allein deshalb, weil er sich von einer solchen Allianz politisch ausschlachtbare Vorteile versprach.[7]

Die Dividende sollte nicht lange auf sich warten lassen. 75 v. Chr. klagte Appius Claudius den Senator Aulus Terentius Varro an, der wie Murena, dem er 82 v. Chr. als Legat gedient hatte, und wie Lucullus selbst im Kielwasser Sullas Karriere gemacht hatte. Er war wegen seiner Amtsführung in Asien der Erpressung beschuldigt worden. Obwohl seine Lage hoffnungslos schien, zogen die alten Sulla-Gefolgsleute so ziemlich jedes Register, um ihn zu retten: Mit der Verteidigung wurde Quintus Hortensius Hortalis beauftragt, der berühmteste Redner und erfolgreichste Jurist seiner Generation; die Geschworenen wurden großzügigst mit Geldern bedacht; und als Ankläger fungierte mit Appius Claudius ausgerechnet ein junger, hoffnungsvoller Politiker, der über Lucullus eng mit den Sulla-Akolythen verbandelt war. Wer dabei nichts Böses dachte, musste blind für die politischen Realitäten sein. Jedenfalls mündete die Scharade geradewegs in den Freispruch des eigentlich bis über beide Ohren kompromittierten Aulus Varro.[8]

## EINE RÖMISCHE JUGEND

Deshalb war es auch nur folgerichtig, dass der jetzt ungefähr 25-jährige Appius Claudius Pulcher seinen Schwager Lucullus auf den Feldzug gegen Mithradates begleitete. Vorerst trat er freilich nicht in Erscheinung. Die Bedeutung, die Lucullus der Verbindung mit den Claudii Pulchri beimaß, wird allerdings so richtig deutlich erst daran, dass neben Appius auch der jüngste der drei Brüder, Publius, den Konsul nach Kleinasien begleitete. Der war zu diesem Zeitpunkt ein unbeschriebenes Blatt, knapp 20 Jahre alt und mit nichts ausgestattet als dem großen Namen, den er trug und der damals wohl noch Claudius lautete, nicht Clodius.

Clodius mochte jung sein, seine Erziehung hatte ihn auf die beiden Dinge vorbereitet, die im Leben eines römischen Aristokraten zählten: Politik und Krieg. Die ersten Lebensjahre hatte er im Umkreis seiner Amme, *nutrix*, und eines Pädagogen, *nutritor*, verbracht, die meiste Zeit davon auf dem Land, wo wenig schädliche Einflüsse auf ihn einströmten. Zu seinen Eltern hatte er nur beim Abendessen, *cena*,

Kontakt und auch nur dann, wenn sie ebenfalls auf dem Landgut weilten. Die Erziehung war streng. Von Kindesbeinen an war Clodius beigebracht worden, sich seiner Haut wehren zu können und nach Niederlagen wieder aufzustehen. »Nehmerqualitäten« zu entwickeln, war die wichtigste Voraussetzung, um im kompetitiven Milieu der Nobilität reüssieren zu können. Ohne sie hätte Tiberius Gracchus nicht um den Volkstribunat gekämpft, hätte Catilina sich nicht immer wieder um den Konsulat beworben, bevor er, aus Sicht seiner Standesgenossen, auf die schiefe Bahn geriet, hätte auch ein Cicero nicht den steinigen Weg vom *homo novus* und politischen Nobody zum gefeierten Konsul gemeistert.[9]

Ziel der Erziehung war, den Kindern die Tugenden beizubringen, wenn nötig mit Strenge und Gewalt, die sie zu vollwertigen Mitgliedern der römischen Gesellschaft machten. Für Mädchen aus besseren Kreisen stand im Zentrum des Tugendkanons *pudicitia*, Schamhaftigkeit, die mehr als alles andere Gewähr dafür bot, dass die Legitimität des Nachwuchses über jeden Zweifel erhaben war. Die Produktion legitimer Nachkommen war Sinn und Zweck der Ehe: Nur so ließ sich sicherstellen, dass die Familie in der nächsten Generation ihren Status behauptete. Für römische Männer war die Kardinaltugend schlechthin *virtus*, männliche Bewährung: im Krieg, aber auch in allen möglichen Führungsfunktionen in Politik und Gesellschaft. *Virtus* schließt verschiedene andere Tugenden ein: Mut, *fortitudo*, Klugheit, *prudentia*, Gerechtigkeit, *iustitia* und Mäßigung, *temperantia*. Außerdem mussten heranwachsende Nobiles Autorität, *auctoritas*, unbedingte Solidarität, *fides*, und Pflichtgefühl, *pietas*, lernen.

Um auf der großen Bühne der Volksversammlung eine gute Figur machen zu können, reichten diese Tugenden aber nicht aus. Wer Wahlen gewinnen und Abstimmungen für sich entscheiden wollte, musste Überzeugungskraft haben und die wiederum hing von der Fähigkeit des Redners ab, große Massen in seinen Bann ziehen zu können. Rhetorik war deshalb das Kernelement der Ausbildung, die der männliche Nachwuchs der Elite nach dem Elementarunterricht im Lesen, Schreiben und Rechnen durchlief. Der *grammaticus* führte sie an die *paideia* heran: den Bildungskanon, den die Römer ab dem 2. Jahrhundert v. Chr. von den Griechen übernommen hatten. Dazu gehörten die Klassiker der griechischen und zunehmend auch der lateinischen Literatur, die Philosophie und der Mythos – und eben die Rhetorik, die bei den Griechen eines unter vielen Fächern gewesen war, in Rom aber mehr als alles andere zählte. Wer der geschliffenen Rede nicht mächtig war, hatte nicht den Hauch einer Chance, wenn es in den Komitien an die Urnen ging. Besonders ehrgeizige junge Leute vertieften ihre Fertigkeiten, indem sie sich nach dem Unterricht beim *grammaticus* zum Studium bei einer anerkannten Koryphäe des Faches begaben. So tat es Cicero, der als junger Mann bei Philon von Larisa hörte, einem Philosophen der platonischen Akademie, der sich im Ersten Mithradatischen Krieg nach Rom geflüchtet hatte. Seine Rechtskenntnisse vertiefte er bei Quintus Mucius Scaevola Augur, dem Konsul des Jahres 117, und 79 v. Chr. begab sich Cicero nach Griechenland, um dort bei dem Rhetoriker Apollonius Molon seine Redekunst zu perfektionieren.[10]

An ihrem 16. Geburtstag feierten Jugendliche aus gutem Haus eine Zeremonie, in der sie das Amulett, *bulla*, das Kinder um den Hals trugen, und die Knaben vorbehaltene *toga praetexta* mit ihrem breiten Purpurstreifen ablegten. Sie waren jetzt erwachsen, standen aber nach wie vor unter der Gewalt, *potestas*, ihrer Väter. Theoretisch galt die *patria potestas*, solange der Vater lebte, doch war sie seit der späten Republik so vielen Beschränkungen unterworfen, dass sie faktisch kaum noch wirksam war, sobald der Sohn seine ersten Schritte auf die politische Bühne tat. Für Heranwachsende hatte das Lateinische kein Wort, das sie unmissverständlich von Erwachsenen unterschied. *Adulescens* und *iuvenis* waren unspezifische Begriffe, die aber immerhin suggerierten, dass die so Bezeichneten noch ungefestigt, unreif und entsprechend leicht zu beeinflussen waren. Davor, dass die jungen Leute falschen Vorbildern nacheifern könnten, hatten Konservative wie der ältere Cato eine Heidenangst. Cato wetterte 155 gegen eine athenische Gesandtschaft unter Leitung des Philosophen Karneades, weil der von den Intellektuellen zur Schau gestellte Werterelativismus ihm geeignet schien, die Jugend vom rechten Weg des *mos maiorum* abzubringen.[11]

Junge Männer mit senatorischen Ambitionen erlebten die postpubertären Jahre zwischen dem Ablegen der *toga praetexta* und dem Eintritt in eine politische Karriere trotz solcher Polemiken als die freieste, am wenigsten von Zwängen beherrschte Zeit ihres Lebens. Viele machten das Beste aus diesen Jahren, indem sie beharrlich über die Strenge schlugen. Sie sprachen dem Alkohol in solchen Mengen zu, dass sie jede Kontrolle über sich verloren. Sie machten erste sexuelle Erfahrungen, häufig mit Sklavinnen, die verfügbar zu sein hatten. Sie schlossen sich zu *collegia iuvenum* zusammen, in denen sie gemeinsam allen möglichen Aktivitäten und mit besonderem Eifer dem Laster frönten. Gemeinsam ging man ins Amphitheater oder zu Wagenrennen in den Zirkus und ließ es dort so richtig krachen. Immer wieder kam es vor, dass sich junge Männer in die Arena stürzten, um dort mit den wilden Tieren zu kämpfen. Banden von Hooligans, alle aus gutem Haus, verbreiteten regelmäßig Angst und Schrecken auf den Straßen der Tibermetropole. Die sonst so klar gezogenen Grenzen des *mos maiorum* wurden von den jungen Männern systematisch ignoriert und permanent übertreten: sehr zum Missfallen ehrbarer Bürger, die über das sittenwidrige Betragen pflichtschuldig die Nase rümpften, obwohl sie es in jüngeren Jahren genauso bunt getrieben hatten. Unwillkürlich fühlt man sich an Erscheinungen wie den Bullingdon Club in Oxford erinnert, in dem die britische Jeunesse dorée bis auf den heutigen Tag ihre Exzesse feiert.[12]

Allerdings trainierten die jungen Leute auch ihren Körper. Sie waren regelmäßige Besucher im Gymnasion oder in der Palästra, wo sie sich mit Gleichaltrigen in allen möglichen sportlichen Disziplinen maßen, von Lichtathletik über Ballspiele bis zum Ringen. Mit 18 Jahren rief dann die Pflicht. Wer eine senatorische Laufbahn einschlagen wollte, strebte die Wahl ins Kollegium der *XXVI viri* an. Das Gremium setzte sich, wie der Name sagt, aus 26 subalternen Magistraten mit unterschiedlichen Geschäftsbereichen in Rechtsprechung und Verwaltung zusammen und war der erste Schritt, um später mit der Quästur die Leiter der senatorischen Ämterlaufbahn besteigen zu können. Außerdem wurde eine mehrjährige militärische Praxis von den Anwärtern auf das Einstiegsamt des *cursus honorum* erwartet. Die jungen Männer versuchten deshalb, Positionen in Heeren zu ergattern, die von älteren Verwandten oder deren Freunden kommandiert wurden. Feldherren wie Lucullus oder auch Legionslegaten besetzten die Stellen in den Stäben mit Männern aus ihrer Umgebung. Eine besonders herausgehobene Funktion, die dem senatorischen Nachwuchs offenstand, war der Rang des *tribunus laticlavius*, der seinen Namen von dem breiten Purpurstreifen ableitet, den seine Inhaber an der Toga trugen. Jede Legion verfügte über einen *tribunus laticlavius*, der dem Legionslegaten als Stellvertreter diente und diesem bei seiner Arbeit über die Schulter schauen konnte. Der Militärtribunat bot die beste Gelegenheit, um sich militärische Kenntnisse aus erster Hand zu verschaffen. Zugleich war die herausgehobene Stelle der beste Ort, um als noch junger Mann *virtus* zu beweisen. Deshalb verbesserte er die Chancen auf die Quästur signifikant. Er war also gewissermaßen der Hauptgewinn, den ein junger Mann ziehen konnte, wenn er seinen Militärdienst ableistete. Doch es gab auch andere Möglichkeiten. Man konnte zum Beispiel als Begleiter, *comes*, des Feldherrn am Krieg teilnehmen, ohne offizielle Position im Heer zwar, aber doch als Offizier im Stab des Kommandeurs.[13]

Das war die Möglichkeit, die sich Clodius bot, als 74 v. Chr. sein Schwager Lucullus gegen Mithradates ausrückte. Erst in diesem Krieg tritt Clodius ins Licht der Geschichte, über seine Kindheit und Jugend sind wir nicht informiert. Sie hat unsere Gewährsleute nicht interessiert, weil alle Vertreter der senatorischen Elite bis zum Eintritt in den *cursus honorum* dieselben Stationen absolvierten und kaum die Aussicht darauf bestand, auf individuellen Pfaden vom vorzeichneten Weg abzuweichen. Wir dürfen also davon ausgehen, dass Clodius wie alle anderen jungen Männer aus senatorischen Familien in Literatur, Philosophie und vor allem Rhetorik unterwiesen worden war, dass er die für einen römischen Aristokraten unerlässlichen Nehmerqualitäten erworben und sich in den Jahren der postpubertären Freiheit auf den Straßen Roms herumgetrieben hatte. Zugleich wird er bestimmte Eigenschaften besessen haben, die wohl nicht ganz zu Unrecht seiner Familie zugeschrieben wurden. Für Clodius dürfte, wie für alle Aristokraten, *dignitas* einen zentralen Stellenwert in seinem Sinnen und Handeln gehabt haben, doch wahrscheinlich in einer hypertrophen Steigerungsform, die sich aus der jahrhundertelangen Führungsrolle der Claudii Pulchri ableitete.

Standesstolz und -dünkel prädestinierten ihn zu heftigen Reaktionen dort, wo er sein Ehrgefühl auch nur ansatzweise kompromittiert wähnte. Vermutlich lag die Toleranzschwelle für vermeintliche oder wirkliche Übergriffe auf die Würde seiner Person bei ihm niedriger als bei vielen Standesgenossen. Dass der rund 20-Jährige 74 v. Chr. nicht als *tribunus laticlavius* ins Gefolge des Lucullus aufgenommen worden war, sondern als schlichter *comes* am Feldzug teilnehmen musste, ließ sich, so ahnen wir, nur schwer mit dem großformatigen Ego eines Claudius Pulcher vereinbaren. Lucullus konnte nicht ahnen, dass sein Feldzug dadurch schon im Moment der Einschiffung nach Kleinasien mit einer Hypothek belastet war.

## ANS ENDE DER WELT

Kleinasien, in das Lucullus und seine Soldaten aufbrachen, war jenseits der römischen Provinzen Asia und Cilicia ein Flickenteppich von Ethnien, kleinen Königreichen, Fürstentümern und Territorien. Der an die Ägäis grenzende Westen war von Griechen bewohnt, ebenso die Städte an der Schwarzmeerküste. Das Landesinnere war von Stämmen bewohnt, von denen die meisten von Viehzucht mit saisonalem Weidewechsel lebten. Ein Fremdkörper waren die Galater, die Nachfahren keltischer Söldner, die sich im Raum um Ankyra angesiedelt und noch in jüngerer Vergangenheit blutige Kriege mit den Küstenbewohnern geliefert hatten.

Die anatolische Halbinsel war Teil des größeren nahöstlichen Systems, in das Rom seit seinem Sieg über das Seleukidenreich in der Schlacht von Magnesia 190/89 v. Chr. mit Wucht hineindrängte. Mit der Provinz Asia schuf sich die Tiberrepublik dann ihren ersten territorialen Brückenkopf jenseits der Meerengen von Dardanellen und Bosporus. Bis 334 v. Chr. war der gesamte Raum zwischen Ägäis und Indus den achaimenidischen Großkönigen des Perserreichs untertan gewesen. Das Imperium war unter dem Ansturm der Makedonen unter Alexander dem Großen in sich zusammengebrochen und hatte dessen kurzlebigem Reich platzgemacht, das nach dem Tod des Eroberers rasend schnell zerfiel. Aus der Erbmasse lösten sich mittelfristig ein paar kleinere Bruchstücke und drei große Machtzentren: das Antigonidenreich in Makedonien, das Ptolemäerreich in Ägypten und das Seleukidenreich in Vorderasien. Das fragile Machtdreieck, in dem Kriege an der Tagesordnung und Friedensschlüsse von geringer Haltbarkeit waren, gab politisch der Epoche, die mit Alexander dem Großen begonnen hatte, seine Signatur: dem Hellenismus.[14]

Beginnend mit seiner Peripherie begann das größte Fragment des Alexanderreiches rasant zu zerfransen: das um 300 v. Chr. noch vom westlichen Kleinasien bis nach Indien reichende Imperium der Seleukiden. Der Osten ging nach und nach an die aus dem iranischen Hochland kommenden Parther verloren, im Westen sagten sich immer mehr kleine Königreiche unter Dynasten, von denen einige noch von den persischen Satrapen abstammten, von der seleukidischen Herrschaft los: Bithynien ab 297, Pontos ab ca. 280, Kappadokien ab ca. 260, Pergamon ab 233 und Armenien ab 189 v. Chr. Den Flickenteppich komplettierten kleine und winzige Fürstentümer, die nur überlebten, weil es keine starke Zentralmacht mehr gab, die der Fragmentierung hätte entgegenwirken können.[15]

Jeder Dynast fühlte sich wie ein kleiner Alexander. Auf ihren Münzen ließen sie sich darstellen wie der große Makedone: als jugendliche Helden mit wehendem Haarschopf. Die Kleinkönige inszenierten sich als Städtegründer und

Wohltäter für die nach antiken Maßstäben weltumspannende griechische Kulturgemeinschaft, die Oikumene. Dass reiche Leute in das Gemeinwohl investierten, war bei den Hellenen nichts Ungewöhnliches. Man erwartete von ihnen, dass sie ihren Wohlstand mit der Gemeinschaft teilten: dadurch, dass sie Theateraufführungen, Bauwerke oder Schiffe für die Flotte finanzierten und indem sie regelmäßig Getreide-, Öl- oder sonstige Lebensmittelspenden unters Volk brachten. Im Gegenzug erwarben sie Ehre, über die auf öffentlich angebrachten, von Volk und Rat der Stadt in Auftrag gegebenen Inschriften genau Buch geführt wurde. Ehre war die bei weitem wichtigste und universell konvertible Währung im griechischen Osten. Sie war Gradmesser für die soziale Hierarchie, nach ihr bemaß sich politischer Einfluss. Wer etwas werden wollte, hatte Ehre zu erwerben, und Ehre setzte Großzügigkeit voraus. Das Tauschgeschäft zwischen den Kapitalien von Geld, Ehre und Macht nannten die Griechen »Gutes tun«, *euergetein.*[16]

Die Könige Kleinasiens fühlten sich, obwohl sie von Geburt keine Griechen waren, der Oikumene zugehörig. Mehr noch als die römische war die griechische Kultur eine Kultur des Wettbewerbs, des *agōn.* Nicht nur auf lokaler Ebene wetteiferten die Schönen und Reichen um Ehre, an diesem Spiel beteiligten sich auch die Könige großer Reiche. Daher war es für sie immens wichtig, in den Zentren der griechischen Zivilisation wahrgenommen zu werden, in Athen, Korinth, Ephesos und Milet. Und deshalb überboten sie einander mit guten Taten für diese Städte, von denen heute noch Bauwerke und Inschriften künden. Der König Nikomedes III. von Bithynien zum Beispiel ließ sich nicht nur »der Wohltäter«, Euergetes, nennen, er betätigte sich auch als solcher: Inschriften künden davon, dass der König ein Gymnasion auf Delos und 30 Sklaven für die Stadt Delphi stiftete, außerdem zeigte er sich dem Apollon-Heiligtum in Didyma und dem Dionysos-Tempel in Argos gegenüber großzügig.[17]

Doch die Könige rivalisierten nicht nur als Wohltäter miteinander, sondern fühlten sich auch als Feldherren zur Alexander-Nachfolge berufen. Die Attaliden in Pergamon hatten ihren Anspruch auf das Königsdiadem damit begründet, dass sie die Städte des Küstenlandes gegen die galatischen Barbaren aus dem Inneren Kleinasiens verteidigt hatten. Barbaren waren als verlässliche Feindbilder im hellenistischen System präsent, und das Expansionsstreben der großen Reiche bedrohte unablässig die Existenz der kleineren Mächte, für die Wehrhaftigkeit darum eine Frage von Sein oder Nichtsein war. Fast immer herrschte irgendwo in der hellenistischen Welt Krieg. Die Gründe dafür lagen in machtpolitischen Friktionen im Mächtesystem der Zeit nach Alexander. Sie lagen aber auch in herrschaftssoziologischen Dispositionen der Staaten: Deren Herrscher nämlich standen unter permanentem Druck, sich der Alexander-Nachfolge als würdig zu erweisen. Das verleitete sie immer wieder zu Demonstrationen ihrer militärischen Fortüne, die Spannungen im System zu heißen Kriegen eskalieren ließen.[18]

Für die meisten der kleinen Staaten war es angesichts der vielen im System lauernden Gefahren die sicherste Option, unter den Schutzschirm der zunehmend in die regionale Politik verstrickten römischen Republik zu schlüpfen. Das hatte die Inselpolis Rhodos getan, und so hatten es auch die Attaliden in Pergamon gehalten. Beide waren loyale Alliierte der Tiberstadt, die jedes Mal, wenn Gefahr im Verzug war, nach Roms Legionen riefen. Doch mit dem Ende der attalidischen Monarchie 133 v. Chr. hatte sich das Lagebild vollständig verändert. Längst waren die Großmächte von der Bildfläche verschwunden und von Rom annektiert, wie 168 und 146 in zwei Schritten Makedonien, oder doch gezähmt

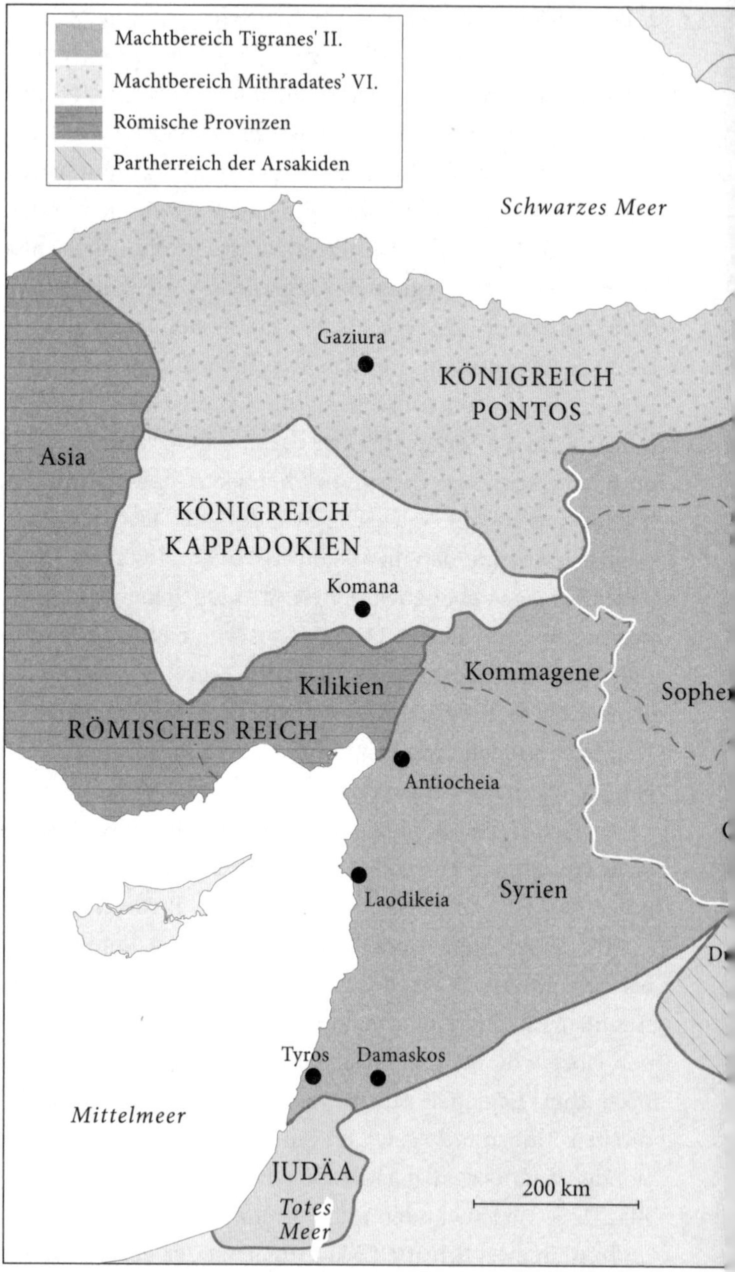


*Der Schauplatz der Mithradatischen Kriege: die Provinz Asia und die Königreiche des Ostens*

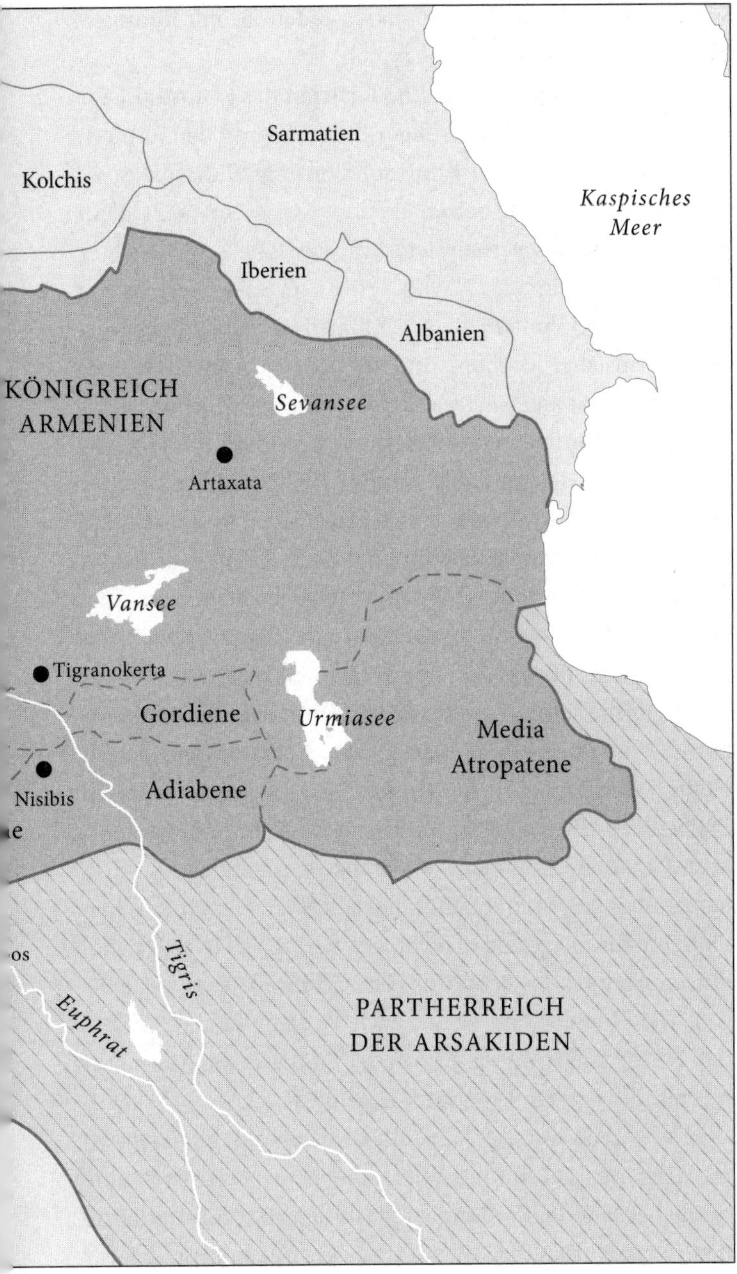
Sarmatien
Kolchis
Kaspisches Meer
Iberien
Albanien
KÖNIGREICH ARMENIEN
Sevansee
Artaxata
Vansee
Tigranokerta
Gordiene
Urmiasee
Media Atropatene
Nisibis
Adiabene
Tigris
Euphrat
PARTHERREICH DER ARSAKIDEN

worden, wie seit 188 das Seleukiden- oder das mit Rom verbündete Ptolemäerreich in Ägypten.

Jeder Herrscher, der auf eine Revision des Status quo aus war, musste sich deshalb früher oder später mit den Römern anlegen. Diesen Weg der Konfrontation ging Mithradates VI. Eupator und er sorgte beizeiten dafür, dass er ihn nicht allein ging. Mithradates verheiratete um 94 v. Chr. seine Tochter Kleopatra mit Tigranes II. von Armenien. Später verbündete er sich mit den Piraten, die von Kilikien aus das östliche Mittelmeer unsicher machten, und mit dem abtrünnigen Römer Sertorius in Spanien. Außerdem erweiterte er seine Herrschaft nach Norden und Osten, bis sie große Teile des Kaukasus und die Krim umfasste. Sein 88 v. Chr. mit der »Vesper von Ephesos« begonnener erster Krieg gegen Rom bestärkte ihn in der Auffassung, dass ihm die Herzen der Griechen im Sturm zufliegen würden, sobald es nur gegen die Römer ging. Deswegen fühlte Mithradates sich stark, als er 74 v. Chr. in die nächste Konfrontation mit der Republik steuerte.[19]

Der König tat den ersten Schritt im Krieg, der nun entbrannte. Er überfiel das benachbarte Kappadokien, dessen König Ariobarzanes fliehen musste, und führte mit Heer und Flotte einen Großangriff auf Bithynien. Dort war inzwischen auch Cotta angekommen, der krank darniederlag und deshalb nur eingeschränkt handlungsfähig war. Dem römischen Flottenpräfekten gelang es nicht, den wichtigen Hafen Kalchedon am Südufer des Bosporus gegen Mithradates zu verteidigen. Der König drang weiter nach Westen vor und schloss den Belagerungsring um das an der Südküste des Marmarameeres, der antiken Propontis, liegende Kyzikos.

Mittlerweile war auch Lucullus in Ephesos gelandet, wo vier Legionen auf ihn warteten, zu denen er jetzt noch eine fünfte beisteuerte. Er drang nach Norden vor und attackierte den Kyzikos belagernden Mithradates. Das pontische Heer wurde völlig vernichtet, die Flotte dezimiert, aber dem König gelang die Flucht. Zu Tigranes schickte er einen Gesandten, der formell um Beistand nachsuchen sollte. Doch als er es schließlich schaffte, sich nach Armenien abzusetzen, nahm Tigranes ihn in Gewahrsam. Er hatte offenbar keine Neigung, an der Seite seines Schwiegervaters in den Krieg einzutreten. Als diese Nachricht 72 v. Chr. zu Lucullus drang, schickte er einen Gesandten an den armenischen Hof, der dort um Mithradates' Auslieferung nachsuchen sollte. Dieser Gesandte war kein Geringerer als Appius Claudius Pulcher. Claudius wurde, wie Plutarch berichtet, auf extra langem Weg quer durch Kleinasien geführt und erreichte schließlich Antiocheia am Orontes, wo ihm bedeutet wurde, auf Tigranes zu warten. Um sich die Wartezeit zu verkürzen, konferierte er mit etlichen der Klientelfürsten des Armeniers. Tigranes hatte wie Mithradates große Ambitionen: Er nannte sich, in alter iranischer Tradition, »König der Könige« und hatte sein Land mit einem Kranz von Klientelkönigtümern umgeben. Den Parthern hatte er Media Atropatene, Sophene und das nördliche Mesopotamien entrissen, auf dem Kaukasus hatte er die kleinen Königreiche Albanien und Iberien unter seine Fuchtel gezwungen und dem moribunden Seleukidenreich hatte er ein großes Stück von Syrien mit der Metropole Antiocheia abgeluchst. Offenbar hielt er die Gelegenheit jetzt für günstig, sich auch das Reich seines Schwiegervaters einzuverleiben.

Schließlich traf Tigranes mit großem Gefolge in Antiocheia ein. Plutarch berichtet:

> Appius [Claudius] war jedoch weder erschrocken noch erstaunt ob all dieses Pomps und Spektakels, sondern erklärte dem König, sobald er eine Audienz erhalten hatte, unumwunden, er sei gekommen, um Mithrada-

> tes' Auslieferung zu fordern, als Zierde für den Triumph des Lucullus, oder aber um Tigranes den Krieg zu erklären. Obwohl sich Tigranes alle Mühe gab, dieser Rede mit heiterer Miene und gezwungenem Lächeln zuzuhören, konnte er sein Unbehagen über die kühnen Worte des jungen Mannes vor den Umstehenden nicht verbergen.[20]

Tigranes war entrüstet nicht nur über das Auslieferungsersuchen, sondern auch über die respektlose Anrede: Der höchst selbstbewusst auftretende Claudius nannte ihn nicht bei seinem vollen Titel, sondern lediglich »König«. Der Armenier lehnte das von Claudius vorgetragene Ultimatum brüsk ab und schickte den Gesandten mit einer knappen Botschaft zurück zu Lucullus, den er als Retourkutsche nun seinerseits ohne den ihm gebührenden Titel, *imperator*, anredete: Wenn die Römer den Krieg erklären würden, sei man bereit zu kämpfen. Bevor Claudius abreiste, beschenkte er ihn großzügig. Der wählte aus der Fülle der Schätze nur eine einzige Schale aus, und auch das nur, um den König nicht zu kränken.

Die diplomatische Mission des knapp Dreißigjährigen war mit großer Verantwortung verbunden. Sie war ein unmissverständlicher Vertrauensbeweis, den Lucullus seinem Schwager gönnte. Claudius enttäuschte seinen Auftraggeber nicht. Der Gesandte ließ sich von dem König nicht einschüchtern, dazu war er viel zu sehr römischer Patrizier. Er verschmähte die Geschenke des Monarchen, weil er den Hautgout der Bestechlichkeit witterte, der aus der Situation zu dünsten drohte, aber er nahm die kleine Schale, damit sein Gastgeber das Gesicht wahren konnte. Und er nutzte geistesgegenwärtig die Gunst der Stunde, als er in Antiocheia, auf Tigranes wartend, dessen abhängige Fürsten zusammenrief, um sie zum Abfall von Armenien aufzustacheln. Claudius handelte damit diplomatischer und geschickter als Lucullus selbst, der mit seinem Ultimatum auch noch Armenien in die Front der Kriegsgegner hineinzog, obwohl Tigranes sich durchaus lieber abwartend verhalten hätte. Lucullus hatte allen Grund, zufrieden mit seinem Schwager zu sein.

Unterdessen machten sich die Römer daran, die großen Städte an der Schwarzmeerküste zu erobern: Herakleia Pontike, das bereits in Pontos liegende Amastris und schließlich Sinope öffneten schließlich ihre Tore, doch die Belagerungen nahmen mehrere Jahre in Anspruch. Cotta war 71 v. Chr. von seinem Kommando zurückgetreten, und auch Bithynien war daraufhin Lucullus unterstellt worden. Der Prokonsul war jetzt für den gesamten kleinasiatischen Kriegsschauplatz verantwortlich. In zwei Offensiven 71 und 69 v. Chr. stieß Lucullus ins Landesinnere vor, erreichte den Oberlauf des Euphrat und marschierte von hier durch das Hochland Anatoliens bis nach Tigranokerta im westlichen Armenien, das er im Herbst 69 v. Chr. erreichte. Vor der Stadt stellte sich Tigranes zur Schlacht. Mithradates war jetzt nicht länger sein Gefangener, sondern sein Verbündeter, denn ihn weiter festzuhalten, hatte mit dem Ultimatum der Römer jeglichen Sinn verloren. Der Sieg gehörte den Römern und war vernichtend. Lucullus fielen die in der Stadt von Tigranes gehorteten Schätze in die Hände. Er stand jetzt im Zenit seines Ansehens.

Tigranokerta quoll über vor Griechen und Angehörigen anderer Völkerschaften, die der Armenier in sein Reich hatte deportieren lassen. Diese Menschen entließ Lucullus mit sofortiger Wirkung in ihre Heimat. Tigranes und Mithradates freilich gelang die Flucht. Der Armenier setzte sich nach Artaxata im Osten seines Reiches – in der Nähe des heutigen Jeriwan – ab, hob dort neue Truppen aus und drillte sie nach römischen Standards. Außerdem schickte er Gesandte zu Phraates, dem Partherkönig, die bei dem bedeutenden Nachbarn um Waffenhilfe nachsuchen sollten. Hätten die Römer erst einmal Pontos und Armenien besiegt, komme sein Reich als nächstes an die Reihe, ließen sie ihm ausrichten. Mithradates begleitete zunächst seinen Schwiegersohn, zog sich dann aber in sein eigenes Königreich zurück – oder in das, was davon noch übrig war. Der Krieg war noch nicht zu Ende, er hatte gerade erst angefangen.[21]

## MEUTEREI

Wegen des Wintereinbruchs beschloss Lucullus, zunächst in der Landschaft Gordiene, in der Tigranokerta lag, Quartier zu beziehen. Hier suchten ihn parthische Gesandte auf, die ihm den Vorschlag eines Bündnisses mit Phraates unterbreiteten. Der Prokonsul, nicht abgeneigt, schickte nun seinerseits einen Gesandten zu dem Partherkönig, um das Bündnis zu bekräftigen. Doch dann bekamen die Römer Wind davon, dass Phraates ein doppeltes Spiel spielte und im Geheimen mit Tigranes verhandelte. Lucullus fasste deshalb den Plan, nicht Mithradates und Tigranes zu verfolgen, sondern das Partherreich anzugreifen. Dazu forderte er weitere Truppen von den in Pontos verbliebenen Legionen an. Unterdessen ließ er Tigranokerta von seinen Soldaten in Schutt und Asche legen, um Tigranes einen Vorgeschmack darauf zu geben, was ihn und sein Reich erwartete. Doch während Lucullus den Sieg über den Armenier bis zur Neige auskostete, drehte sich in Rom der Wind gegen ihn. Schon länger hatten in der Hauptstadt Geschichten über Lucullus die Runde gemacht, die den Feldherrn in einem denkbar schlechten Licht dastehen ließen: Einige warfen ihm vor, dass er erst Mithradates und dann auch noch Tigranes habe entwischen lassen, andere, dass er es zum Krieg mit dem Armenier habe kommen lassen. Manche wussten zu berichten, Mithradates sei nur deshalb entkommen, weil sich Lucullus erst auf seine Schätze gestürzt und erst dann die Verfolgung aufgenommen habe. Die Gerüchte zielten darauf, den Feldherrn zu diffamieren. Lucullus sei der Kriegführung nicht gewachsen, weil er moralisch verkommen sei: habgierig und möglicherweise bestechlich.[22]

Die Unterstellungen nahmen an Schärfe zu, weil sich Lucullus in Rom mächtige Leute zu Feinden gemacht hatte. Der Prokonsul hatte nach seiner Landung in Ephesos die Verwaltung der Provinz Asia reformiert. In der richtigen Erkenntnis, dass die weitgehenden Befugnisse, die hier die Publikanen hatten, dem Ansehen Roms in der Vergangenheit schweren Schaden zugefügt und die Provinzbewohner gegen die Tiberrepublik aufgebracht hatten, schränkte er den Spielraum der Steuerpächter auf für sie inakzeptable Weise ein. Die Unternehmer freilich verfügten in Rom über eine mächtige Lobby. Während sich der Krieg in Armenien in die Länge zog, setzten sie das Gerücht in die Welt, Lucullus zögere aus schierer Ruhm- und Gewinnsucht gezielt die Entscheidung hinaus. Anfang 68 v. Chr. wurde dem Oberkommandierenden der Prokonsulat über Asia entzogen. Nicht besser wurde die Sache dadurch, dass Gegner des Lucullus durch Wahlen in Schlüsselämter gelangten: Männer wie Lucius Quinctius, der Prätor wurde. Dieser Mann hatte 74 v. Chr. als Volkstribun die Klingen mit Lucullus gekreuzt, weil der sich als Konsul gegen die Wiederherstellung der von Sulla beschnittenen Amtsbefugnisse der Volkstribunen gesperrt hatte. Quinctius zahlte es ihm heim, indem er durchsetzte, dass man ihm auch das Kommando in Kilikien wegnahm und es dem amtierenden Konsul Quintus Marcius Rex übertrug. Marcius

Rex war mit der drittältesten Tochter von Appius Claudius Pulcher senior verheiratet und somit Lucullus' Schwippschwager.[23]

Im Frühjahr 68 hielt sich Lucullus noch immer in Tigranokerta auf. Der Kriegsplan gegen die Parther zerschlug sich, weil sich das in Pontos zurückgelassene Heer weigerte, nach Armenien zu marschieren, um sich dort mit den Legionen des Prokonsuls zu vereinigen. Und auch in seinem eigenen Heer machte sich Unruhe breit:

> Als Lucullus [von der Befehlsverweigerung des Heeres in Pontos] erfuhr, zermürbte dies auch seine Soldaten. Ihr Reichtum und ihr luxuriöses Leben hatten sie bereits vom Militärdienst entfremdet, und sie sehnten sich nach Muße, und als sie von den kühnen Worten ihrer Kameraden in Pontos hörten, nannten sie sie tapfere Männer und sagten, ihr Beispiel müsse in Gordiene befolgt werden, denn ihre vielen Errungenschaften berechtigten sie zu einem Aufschub der Mühen und zur Freiheit von Gefahren.[24]

Bereits ins siebte Jahr gehe der Krieg jetzt, und noch längst sei kein Ende absehbar, klagten die Soldaten. Deshalb änderte Lucullus seinen Plan und beschloss, Tigranes hinterherzueilen. Als man schließlich aufbrach, war es Sommer. Die 450 Kilometer Luftlinie über den Taurus und die armenische Hochebene wurden für die Legionäre zu einem wahren Höllenmarsch. Man kam nur langsam vorwärts. Kaum hatte man unter großen Strapazen die Tauruskette überquert und die Hochebene erreicht, musste man feststellen, dass dort das Getreide noch grün auf den Halmen stand. Entsprechend katastrophal war die Versorgungslage. Es zeigte sich, dass Lucullus von der Geografie Armeniens nur einen höchst unzureichenden Begriff hatte. Zu allem Unglück stellte sich heraus, dass man zu spät aufgebrochen war. Schon neigte sich der kurze Sommer in der Hochebene dem Ende zu, und das Ziel lag noch immer in weiter Ferne. Als man den Nordosten Armeniens erreicht hatte und sich Artaxata näherte, wich der Gegner jeder Schlacht aus und beschränkte sich darauf, die Legionen, vor allem deren Kavallerieeinheiten, aus dem Hinterhalt zu attackieren. Schließlich erzwang Lucullus ein Kräftemessen, indem er sich der Hauptstadt Artaxata zuwandte, wo sich Tigranes' Harem befand. Tatsächlich stellte sich der Armenier zum Kampf, wurde von den Römern hart bedrängt und floh schließlich mit seiner Streitmacht und den Truppen der Verbündeten vom Schlachtfeld.[25]

Lucullus hatte sich den Weg nach Artaxata freigekämpft, damit aber den Krieg noch längst nicht entschieden. Denn im kalten Klima Nordostarmeniens wurde die Lage für die Römer zunehmend unhaltbar. Während der erste Schnee fiel, froren die Soldaten, kämpften sich durch grundlosen Morast vorwärts und wurden erneut aus dem Hinterhalt angegriffen. In der Truppe machte sich Groll gegen den Feldherrn breit. Wie lange noch sollte man einen Gegner, der in diesem unwegsamen Land jeden Weg und Steg kannte, ins Nirgendwo verfolgen? War überhaupt noch mit einem Sieg zu rechnen, der den Qualen endlich ein Ende setzte? »Der größte Teil des Landes war dicht bewaldet, voller enger Abgründe und sumpfig, so dass die Soldaten nicht mehr trocken wurden«, schreibt Plutarch in seiner Lucullus-Biografie. Weiter heißt es dort:

> Sie waren während des Marsches mit Schnee bedeckt und verbrachten die Nacht unbequem an feuchten Orten. Daher waren sie Lucullus noch nicht viele Tage nach der Schlacht gefolgt, als sie begannen, sich zu be-

> schweren. Zuerst schickten sie ihre Tribunen zu ihm, um ihn zu bitten, von der Schlacht abzulassen, dann hielten sie tumultuarische Versammlungen ab und randalierten nachts in ihren Zelten, was gemeinhin als für ein meuterndes Heer charakteristisch gilt.[26]

Lucullus, der bis dahin die Truppe mit unnachsichtiger Härte geführt und bereits eine Meuterei glücklich überstanden hatte, verlegte sich nun aufs Bitten und Betteln. Doch es half alles nichts. Das Heer weigerte sich, den Vormarsch auf Artaxata fortzusetzen. Der Oberkommandierende traf nun die Entscheidung, das Heer am Vansee entlang und abermals den Taurus überquerend Richtung Süden, nach Mesopotamien, zu führen. Die Ebene wurde im Spätherbst 68 v. Chr. erreicht. Hier musste er das stark befestigte Nisibis im Quellgebiet des Flusses Chabur einnehmen. Die von Guras, dem Bruder des Tigranes, verteidigte Stadt war durch eine doppelte Lehmmauer geschützt. Lucullus ließ sie belagern, wartete mit der Erstürmung aber bis zum Anbruch des Winters. Weil die Belagerten in ihrer Wachsamkeit nachgelassen hatten, gelang der Durchbruch durch das Befestigungssystem in kürzester Zeit. Lucullus erteilte den Befehl, in Nisibis zu überwintern.[27]

Den Krieg gegen die beiden Könige ließ Lucullus währenddessen durch seine Legaten führen. Das war ein schwerer Fehler, denn die beiden Unterfeldherrn waren der Aufgabe mit den ihnen zugeteilten Kräften nicht gewachsen. Mit Lucius Fannius erhielt ausgerechnet ein Mann das Kommando gegen Tigranes, der zunächst unter Fimbria gekämpft, dann den Vertrag zwischen Sertorius und Mithradates vermittelt und schließlich in dessen Diensten gekämpft hatte. Dem Armenier hatte er offenbar nicht viel entgegenzusetzen. Während Tigranes sich überall als Befreier vom römischen Joch feiern ließ, wurde Fannius in Gordiene belagert, wo sich seine Spuren verlieren. Mithradates, der sich nach Pontos durchgeschlagen hatte, wurde bis dort durch Fabius Hadrianus verfolgt, dem er eine schwere Niederlage beibrachte. Die Situation rettete ein weiterer Legat des Lucullus, Valerius Triarius, der, von Bithynien kommend, plötzlich auf der Bildfläche erschien und Mithradates bei dem Ort Komana in Kappadokien schlug. Dann brach der Winter herein, und die Heere zogen sich in feste Quartiere zurück. Das Jahr 68 v. Chr. ging auf sein Ende zu, der Krieg in sein siebtes Jahr.[28]

Während Lucullus in Nisibis ausharrte, erodierte in Rom der Rückhalt für den Prokonsul mit jedem Tag. Einer der Volkstribunen des Jahres 67 war Aulus Gabinius, eine Marionette des Pompeius. Pompeius hatte für den Senat erfolgreich Sertorius in Spanien bekämpft, dann noch in den Sklavenkrieg gegen Spartacus eingegriffen und schließlich gemeinsam mit Crassus 70 v. Chr. den Konsulat bekleidet. Die Anfang des Jahres vom Volk beschlossene *lex Gabinia* sah vor, dass Pompeius ein außerordentliches Kommando, *imperium extraordinarium*, mit unumschränkter Befehlsgewalt erhielt, um im östlichen Mittelmeer die Piraten zu bekämpfen. Zugleich sorgte Gabinius dafür, dass Lucullus der Oberbefehl im Krieg gegen Tigranes und Mithradates ganz entzogen wurde. Stattdessen wurde das Kommando dem Konsul des Jahres 67 übertragen: Manius Acilius Glabrio, der für seine militärische Inkompetenz berüchtigt war, wie wenigstens Cicero urteilt. Die Soldaten, die noch mit Fimbria in den Osten aufgebrochen waren, sollten nach Hause entlassen werden. Pompeius kalkulierte folgendermaßen: Den Krieg gegen die Piraten glaubte er schnell beenden zu können; und sobald Glabrio sein Versagen auf dem nahöstlichen Kriegsschauplatz für alle sichtbar dokumentiert hatte, gedachte er, ihm nachzufolgen. So jedenfalls will es die Pompeius gewogene Überlieferung glauben machen.[29]

Lucullus, der im fernen Nisibis von dieser Entwicklungen erst später erfuhr, schmiedete unterdessen Pläne für einen Feldzug im nordöstlichen Mesopotamien, vermutlich gegen Adiabene. Ziel dieses Vorhabens dürfte gewesen sein, Tigranes endlich zu einer Schlacht herauszufordern. Doch die Nachricht, dass Marcius Rex das Kommando in Kilikien übernommen hatte, hatte sich bereits im Heer herumgesprochen. Bald drangen auch Meldungen zu den Soldaten, der Konsul Glabrio habe Bithynien erhalten und befinde sich bereits im Anmarsch. Was das bedeutete, war allen klar: Lucullus war ein Oberbefehlshaber auf Abruf, das Ende seines Prokonsulats nur eine Frage der Zeit. Deshalb machte sich, ähnlich wie im vergangenen Jahr, Unmut unter den Legionen breit. Wieder lag Meuterei in der Luft. In dieser kritischen Situation fehlte nur noch ein Rädelsführer – der ließ auch nicht lange auf sich warten. Clodius habe, referiert Cicero in *De haruspicum responso*, »durch ein ruchloses Verbrechen«, *per nefandum scelus*, »das Heer des Lucius Lucullus zum Meutern angestachelt und sei dann von dort geflohen.« In dem Text zählt Cicero die Stationen von Clodius' Biografie auf, um seinen Gegner als moralisch verkommenes Subjekt unmöglich zu machen. Cicero streift die Meuterei nur kurz und sortiert sie, chronologisch falsch, nach seiner Gefangenschaft bei den kilikischen Piraten ein. Ein Motiv für das Handeln des Clodius liefert Cassius Dio: »Aber es war vor allem ein gewisser Publius Clodius (von manchen Claudius genannt), der durch seine angeborene Liebe zur Revolution die Meuterei zum Höhepunkt brachte, obwohl seine Schwester mit Lucullus verheiratet war.«[30]

Cassius Dio, der im 3. Jahrhundert n. Chr. schreibende bithynische Senator, sieht Clodius allein durch seine später zur Genüge bewiesene Lust am Unruhestiften angetrieben. Clodius sei nun einmal ein Revoluzzer, deshalb habe er die

Meuterei gegen seinen Schwager angeführt. Ausführlicher schildert Plutarch das Geschehen, obwohl er Clodius' aufrührerische Aktivitäten irrtümlich während das Marsches durch Armenien und damit 68 v. Chr. stattfinden lässt:

> Zu diesen an sich schon ungünstigen Umständen kam noch ein weiterer hinzu, der den Unternehmungen des Lucullus am meisten schadete. Es handelte sich um Publius Clodius, einen Mann von übermütiger Gewalttätigkeit und voll von Hochmut und Kühnheit. Er war ein Bruder der Gattin des Lucullus, einer Frau von ausschweifender Art, die er sogar verführt haben soll. Zu dieser Zeit stand er in den Diensten des Lucullus und erhielt nicht das Quantum Ehre, das ihm seiner Meinung nach zustand. Er glaubte, dass ihm ein herausgehobener Platz gebühre, und als ihm wegen seines schlechten Charakters viele vorgezogen wurden, drang er heimlich auf die Soldaten ein, die von Fimbria befehligt worden waren, und versuchte, sie gegen Lucullus aufzuhetzen, indem er unter ihnen Reden verbreitete, die gut zu Männern passten, die weder unwillig waren noch unerfahren darin, dass man um ihre Gunst warb. Das waren die Männer, die Fimbria einst überredet hatte, den Konsul Flaccus zu töten und ihn selbst zum Heerführer zu wählen.[31]

In Plutarchs Darstellung ist es verletzte Eitelkeit, die Clodius zum offenen Aufstand gegen Lucullus anstiftet. So sei Clodius bei Beförderungen übergangen worden, doch die Zurücksetzung habe er sich ganz allein selbst zuzuschreiben: Wenn Lucullus andere dem Clodius vorgezogen habe, dann sei die Ursache dafür dessen »schlechter Charakter« gewesen. Der Schwager des Feldherrn sei allerdings auch bei den

Legionären auf offene Ohren gestoßen, die schließlich teilweise schon über 15 Jahre im Osten verbracht und sowieso die Neigung zum Meutern gehabt hätten. Plutarch spielt darauf an, dass diese Soldaten schon einmal, unter Fimbria, gegen ihren Oberkommandierenden revoltiert hatten. Dass Soldaten eine Tendenz zu Ungehorsam und Rebellion haben, vor allem dann, wenn es ihnen zu gut geht und sie zu viele Freiheiten genießen, ist ein Topos, der sich wie ein roter Faden durch die römische Historiographie zieht. Plutarch fährt fort:

> Deshalb hörten sie auch Clodius gerne zu und nannten ihn den Freund des Soldaten. Denn er tat so, als sei er über sie erzürnt, wenn ihre zahllosen Kriege und Mühen kein Ende nähmen, sondern sie ihr Leben im Kampf mit allen Völkern und in allen Ländern vergeudeten und, statt einen angemessenen Anteil an der Beute zu erhalten, die Wagen und Kamele des Lucullus mit goldenen, edelsteinbesetzten Bechern beluden, während die Soldaten des Pompeius, die jetzt Bürger waren, es sich mit Frauen und Kindern im Besitz von fruchtbarem Land und blühenden Städten gemütlich machten, – nicht dafür, dass sie Mithradates und Tigranes in unbewohnbare Wüsten vertrieben oder die königlichen Paläste Asiens zerstört hatten, sondern aus dem Grund, dass sie mit elenden Verbannten in Spanien und entlaufenen Sklaven in Italien gekämpft hatten. »Warum sparen wir«, rief er, »wenn schon unsere Feldzüge niemals enden sollen, also nicht das, was von unserem Körper und unserem Leben übrig ist, für einen Feldherrn auf, für den der Reichtum seiner Soldaten die schönste Ehre ist?«[32]

Hier lässt Plutarch nun Clodius selbst zu Wort kommen, wobei wir, wie immer bei antiken Autoren, nicht so recht wissen können, ob diese Sätze wirklich so oder wenigstens so ähnlich gefallen sind. Die antike Geschichtsschreibung ist, wie die Politik in Griechenland und Rom, eine eminent rhetorische Disziplin. Die Protagonisten halten immer dann eine Rede, wenn es spannend wird. Besonders skrupulöse Historiographen, wie Polybios oder Tacitus, führen zumindest teilweise Quellen für die Reden an, die sie zitieren. Plutarch, der eigentlich kein Geschichtsschreiber und auch kein Biograf ist, sondern als Philosoph die Moral der Geschichte in den Mittelpunkt stellt, tut das nicht. Besaß der um 100 n. Chr. schreibende Grieche aus Chaironeia belastbares Material für eine Rede, die Clodius 150 Jahre zuvor im entlegenen Nisibis gehalten haben soll?[33]

Die Rede des Clodius hat Plutarch vermutlich den verlorenen *Historien* Sallusts entnommen. Sallust war zwar ein jüngerer Zeitgenosse des Geschehens, aber nicht vor Ort. Außerdem gehört er zu den Historikern, die ihr Material nur allzu gern den eigenen Darstellungszielen gefügig machen. Die Rede hat zwei Argumentationsstränge: Erstens vergleicht sie die Lage der Soldaten mit derjenigen ihres Anführers, Lucullus. Während der nämlich Reichtümer scheffelt, würden sie darben, sich unsäglichen Mühen unterziehen und unablässig in Lebensgefahr schweben. Der Vorwurf der Habgier an die Adresse des Lucullus deckt sich mit den in Rom kursierenden Denunziationen. Zweitens vergleicht die Rede die Lage des Heeres in Nisibis mit der komfortablen Situation, in der sich die Soldaten des Pompeius befinden. Die Legionäre des Konsuls von 70 v. Chr. haben nur gegen den Rebellen Sertorius in Spanien und gegen die Sklaven in Italien gekämpft, können sich jetzt aber einer gesicherten Existenz als Veteranen erfreuen, umgeben von ihren Frauen und Kindern.

Gemessen daran ist die Lage des Heeres in Nisibis bejammernswert: Es hat zwar die »Paläste Asiens« zerstört, versauert jetzt aber in den Weiten Mesopotamiens, geführt obendrein von einem Prokonsul, der kaum etwas für seine Soldaten übrighat.

Wie gesagt: Womöglich hat Clodius die Rede so nie gehalten. An der Tatsache, dass die Soldaten in Nisibis rebellierten und dass der Schwager des Lucullus in der Meuterei eine Hauptrolle spielte, kann aber kein Zweifel bestehen. Die Frage ist deshalb: Warum führte der junge Mann eine Revolte gegen seinen Schwager an? Welche Motive leiteten ihn, gegen den ehemaligen Konsul und jetzigen Prokonsul zu opponieren, seinen Vorgesetzten, dem er die Teilnahme an dem Feldzug verdankte? Die Erklärung, die Cassius Dio anführt, können wir getrost verwerfen. Niemand ist von Natur aus so widerspenstig, dass er ohne Grund eine Rebellion von Soldaten gegen ihren Kommandeur anführt, schon gar nicht, wenn der Chef der eigene Schwager ist, und vor allem nicht ein römischer Nobilis, der doch mit dem großen Einmaleins der Politik aufgewachsen ist. Wenn Clodius sich aus der Deckung wagte, muss er einen triftigen Grund gehabt haben. Plutarch erklärt sein Handeln vor allem mit gekränkter Eitelkeit. Clodius habe sich hinter anderen zurückgesetzt gefühlt, möglicherweise seinem eigenen Bruder., den Lucullus zu Tigranes als Gesandten geschickt und der sich mit Bravour des Auftrags entledigt hatte. Verletzte *dignitas* war in der ehrpusseligen Gesellschaft der römischen Republik ein starkes Motiv. Feindschaften konnten aus sehr viel nichtigeren Ursachen erwachsen als dem Gefühl, unter Wert gehandelt zu werden.

Trotzdem ist die gekränkte Ehre des jungen Aristokraten als alleinige Erklärung nicht überzeugend. Gewiss, Clodius hatte im Heer keine herausgehobene Position als Militärtribun oder gar Legat. Aber er war der Schwager des Lucullus, der seine Schwester geheiratet hatte, weil er sich von einer Verbindung mit den Claudii Pulchri etwas versprach. Und hätte der Prokonsul gleich zwei der Pulcher-Brüder mit nach Asien genommen, wenn ihm der familiäre Bund mit den Patriziern gänzlich gleichgültig gewesen wäre? Es ist deshalb wenig plausibel, ja, geradezu ausgeschlossen, dass Lucullus Clodius behandelte wie das fünfte Rad am Wagen.

Vermutlich lieferte also nicht Lucullus den Anlass für den Bruch, den Clodius mit der Meuterei vollzog. Wahrscheinlicher ist, dass der junge Mann aus eigenem Antrieb handelte. Und was ihn veranlasste, zu seinem Verwandten auf Distanz zu gehen, liegt eigentlich auf der Hand: Wie die Soldaten hatte Clodius begriffen, dass Lucullus im politischen Betrieb der Republik ein sinkendes Schiff war. Was immer von den Gerüchten aus Rom zum Heer in Nisibis gedrungen sein mag, allen war klar, dass die Aktien des Prokonsuls gerade ins Bodenlose stürzten. Der junge Patrizier musste, wollte er nicht mit seinem Schwager untergehen, die Bindungen zu ihm kappen und ins Lager seiner Gegner wechseln. Am effektivsten ging das, indem er sich an die Spitze der Meuterer stellte. Mit großem Risiko behaftet war dieser Schritt für Clodius nicht. Erstens schützten ihn sein patrizischer Rang und das akkumulierte Kapital seiner Familie. Zweitens war Lucullus bei den Soldaten so unbeliebt, dass es ihn Kopf und Kragen hätte kosten können, wenn er disziplinarische Maßnahmen verhängt hätte. Meutereien blieben im römischen Militär regelmäßig straflos, weil der Befehlshaber nicht über die nötige Autorität verfügte. Drittens war der Zeitpunkt gut gewählt, weil Lucullus einen weiteren Feldzug in Mesopotamien plante: ein Vorhaben, das bei den Soldaten gewiss auf wenig Sympathie stieß. Viertens stand mit Marcius Rex inzwischen ein zweiter römischer Magistrat mit *imperium* in

Kleinasien bereit, und wie es der Zufall wollte war auch er ein Schwager. Es gab also eine Alternative zu Lucullus. In Clodius' Kalkül dürften die Chancen der Insubordination die möglichen Kosten bei weitem überstiegen haben.[34]

Genauso dachten und entsprechend handelten übrigens auch die politischen Freunde, die Lucullus in Rom hatte. Sie hielten die Sache des Prokonsuls längst für verloren und verschwendeten keine Energie mehr mit dem Versuch, ihn zu halten. Lucullus war ein Kapitel, das nun zugeschlagen wurde. So jedenfalls sahen sie es. Der kommende Mann in Rom hieß Pompeius, und zu ihm waren die Opportunisten wie Gabinius in Scharen übergelaufen. Retten, was zu retten war, hieß für die Meinungsführer im Senat, sich seinem ungebremsten Aufstieg entgegenzustellen. Deshalb machte der harte Kern der Optimaten um Hortensius und Quintus Lutatius Catulus kräftig gegen die *lex Gabinia* Stimmung, die Pompeius das alleinige Oberkommando gegen die Piraten übertragen wollte. Trotz einigem Gezerre wurde das Gesetz von Gabinius vor die Volksversammlung gebracht und dort angenommen. Pompeius erhielt das Piratenkommando und entledigte sich der Aufgabe mit solcher Effizienz, dass 66 v. Chr. die Opposition verstummte, als ein weiteres Gesetz, die *lex Manilia*, ihm ein weiteres *imperium extraordinarium* im Krieg gegen Mithradates übertrug: das Kommando, das bis dahin Lucullus innegehabt hatte. Für diesen Antrag machte sich neben anderen auch Cicero stark. Mit seiner ersten großen Rede im Senat bewies der Prätor des Jahres 67, wie zaghaft inzwischen der optimatische Widerstand gegen starke Männer vom Typ Pompeius war.[35]

Dem in Nisibis überwinternden Clodius werden diese Entwicklungen zumindest in Umrissen bekannt gewesen sein. Seine Zuträger dürften ihn regelmäßig über die Lage in Rom informiert haben. Deshalb war seine Rädelsführerschaft bei der Meuterei gegen Lucullus alles andere als »a very personal affair«, ausgelöst nur durch die verletzte *dignitas* eines römischen Patriziers. Die Entscheidung, das Band zwischen ihm selbst und Lucullus zu zerschneiden, entsprang vor allem politischer Berechnung und öffnete dem ehrgeizigen Jungpolitiker in Rom diverse Optionen. Er profilierte sich, erstens, als jemand, der den kleinen Mann, in diesem Fall die Soldaten, gegen die Profitgier seiner Standesgenossen in Schutz nahm. Zur Beglaubigung einer popularen Agenda, mit der Clodius vielleicht einmal Wahlen gewinnen wollte, war die Meuterei jedenfalls auf der Habenseite zu verbuchen. Doch indem er Lucullus verriet, machte er sich zweitens auch koalitionsfähig mit wichtigen Klüngeln in der Hauptstadtpolitik: mit denen zum Beispiel, die jetzt ihr Kapital auf Pompeius verwetteten, oder mit den Protegés von Marcus Crassus, dem reichsten Mann Roms. Diesen Männern gehörte die Zukunft, Lucullus war Vergangenheit. Deshalb gab sich der Hocharistokrat Clodius im fernen Nisibis plötzlich als Revolutionär aus. Es war die erste Travestie des ehrgeizigen jungen Mannes aus vornehmem Haus und sollte nicht die letzte bleiben.[36]

Unterdessen nahte das Frühjahr 67 v. Chr. heran und damit die Feldzugsaison. Lucullus schmiedete trotz der schlechten Nachrichten aus Rom und ungeachtet der Meuterei neue Pläne. Er hatte sich einen Überblick über die Lage verschafft: Der Sieg des Triarius bei Komana hatte Mithradates gezwungen, Richtung Osten, Richtung Kaukasus, auszuweichen. So bot sich ihm die Chance, mit einem gezielten Vorstoß nach Norden, durch Armenien, Mithradates diesen Weg zu versperren und ihn gemeinsam mit Triarius in die Zange zu nehmen. Es gelang Lucullus trotz allem, das noch immer unruhige Heer von diesem Plan zu überzeugen. Man befand sich noch immer tief im Osten, weit jenseits römischer Provinzgrenzen. Den Soldaten blieb keine Wahl, als Lucullus zu folgen.

Mithradates war über die Truppenbewegungen der Römer sehr wohl im Bilde. Ihm war die Gefahr nur allzu bewusst, zwischen den beiden römischen Heeren zerrieben zu werden. Zügig machte er sich an die Arbeit, seine eigene Streitmacht zu verstärken. Dann wandte er sich gegen Triarius, der die schwächere der beiden Armeen kommandierte. Triarius gelang es noch, eine Meldung an Lucullus abzusetzen und sich in dem stark befestigten Ort Gaziura zu verschanzen. Dort wollte er ausharren, bis Lucullus sein Heer herangeführt hatte. Mithradates durchkreuzte den Plan. Er ließ seine Soldaten die Festung Dadasa angreifen, wo Triarius' Legionäre ihre Beute gelagert hatten. Die Soldaten fürchteten, alles zu verlieren, was sie während des Krieges zusammengeplündert hatten. In Panik bedrängten sie ihren Feldherrn, Mithradates zur Schlacht zu stellen. Bei Zela trafen die Heere aufeinander, und Mithradates errang einen vollständigen Sieg. 7000 Römer lagen tot auf dem Schlachtfeld, darunter viele Offiziere. Alles, was Triarius noch vermochte, war, die Reste seiner Streitmacht mit der heranrückenden Armee des Lucullus zu vereinigen.[37]

Mithradates bezog nach diesem Sieg eine leicht zu verteidigende Stellung bei der Bergfestung Talaura. Dort wartete er in Ruhe ab, dass seine Alliierten sich einfanden: Tigranes und ein weiterer Mithradates, ein Schwiegersohn des Armeniers und König von Media Atropatene. Innerhalb kürzester Zeit hatte sich die Situation im Nahen Osten völlig verkehrt: Statt seinen Gegner zu umfassen, drohte Lucullus nun selbst von gegnerischen Truppen eingekesselt zu werden. Da traf aus dem Lager des Konsuls Glabrio die Nachricht ein, Lucullus sei seines Kommandos enthoben und er habe unverzüglich die Legionen Fimbrias zu entlassen, die übrigen Glabrios

Befehl zu unterstellen. Die neue Lage sprach sich schnell im Heer herum. Weil er glaubte, sein Heer am ehesten unter Kontrolle halten zu können, wenn er es gegen den Feind führte, ließ Lucullus das Lager abbrechen und befahl, Tigranes entgegenzumarschieren. Die Rechnung ging nicht auf, weil sich abermals Unruhe im Heer ausbreitete. Die Fimbria-Legionäre machten geltend, Lucullus besitze keine Befehlsgewalt mehr über sie. In langwierigen Verhandlungen konnte er immerhin abwenden, dass die Fimbrianer sofort von der Fahne gingen. Sie sagten zu, einstweilen beim Heer zu bleiben. Allerdings hatte der Zwischenfall wieder einmal bewiesen, auf welch wackeligen Füßen seine Autorität bei den Soldaten stand. Als wäre dies nicht schlimm genug, weigerte sich Quintus Marcius Rex, der neuernannte Prokonsul Kilikiens, trotz drängender Bitten, Lucullus zu Hilfe zu kommen. Auf einen Kampf konnte Lucullus sich unter diesen Bedingungen nicht einlassen. Er beschloss, an der Grenze zu Armenien ein neues Lager aufzuschlagen und erst einmal abzuwarten.[38]

Im Sommer 67 v. Chr. war er am Ende. Die Fimbrianer zogen ab, und der abgehalfterte Feldherr sah sich gezwungen, den Rückzug nach Galatien anzutreten, während Tigranes' Soldaten marodierend durch Kappadokien zogen und Mithradates sein altes Königreich wieder in Besitz nahm. Ausgerechnet jetzt wurde eine Zehnmännerkommission aus Rom bei ihm vorstellig, die Pontos zur römischen Provinz machen sollte. Eine Farce angesichts der militärischen Lage! Ein Passus bei Appian könnte immerhin andeuten, dass Lucullus auf dem Weg nach Galatien noch Teile von Mithradates' Königreich plündern ließ.

Er hatte sein Heer mit großer Strenge, ja mit Herablassung behandelt. Die enormen Leistungen, die er immer wieder den Soldaten abgefordert hatte, und die übergroße Härte waren ihn teuer zu stehen gekommen. Dreimal hatte sich Insubordination im Heer breitgemacht. Jedes Mal war es Lucullus gelungen, die Disziplin wiederherzustellen, auch als sich sein Schwager gegen ihn gestellt hatte. Beim vierten Mal ließ sich die Autorität nicht wiederherstellen, das Kommando war verloren. Lucullus war nicht der Mann, der sich einem Volksbeschluss widersetzte und gegen geltendes Recht auf seinem Oberbefehl beharrte. In ihm steckte kein zweiter Sulla, der sich mit Gewalt nahm, was das Volk ihm entwunden hatte. In ihm steckte auch kein Caesar, der knapp 20 Jahre später den Rubico überschreiten sollte. Lucullus war kein Aufrührer, sondern ein Aristokrat alter Schule, aus der Zeit gefallen. Deshalb musste er sich geschlagen geben.[39]

Den Winter 67/66 v. Chr. hielt sich Lucullus im Winterquartier in Galatien auf. Unterdessen brachte in Rom der Volkstribun Gaius Manilius ein Gesetz ein, das Pompeius zum Prokonsul in ganz Kleinasien machte und ihm damit den ersehnten Oberbefehl gegen Mithradates übertrug. An ihn hatte Lucullus sein Heer im Sommer 66 v. Chr. abzugeben. Pompeius übernahm das Heer unter für Lucullus demütigenden Bedingungen. Er widerrief alle seine Anordnungen, untersagte ihm, Beförderungen auszusprechen und Strafen zu verhängen und annullierte auch die Anordnungen, die zuvor von der Zehnmännerkommission ergangen waren. Ein Großteil der von Lucullus entlassenen Fimbrianer schloss sich Pompeius als Freiwillige an. Ein erstes Treffen zwischen dem alten und dem neuen Oberkommandierenden verlief in fast schon freundschaftlicher Atmosphäre. Lucullus machte gute Miene zum bösen Spiel. Doch je länger die Amtsübergabe dauerte, desto offensichtlicher wurde die gegenseitige Abneigung. Nickligkeiten waren an der Tagesordnung: Lucullus erließ Befehle, die Pompeius Tags darauf widerrief. Vor versammelter Mannschaft kolportierte der neue Kommandeur die in Rom kursierenden Gerüchte, sein Vorgänger habe den Krieg aus Gewinnsucht bewusst in die Länge gezogen. Erst Lucullus, unterstellte Pompeius, habe aus Mithradates einen so gefährlichen Gegner gemacht. Schließlich kehrte der Mann, der acht Jahre gegen den König von Pontos gekämpft hatte, dem Nahen Osten den Rücken: an der Spitze von 1600 Legionären, die Pompeius ihm gelassen hatte, damit er in Rom den wohlverdienten Triumph feiern konnte.[40]

Drei Jahre später war der Krieg gegen Mithradates für Rom siegreich beendet. Der König, der Rom so oft herausgefordert hatte, beging auf der Krim Selbstmord, nachdem sich sein Sohn Pharnakes gegen ihn gewandt hatte. Pompeius ergriff die Gelegenheit und ordnete die Verhältnisse im Nahen Osten von Grund auf neu. Im Norden Kleinasiens richtete er die Provinz Bithynia et Pontus ein, in der das alte Königreich des Mithradates ebenso aufging wie das westlich benachbarte Bithynien. Das Seleukidenreich annektiert er und verwandelte seine territorialen Restbestände in die römische Provinz Syria. Der Statthalter der neuen Provinz gebot über einen Kranz von Klientelfürstentümern, von denen das wichtigste Judäa war. Hier legte Pompeius, als er den Jahwe-Tempel betrat und in das nur dem Hohepriester vorbehaltene Allerheiligste vordrang, den Grundstein für das fortan schwierige Verhältnis zwischen dem Imperium und den Juden. Als Pompeius 63 v. Chr. nach Rom zurückkehrte, hatte er etliche Könige gestürzt und ein paar neue gemacht.[41]

Lucullus harrte bis ebenfalls 63 v. Chr. mit seinem Rumpfheer vor den Toren Roms aus, weil der Senat ihm hartnäckig den Triumph verweigerte, der ihm, davon war er überzeugt, zukam. Doch die Geduld des in Ungnade gefallenen Feldherrn währte länger als die des Senats, und so erhielt er am Ende doch seinen Triumph. Die Beute, die er aus dem Osten hatte abtransportieren lassen, machte ihn zu einem der reichsten Männer Roms. Seine Kunstsammlung genoss ebenso großen Ruhm wie der Luxus, den genießen konnte, wer in einer seiner Villen am Golf von Neapel zu Gast war. Regelrechten Kultstatus hatten die ausgedehnten Gartenanlagen, die Lucullus mitten in Rom anlegen ließ. Geradezu unsterblich machte ihn aber die Kirsche, die der in Roms besseren Kreisen als Feinschmecker bekannte Ex-Feldherr aus der pontischen Hafenstadt Kerasus – daher der botanische Name *prunus cerasus* – mitbrachte und in Italien heimisch machte. Auf dem politischen Parkett der Hauptstadt allerdings hatte Lucullus seine Rolle ausgespielt. Er starb 56 v. Chr.[42]

## AUF VERLORENEM POSTEN

Nach der von Clodius angezettelten Meuterei im Winterlager von Nisibis war an seinen Verbleib beim Heer des Lucullus nicht mehr zu denken. Zum Glück für ihn gab es Alternativen. Mit Marcius Rex, dem Konsul des Jahres 68, befand sich ein zweiter Schwager in unmittelbarer Nähe. Noch als Konsul hatte Marcius Rex den Oberbefehl über Kilikien erhalten, das damit dem *imperium* des Lucullus entzogen war. Die bergige Landschaft im Süden Kleinasiens diente den Piraten als Basis, die mit großen, kriegsmäßig ausgerüsteten Flotten die Schifffahrt im östlichen Mittelmeer tyrannisierten, seit hier Seleukiden und Ptolemäer nicht mehr in der Lage waren, aus eigener Kraft für Ordnung zu sorgen. Dass die Piraten ein Faktor waren, mit dem zu rechnen war, musste Gaius Iulius Caesar erfahren, der sich 75/74 v. Chr. auf einer Bildungsreise durch die Ägäis befand und bei der Insel Pharmakussa vor Milet in die Hände von Piraten geriet. Der spätere Diktator soll sich während seiner Gefangenschaft prächtig amüsiert haben. Weniger erfreut waren die Städte

Kleinasiens. Sie hatten bei der Überwachung des Seegebiets kläglich versagt und mussten deshalb das Lösegeld von 50 Talenten aufbringen – nachdem Caesar die ursprüngliche Forderung der Entführer, die zunächst nur 20 Talente verlangt hatten, als seiner unwürdig zurückgewiesen hatte. Kaum freigekommen, ließ Caesar in Milet auf eigene Faust Schiffe ausrüsten, mit denen er die Verfolgung der Seeräuber aufnahm. Eigenmächtig ließ er die Piraten hinrichten.[43]

Caesars Aktion war ein Privatunternehmen und von keinem römischen Amtsträger autorisiert. Die Römer hatten freilich auch ganz offiziell schon mehrfach versucht, der Plage Herr zu werden. Marcus Antonius, genannt »der Redner«, Orator, hatte 102 v. Chr. als Prätor in Kilikien gedient und die Seeräuber bekämpft. Dessen Sohn Marcus Antonius Creticus hatte 74 v. Chr. dasselbe auf Kreta versucht. Lucius Licinius Murena war, als er 83 v. Chr. seinen eigenmächtigen Feldzug gegen Mithradates unternahm, vom Senat der Auftrag erteilt worden, die Piraten in Kilikien kurzzuhalten. Der Konsul Gnaeus Cornelius Dolabella und sein Proquästor Gaius Verres nutzten, wenn man Cicero glauben darf, ab 80 v. Chr. ihr *imperium* in Kilikien nur dazu, die Bevölkerung nach allen Regeln der Kunst auszuplündern, anstatt die Plage zu bekämpfen. Der Prokonsul Publius Servilius Vatia widmete sich von 78 bis 74 v. Chr. zwar höchst tatkräftig der Piratenbekämpfung zu Lande, war aber mangels Flotte nicht dazu in der Lage, den Gegner auf See zu verfolgen. Bald operierten die Piraten von neuen Schlupfwinkeln aus, an denen in Kilikien kein Mangel herrschte. Keiner der Verantwortlichen seit Antonius Orator hatte auch nur ansatzweise das Ziel erreicht, die See wieder sicher zu machen. Das Kommando des Marcius Rex, das bis 66 v. Chr. verlängert wurde, war der sechste Versuch Roms innerhalb von 35 Jahren, der von den Seeräubern ausgehenden Bedrohung einen Riegel vorzuschieben.[44]

Wie über Glabrio, so heißt es auch über Marcius Rex, er habe es an Führungskraft fehlen lassen und sei in seiner Provinz so gut wie untätig geblieben. Die Überlieferung, die seine Vorgänger als militärischen Dilettanten denunziert, lässt den 66 v. Chr. mit der Gewalt eines Orkans über den Nahen Osten hineinbrechenden Pompeius nur umso heller erstrahlen. Marcius Rex kam zwar nicht Lucullus zu Hilfe, als der im Frühjahr 67 Tigranes entgegenziehen wollte, doch er stellte sich auftragsgemäß dem Problem der kilikischen Piraten. Cassius Dio lässt Marcius Rex seine Weigerung, Lucullus beizustehen, damit begründen, dass die Soldaten ihm nicht gefolgt seien. Er habe Menemachos bei sich aufgenommen, einen lokalen, von Tigranes abgefallenen Dynasten. Außerdem habe er Clodius den Befehl über die Flotte übertragen.[45]

Marcius Rex setzte bemerkenswertes Vertrauen in seinen jungen Verwandten. Die Flotte entschied über Erfolg oder Misserfolg des ganzen Unternehmens, wie zehn Jahre zuvor der Feldzug des Servilius Vatia gezeigt hatte. Wer nicht die Möglichkeit hatte, die Piraten zu verfolgen, konnte auch nicht verhindern, dass sie sich anderswo neue Verstecke suchten. Pompeius verfügte, als er aufgrund der *lex Gabinia* das Kommando gegen die Seeräuber übernahm, über 200, später sogar über 500 Schiffe. Das *imperium*, das Pompeius noch im selben Jahr übernahm, in dem Clodius gegen die Piraten in See stach, hatte freilich ein ganz anderes Format als der auf Kilikien begrenzte Feldzug des Marcius Rex. Clodius' Flotte dürfte den Piraten, die obendrein mit dem Seegebiet bestens vertraut waren, deutlich unterlegen gewesen sein. Sein Feldzug war angesichts der Bedrohung um etliche Nummern zu klein geplant. Vermutlich lag hier auch der Grund dafür, dass Clodius, anstatt das Unternehmen zum gewünschten Erfolg zu führen, selbst in die Gefangenschaft der Seeräuber geriet. Für Cicero, der keine Gelegenheit ausließ, den Widersacher herabzuwürdigen, war selbstverständlich dessen Unfähigkeit alleinige Ursache für die in den Händen der Piraten erlittene Schmach. Kurz nach der Rückkehr aus dem Exil, das er keinem Geringeren als Clodius zu verdanken hatte, hielt der Konsular die Rede *De haruspicum responso*, »Über das Gutachten der Opferschauer«. Darin klaubt er die alte Geschichte von Clodius' Gefangenschaft bei den Piraten hervor, um mit sorgsam kalkulierten Hieben unter die Gürtellinie den Ruf seines Gegenspielers zu schädigen: In Kilikien, bemerkt der Redner süffisant, habe man Clodius gezwungen, die sexuellen Gelüste, *libidines*, der Barbaren zu befriedigen.[46]

Die angebliche Begebenheit fügt sich gut in das von Cicero entworfene Bild eines sexuell unersättlichen jungen Mannes, der auch immer wieder anderen Männern zu Willen war. Solche Gerüchte müssen in Rom eifrig die Runde gemacht haben, und der routinierte Redner bediente sich ihrer nur allzu bereitwillig, um Clodius verächtlich zu machen. Darüber, ob der junge Patrizier seine Gefangenschaft bei den Piraten in ähnlich guter Erinnerung behielt wie Caesar seine, schweigen die Quellen. Sicher ist nur, dass er bald freikam und dass er die Freilassung nicht den von Cicero unterstellten sexuellen Gefälligkeiten verdankte. Ist Lösegeld geflossen wie bei Caesar? Cassius Dio berichtet, Clodius sei zeitlebens auf den ägyptischen König Ptolemaios XII. Auletes wütend gewesen, weil der kein Geld herausrücken wollte, um ihn freizukaufen. Appian zufolge war er immerhin bereit, zwei Talente zu zahlen. Möglicherweise hatten die Piraten zunächst Lösegeld gefordert, ließen dann aber ihre Geisel einfach so laufen, weil sie sich vor dem bereits herannahenden Pompeius fürchteten.[47]

Für Clodius war die Episode kein Ruhmesblatt, aber gewiss auch kein karrieretechnischer Knockout. Wäre seine

Niederlage in Rom als schwerwiegend eingestuft worden, hätte sie in der zeitgenössischen Publizistik ganz andere Spuren hinterlassen als Ciceros vergleichsweise harmlose Polemik. Wie schwer die Hypothek auch einer nicht selbst verschuldeten Niederlage auf der Karriere lasten konnte, hatte 140 v. Chr. Tiberius Sempronius Gracchus am eigenen Leib vor Numantia erfahren. Clodius fiel weich. Seine nächste Station war die Metropole des untergehenden Seleukidenreichs: das syrische Antiocheia, wo er sich einer Notiz bei Cassius Dio zufolge aufhielt, um »diejenigen, die dort wohnten«, in ihrem Kampf gegen die *Arabioi* zu unterstützen. Auch dort aber habe er sich rasch durch Aufruhr, *stasis*, einen Namen gemacht und wäre deshalb »um ein Haar gestorben«.[48]

Die kurze Passage wirft mehr Fragen auf als sie beantwortet. Was wollte Clodius in Antiocheia? Wer waren die »Araber«, die er bekämpfte? Und warum heißt es von ihm, er habe Unruhe geschürt? Dios Bericht suggeriert, dass er sich auf eigenes Betreiben in der Stadt aufhielt. Das aber erscheint kaum glaubhaft. Die syrische Metropole hatte sich zu einem der Brennpunkte des Geschehens im Nahen Osten entwickelt. Im moribunden Imperium der Seleukiden kämpften in jenen Jahren zwei Prätendenten um die Herrschaft: Antiochos XIII. war der Sohn des Königs Antiochos X. (95–83 v. Chr.) und der ptolemäischen Prinzessin Kleopatra Selene. Lucullus hatte den 16-jährigen Antiochos 69 v. Chr. auf den seleukidischen Thron bugsiert, nachdem er Tigranes aus Syrien vertrieben hatte. Wohl 68 oder 67 v. Chr. zog der junge König gegen die benachbarten, die syrische Metropole bedrängenden Stämme und erlitt eine Niederlage. Wenig später, wohl in der zweiten Jahreshälfte 67 v. Chr., wurde Antiocheia von Unruhen erschüttert, Demagogen wiegelten die Menge gegen den König auf, dem es aber gelang, die Ordnung wiederherzustellen und die Rädelsführer aus der Stadt zu vertreiben.[49]

Die Gegner des Antiochos waren nicht bereit, die Niederlage hinzunehmen. In ihrer Not wandten sie sich an einen weiteren Vertreter der weitverzweigten Dynastie. Philipp II., der sich Römerfreund, Philorhomaios, nannte, aber »Klumpfuß«, Barypous, gerufen wurde, war der Sohn des mit Antiochos X. rivalisierenden Seleukidenkönigs Philipp I. (König von 95–83 v. Chr.). Er war vor Tigranes nach Kilikien geflüchtet und hatte dort eine Schar von Anhängern um sich geschart. Der jüngere der beiden Philipps ließ sich nicht lange bitten, kehrte nach Syrien zurück und erhob sich gegen seinen Cousin. Unterstützung fand er bei den in halbnomadischem Weidewechsel lebenden Stämmen, die östlich und südlich von Antiocheia im Begriff waren, zur Sesshaftigkeit überzugehen und sich mit den Städten Syriens um wertvolles Land stritten. Ein Stammesführer namens Azizos stärkte ihm den Rücken, während sich ein anderer Stamm, die Emesener, unter Führung eines gewissen Sampsigeramos, hinter Antiochos stellte. Azizos und Sampsigeramos änderten aber bald ihre Meinung, verbündeten sich hinter dem Rücken der beiden Prätendenten und beschlossen, die rivalisierenden Seleukiden ins Jenseits zu befördern, um Syrien unter sich aufzuteilen.[50]

An dieser Stelle kommen die von Cassius Dio erwähnten *Arabioi* ins Spiel: »Araber« nennt die griechische Literatur der Epoche alle möglichen Gruppen, die als Viehzüchter in saisonalem Weidewechsel, sogenannter Transhumanz, lebten. Die so Bezeichneten entziehen sich jedem Versuch, sie einer bestimmten Ethnie oder Sprachgruppe zuzuordnen. Gemeinsam waren ihnen nur die nomadische Lebensweise und die soziale Organisation in Stämmen. Die Emesener, die zunächst Antiochos unterstützten, waren ein Stamm von

Viehzüchternomaden, von denen einige im 1. Jahrhundert am oberen Orontes unter Führung des Sampsigeramos aber bereits in Städten lebten. Dasselbe wird für die Gefolgsleute des Azizos gelten, für die keine Stammesidentität überliefert ist. Sie alle lagen mit der syrischen Metropole Antiocheia im Clinch. Solche regionalen Händel zwischen Städten und Stämmen verschränkten sich in der Agonie der seleukidischen Herrschaft mit dynastischen Konflikten: Das einstige Weltreich zerfiel in kleinste Fragmente mit unzähligen streitenden Parteien, die alle ihr eigenes Süppchen kochten.[51]

Der fraglos von Marcius Rex an Clodius ergangene Auftrag dürfte darin bestanden haben, in dieses Chaos ein wenig Ordnung zu bringen. Aus Marcius Rex' Sicht hieß das, prorömischen Akteuren den Rücken zu stärken. Prorömisch waren Antiochos XIII. und die mit ihm verbündeten Antiochener. Missionen wie diese waren notorisch heikel. Es bestand stets das Risiko, in lokale Streitigkeiten hineingezogen zu werden und auf diese Weise eine komplizierte Situation noch komplizierter zu machen. So erging es Clodius. Die *stasis*, von der Cassius Dio berichtet und in der Clodius beinahe umgekommen wäre, dürfte die Rebellion in Antiocheia 67 v. Chr. gewesen sein, in der Antiochos einstweilen die Oberhand behielt. Stimmt das, dann wäre Clodius im Sommer 67 aus der Gefangenschaft bei den Piraten befreit und dann sogleich von Marcius Rex mit der Unterstützung für Antiochos beauftragt worden. Die Mission blieb letztlich erfolglos. Zwar konnte verhindert werden, dass Philipp sich in Antiocheia zum König ausrufen ließ, doch setzten die Emesener, wenig später Antiochos gefangen, der Klumpfuß, der den Mordplänen der Stammesführer entronnen war, zog siegreich in Antiocheia ein, legte sich den Namen Philorhomaios zu und traf sich mit Marcius Rex, der großzügig seine Taschen öffnete, um für den Wiederaufbau des ramponierten Stadtbildes von Antiocheia zu spenden. Doch auch der selbsternannte Römerfreund Philipp konnte sich nicht lange im Sattel halten. Er verschwindet aus den Quellen, weil vermutlich 65 v. Chr. Antiochos noch einmal für kurze Zeit nach Antiocheia zurückkehrte. Schon ein Jahr später setzte Pompeius dem Spuk ein Ende und den letzten Seleukiden ab. Syrien wurde römische Provinz.[52]

# DRITTER AKT: DER TRANSVESTIT

Pompeius erntete, was Lucullus gesät hatte. In wenigen Monaten rollte er den Nahen Osten regelrecht auf. Das Seleukidenreich erlosch. Mithradates VI. Eupator von Pontos wurde geschlagen und rettete sich in abenteuerlicher Flucht zu seinem Sohn Pharnakes nach Pantikapaion auf der Halbinsel Krim. Dort kam er unter rätselhaften Umständen ums Leben. Pompeius ließ ihn mit allen Ehren im Familiengrab der Mithradatiden bestatteten. Die Königreiche Bithynien und Pontos wurden zu einer neuen Provinz zusammengefasst. Die kleinen Könige und Fürsten Klein- und Vorderasiens machte Pompeius zu Klientelherrschern. Dass ein römischer Feldherr Diademe einkassierte und neue verteilte, war ohne Vorbild.

## IM MAINSTREAM

Während Pompeius jedes Maß sprengte, das bis dahin für den Handlungsspielraum römischer Politiker gegolten hatte, unterschied sich die, wenn man sie denn so nennen will, Karriere des jungen Clodius bis zu seiner Rückkehr aus dem Orient in nichts von dem, was Hunderte andere Nobiles vollbracht hatten. Allenfalls fielen die Fehlschläge aus dem Rahmen des Üblichen. Der noch nicht Dreißigjährige hatte ein halbes Jahrzehnt fern der Heimat verbracht, er hatte das Feldlager mit den übrigen Offizieren und den Soldaten geteilt sowie eine Meuterei gegen seinen Schwager Lucullus angeführt. Von dem Prokonsul Marcius Rex, auch er ein Schwager, hatte er zwei verantwortungsvolle, schwierige Aufträge erhalten, aber keinen davon so ausgeführt, dass sein Chef mit dem Ergebnis hätte zufrieden sein können. Sicher, die Lage in Antiocheia war vermutlich ohne Clodius' Zutun außer Kontrolle geraten, und die Flotte, mit der Marcius Rex ihn gegen die Piraten auslaufen ließ, war anscheinend zu schwach, um gegen den Feind etwas ausrichten zu können. Aber die römische Öffentlichkeit fragte nicht, warum eine militärische Operation schiefgelaufen war. Für sie zählte einzig und allein das Ergebnis. Und das war nicht so, dass Clodius darauf hätte stolz sein können. Seiner Karriere förderlich waren die beiden Fehlschläge gewiss nicht.

Sie standen ihr aber auch nicht im Wege, und das allein verdient Beachtung. Ein vaterloser Nobilis aus minderem Haus hätte sich in Clodius' Lage vermutlich schon nach einer Tätigkeit jenseits der Politik umsehen können, mit der er den Rest seiner Tage zubrachte: Geschichtsschreibung oder Philosophie, »Muße mit Anstand«, *otium cum dignitate*, wie der im besten Alter aufs politische Abstellgleis abgeschobene Cicero solche Arten intellektuellen Zeitvertreibs nannte. Anders Clodius. Er fiel jedes Mal weich. Nach der Meuterei gegen den ersten Schwager gab ihm ein zweiter flugs eine zweite Chance. Minucius Rex ließ seinen Verwandten auch nicht fallen, nachdem er die erste Mission gründlich vermasselt hatte. Kaum war er der Gefangenschaft bei den Piraten entronnen, schickte er ihn nach Antiocheia. Es scheint, als sei die Laufbahn des Claudiers von Anfang an mit Netz und doppeltem Boden gesichert gewesen: So tief, dass er sich verletzte, konnte er gar nicht fallen.

Die Fähigkeit, nach Niederlagen wieder aufzustehen, brachte römischen Aristokraten die unbarmherzig harte Erziehung bei, die sie in ihrer Jugend genossen. Nehmerqualitäten gehörten zur Grundausstattung jedes jungen Nobilis, den es in die Politik zog. Dennoch war die ein oder andere helfende Hand dem Wiederaufstehen nicht abträglich. Und an solchen Händen mangelte es auf Clodius' Weg nach oben offenbar nicht. Er war eben ein typisches Produkt seiner Familie: Generationen von Claudiern hatte eine mittelmäßige Bilanz bei ihren militärischen Unternehmungen nichts anhaben können, sie hatten schließlich doch den Konsulat erklommen und der Familie zur Ehre gereicht. Der Vertrauensvorschuss, den diese Familie genoss, war die eine Seite der von Cicero pointiert so genannten »Appietas«: Der Clan genoss kollektiv ein solches Quantum Kredit, dass es auf die Leistungen seiner einzelnen Vertreter nicht so genau ankam. Die andere Seite der Medaille war das bis zur Arroganz gesteigerte Selbstbewusstsein der Claudier. Nicht nur die Vielen setzten ihr Vertrauen in diese Familie, man verließ sich auch selbst auf die politische Unverwundbarkeit, die der Name Claudius Pulcher zu verbürgen schien.

Clodius muss 66 oder spätestens Anfang 65 v. Chr. nach Italien zurückgekehrt sein. Das Kommando des Marcius Rex endete durch die *lex Manilia* 66 v. Chr., die Pompeius stattdessen mit dem Oberbefehl betraute. Der abgelöste Prokonsul wartete danach genau wie Lucullus jahrelang vergeblich vor den Toren Roms darauf, dass man ihm den Triumph zuerkannte, den er seiner Meinung nach verdient hatte. Vermutlich war mit der Stabübergabe an Pompeius auch für Clodius kein Platz mehr auf dem orientalischen Kriegsschauplatz. Dass sich der Patrizier 65 wieder in Rom aufhielt, wissen wir, weil er in diesem Jahr als Ankläger in einem viel beachteten Prozess an die Öffentlichkeit trat: Auf der Anklagebank saß Lucius Sergius Catilina, Prätor des Jahres 68 v. Chr. und in den beiden folgenden Jahren Proprätor in der Provinz Africa. Der um 108 v. Chr. geborene Catilina stammte wie Clodius aus patrizischer Familie und hatte sich als überloyaler Gefolgsmann Sullas einen Namen gemacht.[1]

Die Forschung hat sich aus – teilweise viel – späteren Quellen zusammengereimt, dass Clodius und Catilina 65 v. Chr. nicht zum ersten Mal die Klingen gekreuzt hätten. Acht Jahre zuvor, so heißt es, habe Clodius Anklage gegen mehrere Priesterinnen der Vesta erhoben. Das Sakralrecht sah für die Vestalinnen ewige Jungfrauenschaft und für jede Befleckung die Todesstrafe vor. Die Vestalin Fabia, berichtet der Cicero-Kommenatator Asconius, habe sich mit Catilina eingelassen. Eine Verurteilung hätte auch für den Liebhaber die Todesstrafe bedeutet, doch der Prozess, so heißt es, sei in sich zusammengefallen. Fabia, die Schwester von Ciceros Frau Terentia, sei freigesprochen worden. Doch drängen sich Fragen auf: Wie glaubhaft ist es, dass ein gerade 20-Jähriger (Clodius) einen gestandenen Politiker (Catilina) anklagt, der schon unter Sulla eine wichtige Rolle gespielt hatte? Und Sallust, der für Catilina glaubwürdigste Gewährsmann, weiß lediglich zu berichten, dass man dem ehrgeizigen Patrizier in seiner Jugendzeit alle möglichen Frauengeschichten nachsagte, unter anderem Geschlechtsverkehr mit einer Vestalin. Handelte es sich um Gerüchte oder um harte Fakten?[2]

Wenn nicht alles täuscht, dann war der Prozess gegen Catilina 65 v. Chr. der erste Versuch des jungen Clodius, das Gerichtsparkett zu nutzen, um Statur in einer anderen Arena zu erlangen: der Politik. Wie das ging, hatte fünf Jahre zuvor ausgerechnet der Mann vorgemacht, der später zum ärgsten Widersacher des Clodius werden sollte. 70 v. Chr. hatte Cicero in einem Furore machenden Verfahren Gaius Verres angeklagt, weil dieser während seiner Amtszeit als Proprätor auf Sizilien die Insel systematisch ausgeplündert hatte. Cicero reiste durch Sizilien, trug Unmengen belastendes Material gegen Verres zusammen und brachte etliche Sizilianer dazu, vor dem römischen Gericht als Zeugen auszusagen. So gelang es ihm, den kunstsinnigen, aber durch und durch korrupten Verres dingfest zu machen – und das trotz des Rückhalts, den er in den höchsten Kreisen der Nobilität genoss. Der Repetundenprozess gegen Verres – so nannte man in der Republik die Verfahren gegen korrupte Amtsträger in den Provinzen – war für den *homo novus* der große Durchbruch: Sein Aufstieg in die erste Reihe der römischen Führungsschicht war seitdem nicht mehr aufzuhalten.[3]

Was der politische Außenseiter Cicero vollbracht hatte, das sollte auch dem blaublütigen Clodius glücken. Catilina war angezählt. Außer den Schauergeschichten über seine unter Sulla zur Schau gestellte Brutalität und den um seine amourösen Abenteuer kreisenden Gerüchten machte ihm zu schaffen, dass seine Amtsführung in Africa in die Kritik geraten war. Der Cicero-Kommentator Asconius berichtet, die Bewohner der Provinz hätten unter Catilina Unsägliches gelitten und daher eine Gesandtschaft nach Rom geschickt, die vor dem Senat Klage über den Proprätor führte. Dennoch scheiterte die Anklage. Anders als Verres wurde Catilina freigesprochen. Wie zuvor Verres waren auch Catilina etliche einflussreiche Nobiles zu Hilfe gekommen. Einer der amtierenden Konsuln, der Patrizier Lucius Manlius Torquatus, auch er ein alter Sulla-Anhänger, übernahm die Verteidigung. Im Gericht sollen die Stimmen der Ritter und der – ihnen im Zensus direkt nachstehenden – Aerartribunen den Ausschlag für den Freispruch gegeben haben, während die Senatoren mehrheitlich für eine Verurteilung Catilinas gestimmt hätten. Ob Clodius sich für die Afrikaner genauso tatkräftig einsetzte wie Cicero für die von Verres gebeutelten Sizilianer, ist nicht überliefert. Sehr wahrscheinlich ist es nicht. Cicero wird ihm später unterstellen, gar nicht ernsthaft die Klage geführt, sondern heimlich mit Catilina konspiriert zu haben: Er habe von Catilina Geld angenommen und »mit ihm auf schändliche Weise gemeinsame Sache gemacht«.[4]

Der Zusammenhang, in dem Cicero den Vorwurf erhebt, spricht nicht unbedingt für seine Glaubwürdigkeit: Die Rede »Über das Gutachten der Opferschauer« hielt er im Sommer 56 v. Chr. nach der Rückkehr aus seinem von Clodius erzwungenen Exil. Derselbe Clodius war Ciceros Hauptgegenspieler in jenen Jahren und er setzte weiterhin alles daran, dem großen Redner das Leben schwer zu machen. Ciceros Strategie in der Rede besteht darin, seinem Gegenüber jegliche moralische Legitimität abzusprechen. Er stellt ihn als hoffnungslos verkommenes Subjekt dar, dessen Handeln ausschließlich von niederen Beweggründen geleitet ist. »Was taugt er?«, *quid valet?*, mit dieser rhetorischen Frage leitet Cicero einen Passus ein, in dem er mit groben, kräftigen Strichen eine »Biografie« seines Widersachers zeichnet, die eigentlich eine Generalabrechnung ist. Er habe nach dem Tod seines Vaters erst einmal die »Begierden reicher Taugenichtse«, *scurrarum locupletium libidines*, ausgenutzt, habe dann zu Hause – gemeint ist mit seiner Schwester Clodia – der Blutschande gefrönt, sei während seines Militärdienstes der Lustknabe von Piraten, Barbaren und Kilikiern gewesen und habe schließlich durch ein »abscheuliches Verbrechen«, *scelus nefandum*, das Heer zur Meuterei gegen Lucullus aufgestachelt. Dass Cicero hier um der Klimax willen die Chronologie durcheinanderwirft, tut der Wucht seiner Diatribe keinen Abbruch. Auch mit der Wahrheit nimmt er es nicht fürchterlich genau: Die Unzucht- und Inzestvorwürfe sind so stereotyp, dass man sich mit ihnen nicht länger aufhalten muss. Die Behauptung, Clodius habe nach seiner Rückkehr in die Hauptstadt mit den ihm Nahestehenden, *propinquis suis*, einen Pakt geschlossen, dass er keinen von ihnen vor Gericht bringen werde, unterfüttert Cicero nicht mit Fakten. Weder erfahren wir Näheres über den Inhalt Abmachung noch über die Identität von Clodius' Kumpanen. Nur einer von ihnen wird genannt: Catilina, von dem Clodius Geld angenommen und mit dem er deshalb zusammengearbeitet habe.[5]

Keiner dieser Vorwürfe hätte bei einer Beweisaufnahme vor Gericht Bestand gehabt, und das weiß auch Cicero. Von einer Verbindung zwischen Catilina und Clodius zu diesem Zeitpunkt ist ohnehin nichts bekannt. Wohl aber wissen wir, dass Cicero für einen Moment versucht war, selbst Catilinas Verteidigung zu übernehmen: Er denke darüber nach, Catilina, seinen Mitbewerber um den Konsulat des Jahres 63 v. Chr., zu verteidigen, schreibt Cicero an seinen Freund Atticus. »Wir haben die Richter, die wir wollen, und der Ankläger [Clodius] hat nichts dagegen«, ergänzt der fleißige Briefeschreiber. Für Cicero lag es also sehr wohl im Bereich des Möglichen, dass der Beschuldigte freigesprochen wurde. Er hoffe, schreibt er, Catilina würde mit ihm in diesem Fall zusammenarbeiten. Wenn es also Absprachen im Hintergrund des Repetundenverfahrens gab, dann war der ehrgeizige Cicero selbst einer der Strippenzieher. Wenn ein politischer Aufsteiger mit dem Gedanken spielte, sein Schicksal mit dem Catilinas zu verbinden, dann Cicero, nicht Clodius.[6]

Für Clodius war Catilinas Freispruch eine Niederlage, aber eine, die er verschmerzen konnte. Catilina mochte unter den oberen Zehntausend in Rom gut vernetzt sein, Clodius war es dank seiner Familie auch – und noch um etliche Grade besser. Wie eine Teflonschicht schützte ihre »Appietas« die Angehörigen der Sippe davor, dass Rückschläge und Niederlagen sie einholten und Karrierechancen beeinträchtigten. Tatsächlich fand Clodius schnell Anschluss an andere ehrgeizige Politiker: »Dann [nach dem Prozess gegen Catilina]«, fährt Cicero in seiner Rede mit der Invektive gegen Clodius fort, »brach er mit Murena in die Provinz Gallien auf, wo er Testamente von Verstorbenen zusammenschrieb, Mündel tötete und mit vielen schändliche Verschwörungen und Verbrechersyndikate einging«.[7]

Lucius Licinius Murena ist eine schillernde Figur aus der zweiten Reihe der Generation Ciceros. Geboren um 105 v. Chr., diente er ab 73 als Legat unter Lucullus, unter dem er einiges militärisches Geschick bewies. Im Jahr 65 wurde er Prätor und war danach ein gutes Jahr Prokonsul in der Gallia Narbonensis, um schließlich 62 den Konsulat zu bekleiden. Bei den Wahlen im Sommer 63 hatte er sich unter anderem gegen Catilina durchgesetzt. Die neuerliche Niederlage hatte dem immer wieder Gescheiterten den Anlass zu seiner Verschwörung in der zweiten Jahreshälfte gegeben. Seine Wahl verdankte Murena Lucullus, dessen Veteranen ihn unterstützten, nicht zuletzt aber auch seinem Amtsvorgänger Cicero. Der nämlich verteidigte ihn gemeinsam mit Crassus und Hortensius, nachdem ihm der unterlegene Kandidat Servius Sulpicius Rufus nach dem Urnengang wegen Wahlbestechung, *ambitus*, den Prozess gemacht hatte. Cicero konnte die Vorwürfe entkräften, indem er auf Murenas glanzvolle militärische und politische Karriere verwies und so das Gericht davon überzeugte, er habe als Kandidat Bestechung überhaupt nicht nötig gehabt. Murena konnte sein Amt als Konsul antreten – als Erster seiner Familie, die immerhin schon seit drei Generationen Prätoren gestellt hatte. Murenas gleichnamiger Vater war der Mann gewesen, der 83/82 v. Chr.

als Proprätor in Asien gegen die ausdrücklichen Anweisungen Sullas den sogenannten Zweiten Mithradatischen Krieg vom Zaun gebrochen hatte, indem er mit seinen Soldaten auf pontisches Gebiet vorgestoßen war. Lucullus und Murena senior hatten gemeinsam unter Sullas Kommando im ersten Krieg gegen den König von Pontos gekämpft. Vermutlich deshalb vertraute Lucullus rund 15 Jahre später Murena junior, der damals als junger Mann auch schon mit von der Partie gewesen war, ein Kommando in seinem Heer an. Murena war ein Mann aus dem Dunstkreis des Lucullus. Eine unüberwindliche Hürde, die der politischen Freundschaft zwischen Murena und Clodius im Wege gestanden hätte, war diese Verbindung offenbar nicht. Zu Murenas Unterstützern bei den Konsulwahlen für 62 gehörten Lucullus, Crassus und Cicero, außerdem Hortensius und mit ihm große Teile der Optimaten. Seine Wahl ist ein sicheres Zeichen, dass die Lagerbildung noch nicht so weit fortgeschritten war wie einige Jahre später. Noch waren die Gräben, die Roms Nobilität durchschnitten, nicht unüberwindbar.[8]

Zu Murenas eifrigsten Unterstützern im Wahlkampf zählte auch Clodius. War er vielleicht gar zu eifrig? Waren unlautere Machenschaften im Spiel? Zu den zahlreichen Vorwürfen, die gegen Clodius erhoben wurden, gehörte Wahlbestechung, informiert uns Plutarch. Deutlicher wird Cicero: In der Clodius-Invektive beschuldigt er seinen Gegenspieler, nach der Rückkehr aus Gallien »das lohnende, profitable Geschäft auf dem Marsfeld in Gänze« in seine Hand gebracht, das Volk betrogen und die »Wahlordner«, *divisores*, sämtlicher Wahlabteilungen, *tribus*, ermordet zu haben. Hätte Clodius diese Verbrechen begangen, dann hätte er es für genau den Mann getan, den Cicero in seiner Rede *pro Murena* verteidigte. Er hätte sie obendrein begangen, während der Konsul Cicero für den reibungslosen Ablauf der Wahlen die

Verantwortung trug. Von Tumulten bei den Konsulwahlen 63 wissen wir sonst nichts. Ciceros Vorwürfe dürften frei erfunden sein.[9]

Doch welche Rolle spielte Clodius bei Murenas Wahl? Möglicherweise war er das Bindeglied zwischen dem Kandidaten und den *divisores*. Die »Aufteiler« waren dafür zuständig, dass Schmiergelder bei Wahlen genau dort ankamen, wo sie den meisten Nutzen erbrachten. Hatte Clodius sich bei solchen Transaktionen die Hände schmutzig gemacht? Man munkelte, bei der Wahl seien Gelder veruntreut worden. Doch nicht einmal Cicero wirft Clodius später Unterschlagung vor. Sowieso ließen sich ohne politische Landschaftspflege im Rom des 1. Jahrhunderts v. Chr. keine Wahlen gewinnen. Kandidaten benötigten Unmengen Geld, das sie über die Wähler regnen ließen. Auf deren Stimmen waren sie schließlich angewiesen. Weil es aber gesetzlich verboten war, dass Gelder direkt vom Kandidaten an die *divisores* flossen, mussten Mittelsmänner eingeschaltet werden: Freunde des Kandidaten, die für sie den Wahlkampf organisierten und dafür Sorge trugen, dass der Bewerber selbst mit dem Geld nicht in Berührung kam. Daran war nach landläufiger Meinung nichts Amoralisches. Cicero konnte sich für solche Aufgaben auf seinen Bruder Quintus verlassen. Sollte Clodius tatsächlich als Murenas Wahlkampfmanager fungiert haben, dann lernte er im Sommer 63 eine Menge über die Feinheiten des politischen Geschäfts. Er ging auf Tuchfühlung mit der Hefe des Volkes, die das Triebmittel für seine weitere Karriere werden sollte. Eine bessere Vorbereitung auf das Leben in der Politik konnte sich niemand wünschen. Clodius schwamm, was immer seine Funktion in Murenas Team war, einstweilen noch im Mainstream der römischen Nobilität. Wenigstens das sollte sich bald ändern.[10]

Als Rom in der zweiten Hälfte des Jahres 63 v. Chr. von der Catilina-Krise erschüttert wurde, stand Clodius unverrückbar auf der Seite der Senatsmehrheit. Weder ergriff er Partei für Catilina und seine Anhänger, noch für Caesar, der sich im Senat dafür starkmachte, die Catilinarier nur zu Haftstrafen zu verurteilen, statt sie hinzurichten. Caesar drang, obwohl er gute Argumente hatte, im Senat nicht durch. Cicero und vor allem Cato, der eine flammende Rede hielt, brachten die Mehrheit der Senatoren auf ihre harte Linie.[11]

Möglicherweise verband sich Clodius nach der Niederschlagung der Verschwörung noch enger mit dem Kreis um Murena. Der Spross aus altem Patriziergeschlecht war inzwischen Ende 20 und wandelte auf Freiersfüßen. Für Clodius' Tribunatsjahr 58 v. Chr. ist belegt, dass Lucius Pinarius Natta, ein Mitglied des Priesterkollegiums der Pontifices, sein Schwager war. War Clodius in erster Ehe mit einer Pinaria verheiratet? Eine solche Pinaria ist allerdings nirgends belegt. War also Fulvia, die spätestens 58 mit Clodius verheiratet war, Nattas Halbschwester? Für diese Hypothese spricht einiges. Fulvia war eine Tochter des Marcus Fulvius Bembalio, von dem sonst nichts bekannt ist, und der Sempronia Tuditana. Sempronia müsste dann außer mit Bembalio auch mit einem Pinarius verheiratet gewesen sein. In vermutlich also dritter Ehe hatte sie vor 63 Clodius' Bundesgenossen Murena geheiratet. Natta wie Fulvia wären, wenn die Hypothese zutrifft, dadurch zu Stiefkindern Murenas geworden. Sempronia Tuditana stammte aus einer Familie, die dynastische Verbindungen unterhielt zu Hortensius, dem Redner und führenden Optimaten, und zu Decimus Iunius Brutus, dem Vater des späteren Caesarmörders. Der ehrgeizige

Murena verdichtete offensichtlich auch durch geschickte Heiratspolitik den Kreis der ihm Nahestehenden zu einem politischen Bündnis, das ihm den Konsulat des Jahres 62 einbrachte.[12]

Clodius gehörte zu dieser Allianz, auch wenn er noch keine Ämter vorzuweisen hatte und nicht senatorischen Ranges war. Aber was ihm an *honores* fehlte, das machte er durch Selbstbewusstsein und das schier unerschöpfliche soziale Kapital seiner Familie mehr als wett. Deshalb war der junge Patrizier für jeden Politiker, der auf der Karriereleiter emporsteigen wollte, ein äußerst attraktiver Bundesgenosse. Auch Clodius wollte natürlich etwas werden. Der Eintritt in die Ämterlaufbahn erfolgte über die Quästur, um die sich Clodius 62 v. Chr. für das folgende Jahr bewarb. Die Erfahrungen im politischen Maschinenraum der Republik, die er als Unterstützer von Murenas Kandidatur gesammelt hatte, dürften ihm unmittelbar zugutegekommen sein. Die Krise um die Catilinarische Verschwörung war zwar bis zur Jahresmitte weitgehend beigelegt, doch hielt die erwartete Rückkehr des Pompeius aus dem Osten die Hauptstadt in Atem. Pompeius war der Joker der römischen Politik. Niemand wusste, wie sich der Mann, der die politische Landkarte des Orients neu gezeichnet hatte, wieder in die Republik würde integrieren lassen. Würde aus ihm ein zweiter Sulla werden, der mit seinen Gegnern abrechnete? Gegen die endlosen Weiten, die er römischer Herrschaft unterworfen hatte, schien Rom, schien die Republik plötzlich klaustrophobisch eng. Würde sie für Pompeius zu klein sein? Hatte er die Macht, sie zu sprengen?

Wie Eisenspäne im Feld eines Magneten richteten sich die Politiker der Hauptstadt vor der Ankunft des Großfeldherrn neu aus. Besonders eifrig versuchte ein angeheirateter Verwandter des Clodius die Gunst des großen Feldherrn zu gewinnen: Quintus Caecilius Metellus Nepos war der leibliche Bruder von Quintus Caecilius Metellus Celer, dem Gatten von Clodius' Schwester Clodia. Er hatte als Legat unter Pompeius im Orient gedient, war 62 v. Chr. Volkstribun und machte sich gleich im Januar dafür stark, seinem alten Chef erstens das Kommando gegen den noch immer in Italien sein Unwesen treibenden Catilina zu sichern und zweitens die Möglichkeit, sich in Abwesenheit um einen zweiten Konsulat bewerben zu können. Wie Clodius sich zu diesen Vorschlägen stellte, ist nicht überliefert, aber zu den eifrigsten Unterstützern gehörte Caesar, der 62 die Prätur bekleidete und im Vorjahr bereits die Wahl zum Pontifex Maximus für sich entschieden hatte. Der aus nobler Familie stammende, aber fast mittellose Caesar stand damit dem angesehensten Priesterkollegium der Hauptstadt vor. Die Wahl hatte er gegen Quintus Lutatius Catulus gewonnen, die Galionsfigur der Optimaten schlechthin. In dessen Umgebung stieß die Initiative auf erbitterten Widerstand. Catulus und Pompeius waren einander in herzlicher Abneigung verbunden, und die optimatische Senatsmehrheit fürchtete nichts so sehr wie einen Überfeldherrn, dem die Republik im Grunde nichts mehr zu bieten hatte. Sie schickte Cato vor, der ebenfalls Volkstribun war und Nepos geschickt ausmanövrierte. Das Tauziehen drohte aus dem Ruder zu laufen und in Gewalt auf der Straße zu eskalieren, so dass sich der Senat gezwungen sah, den Staatsnotstand zu verhängen, das *senatus consultum ultimum*. Nepos und Caesar wurden ihrer Ämter enthoben. Doch während Caesar sogleich zurückruderte, Besserung gelobte und füglich wieder in die Prätur eingesetzt wurde, flüchtete Nepos auf direktem Weg zu Pompeius in den Osten.[13]

Pompeius hätte der Vorfall reichlich Gelegenheit geboten, öffentlich zu skandalisieren, wie die Senatsmehrheit mit einem Volkstribun umsprang, dem gewählten Vertreter der

Plebs. Er verzichtete darauf und signalisierte so jedem in Rom, der die Zeichen zu deuten wusste, dass er nicht vorhatte, ein zweiter Sulla zu werden. Pompeius ließ seinen Gefolgsmann Nepos fallen wie eine heiße Kartoffel. Der Imperator regelte noch ein paar Dinge im Osten und brach dann nach Italien auf. Im Dezember landete er in Brundisium und entließ sofort sein Heer. Während den meisten optimatischen Senatoren Seufzer der Erleichterung entfuhren, stieß Pompeius ausgerechnet seine eifrigsten Unterstützer vor den Kopf. Die Lektion lautete, dass politische Wühlarbeit für Pompeius ihren Urhebern viel Ärger einbrachte, aber keine Vorteile.

Anfang Dezember erschütterte der Bona-Dea-Skandal Rom. Aus Ciceros Briefen lassen sich die Schockwellen recht lückenlos rekonstruieren, die der Vorfall durch die römische Politik sandte. Am 1. Januar 61 schreibt der Konsular an Atticus:

> Dass Publius Clodius, der Sohn des Appius, in Frauenkleidern in Gaius Caesars Haus erwischt worden ist, als dort ein Staatsopfer abgehalten wurde, wirst Du gehört haben. Auch dass er durch die Hand eines Sklavenmädchens gerettet wurde und entwischt ist und dass die Angelegenheit von größter Schande ist. Mir ist bewusst, dass sie Dir sehr unangenehm ist.[14]

Was war geschehen? Außer dem offiziellen Fest für die »Gute Göttin« gab es noch eine zweite Zeremonie, die immer im Dezember im Privathaus einer vornehmen Römerin begangen wurde. Die Gastgeberin musste die Frau eines Magistraten mit *imperium* sein. Mindestens eines Prätors also, und Caesar war ja Prätor. Auch bei dieser Zusammenkunft, bei der die Damen der vornehmen Gesellschaft unter sich wa-

*Bona Dea galt als Göttin der Fruchtbarkeit, Heilung und Jungfräulichkeit. Ihr zu Ehren gab es neben einem offiziellen Fest eine exklusive, ausschließlich (vornehmen) Frauen vorbehaltene kultische Zeremonie in privaten Räumlichkeiten – Marmor, 1. Jh. n. Chr.*

ren, durfte kein Mann zugegen sein. Vor der Zeremonie wurde das Haus sogar rituell von der kleinsten Spur von Männlichkeit gereinigt. Selbst männliche Haustiere oder Porträts von Männern musste verschwinden. Dann wurde das Haus mit blühenden Pflanzen geschmückt. Nur Myrte war verboten, im Gedenken an den gewaltsamen Tod der Göttin. Um die »Gute Göttin«, deren wirklichen Namen allein ihre Priesterinnen kannten und die für Fruchtbarkeit, Jungfräulichkeit und allgemein das Weibliche stand, rankten sich fantasievolle Sagen. Der Dichter Macrobius glaubte zu wissen, ihr Name sei Fauna gewesen. Sie soll die züchtige Gattin, Schwester oder Tochter des italischen Naturgottes Faunus gewesen sein, des ersten Königs von Latium. Faunus schlug sie, die auch im Stadium der Trunkenheit seinen Zudringlichkeiten stets widerstand, mit Myrtenruten tot. Der Gott bereute seine Untat später bitter und erhob Fauna unter die Göttinnen.[15]

Wenn alle Gäste versammelt waren, wurde das Festmahl aufgetragen, zu dem man sich in Gesellschaft der Bona Dea versammelte: Vestalinnen brachten das Kultbild der Göttin aus dem Tempel in den Bankettsaal und setzten es dort auf ein Kissen. Man verspeiste die Eingeweide einer Sau, die zuvor im Namen des römischen Volkes der Göttin geopfert worden war, und reichte dazu Wein als Trankopfer. Bis spät in die Nacht tafelten und zechten die Damen. Natürlich tranken sie Wein, nannten ihn aber, auch das eine Konvention des kuriosen Rituals, »Milch«. Dazu spielte eine rein weiblich besetzte Kapelle auf, und man unterhielt sich mit Spielen. In der männerdominierten römischen Gesellschaft war das Fest für die feinen Damen eine Gelegenheit sich zu vergewissern, dass sie mehr waren als bloße Anhängsel ihrer mächtigen Ehemänner.

Im Dezember 62 war also Caesars Gattin Pompeia Gastgeberin des erlauchten Kränzchens. Caesar war im Jahr zuvor zum Pontifex Maximus gewählt worden und damit Vorsteher des angesehensten Priesterkollegiums in Rom. Niemand rechnete damit, dass seine Karriere hier Halt machen würde. Dass Caesar den Konsulat im Visier hatte, galt als ausgemachte Sache. Würde er sich mit der Macht auf Zeit begnügen, die ihm das höchste Amt der Republik einbrachte?

Die Frauen, die Pompeia in Caesars Haus geladen hatte, um dort die Bona-Dea-Zeremonie zu begehen, staunen nicht schlecht, als sich eine der ihren plötzlich als Mann entpuppte. Bei der Ausführung religiöser Riten kam es nach römischer Vorstellung darauf an, dass sie präzise nach den Regeln erfolgte. Selbst bei der geringsten Abweichung davon, *vitium* lautete der juristische Terminus technicus, war die Kulthandlung zu wiederholen. Die Anwesenheit eines Mannes bei den Feiern für die Bona Dea: Das war ein *vitium* schlimmster Güte und forderte gebieterisch, dass die Vestalinnen abermals das Kultmahl für die Göttin abhielten. Man hätte es hier sein Bewenden lassen können.[16]

Am 25. Januar lässt Cicero einen weiteren Brief folgen, in dem er den in Athen weilenden Freund auf den neuesten Stand der Ereignisse in Rom bringt. Quintus Cornificius, Ciceros erfolgloser Mitbewerber für den Konsulat 63 v. Chr., habe die Angelegenheit vor den Senat gebracht, nachdem die Vestalinnen das Opfer für die Bona Dea wiederholt hätten. Cicero betont ausdrücklich, dass nicht er die Angelegenheit zur Sprache gebracht habe. Cornificius war ein respektierter Senator, aber nicht jemand aus der ersten Reihe wie Cicero. Der Senat habe die Sache dann an die Priesterkollegien von Vestalinnen und Pontifices überwiesen, und die hätten festgestellt, dass ein Religionsfrevel vorliege. Damit war das, was scheinbar als Dummerjungenstreich begonnen hatte und dann zum die Gerüchteküche kräftig anheizenden Gesellschaftsskandal geworden war, eine Angelegenheit für die Justiz. Und deren Mühlen begannen nun unerbittlich zu mahlen. Eine Vorlage, wie die Gerichte zu verfahren hatten, gab es nicht. Das Vorkommnis war sogar im skandalgewöhnten Rom ohne Präzedenz. Nur Caesar wusste genau, was zu tun war: Er trennte sich sofort von Pompeia, um nicht den Schatten eines Verdachts auf sein Haus fallen zu lassen. So stehe es nun, schreibt Cicero:

> In dieser Angelegenheit gibt sich Piso aus Freundschaft zu Publius Clodius Mühe, dass die Gesetzvorlage, die er selbst einbringt, auf Senatsbeschluss und noch dazu in einer Religionsangelegenheit, in der Volksversammlung durchfällt. Messalla handelt bis jetzt entschieden und streng. Die Optimaten halten sich auf Clodius' Bitten zurück, Schlägerbanden werden zusammengetrommelt, ich selbst war zwar am Anfang ein rechter Lykurg, bin aber täglich milder gestimmt, während Cato treibt und drängt. Kurzum: Ich fürchte, aus dem Fall werden für den Staat viele Übel erwachsen, wenn er von den Optimaten vernachlässigt und von Schurken verteidigt wird.[17]

Cicero informiert Atticus und damit uns über die guten Verbindungen, die Clodius in die Führungskreise der Optimaten unterhielt. Die Spitzen des Senats waren gespalten in der Frage, wie mit dem Skandal umzugehen sei. Der Konsul Marcus Valerius Messalla Niger und Cato waren für ein hartes Vorgehen gegen Clodius, andere verhielten sich abwartend. Entschieden dagegen war der Konsul Marcus Pupius Piso Frugi Calpurnianus, der im Januar 61 die Geschäfte führte und den vom Senat beschlossenen Antrag in die Volksversammlung einzubringen hatte, ein Sondergericht über den Fall entscheiden zu lassen. Piso hatte als Legat unter

Pompeius gedient und war ein hundertprozentiger Gefolgsmann des großen Feldherrn. Cicero beschreibt ihn als gegenüber den Optimaten »distanziert«, *seiunctus*. Insgesamt gaben die Optimaten ein diffuses Bild ab, selbst Cicero schwankte zwischen Strenge und Milde. Nur ganz am Anfang war er ein »Lykurg«, der sich von moralischer Entrüstung hatte leiten lassen. Zum ersten Mal ist in diesem Brief von Schlägerbanden, *operae*, die Rede, die Clodius offenbar mobilisieren kann. Cicero fürchtet, angesichts der optimatischen Entschlusslosigkeit könne der Skandal »Schurken«, *improbi*, zu Einfluss verhelfen, wenn sie sich hinter Clodius scharen.

Die Anklage sollte auf *incestus* lauten. Der Begriff ist doppeldeutig und bezieht sich auf zwei grundverschiedene Delikte: entweder auf sexuelle Beziehungen unter Blutsverwandten oder die Befleckung der Jungfrauenschaft einer Vestalin. Keine Quelle gibt Auskunft darüber, was genau Clodius vorgeworfen wurde. Deshalb steht der Verdacht im Raum, dass man den *incestus*-Vorwurf vorschob, um Clodius wegen des Skandals überhaupt ans Zeug flicken zu können. Das römische Recht kannte noch ein anderes Religionsdelikt: den Religionsfrevel, *sacrilegium*. Doch dieser Vorwurf entbehrte der Grundlage, weil die Vestalinnen, indem sie das Opfer am Tag danach wiederholt hatten, das an der Bona Dea geschehene Unrecht geheilt hatten. Weil man Clodius wegen des eigentlich relevanten *sacrilegium* nicht belangen konnte, musste der *incestus*-Vorwurf dazu herhalten.[18]

Am 13. Februar greift Cicero erneut zur Feder, um Atticus auf den neuesten Stand der römischen Politik zu bringen. Der Senat sei ein »Areopag«. Cicero benutzt das griechische Wort: Ἄρειος πάγος, und fügt hinzu, es gebe nichts Geradlinigeres, nichts Ernsthafteres und nichts Entschiedeneres als die Versammlung der Väter. Die Ironie ist unverkennbar, doch offenbar hatte man sich zu einer halbwegs klaren Linie in der Angelegenheit durchgerungen. Als allerdings Piso den Senatsbeschluss vor das Volk gebracht habe,

> da liefen all die Milchbärte [*iuvenes barbatuli*], Catilinas gesamte Bande, Curios Töchterchen an der Spitze, zusammen und forderten, das Volk möge den Antrag ablehnen. Piso aber erhob als Konsul und Antragssteller zugleich seine Stimme dagegen. Clodius' Schlägerbanden hatten die Zugänge [zu den Abstimmungsplätzen] blockiert; Stimmtäfelchen mit »Ja« wurden gar nicht ausgegeben.[19]

»Curios Töchterchen«, *filiola Curionis*, ist Gaius Scribonius Curio, der Sohn des gleichnamigen Konsuls des Jahres 76. Der junge Curio, später ein Anhänger Caesars, geboren um 85 v. Chr., hatte zu diesem Zeitpunkt zwar noch keine Magistratur bekleidet, politisierte aber bereits regelmäßig in der Volksversammlung. Cicero nutzte den Homosexualitätsvorwurf immer dann, wenn er seine politischen Gegner gründlich diskreditieren wollte. Um den Konsul Piso formierte sich ein Unterstützerkreis für Clodius, der auch vor Gewalt und Abstimmungsmanipulation nicht zurückschreckte. Curio ist der einzige der »Milchbärte«, die Cicero namentlich nennt. Wer waren die anderen? Offenbar gab es einen Kreis junger Männer aus Senatorenfamilien, die Clodius nahestanden und ein paar Jahre jünger als ihr Idol waren, geboren in den 80er Jahren, während des Bürgerkriegs und unter Sulla. Zu diesem Kreis gehörten Marcus Antonius, der spätere Triumvir, Marcus Caelius Rufus, ein Freund Ciceros, Quintus Hortensius Hortalis, der Sohn des prominenten Optimaten, und Gaius Licinius Macer Calvus, ein enger Freund des Dichters Catull. Auch Catull selbst, der in seinen Invektiven wiederholt gegen Caesar giftete und dessen literarische Geliebte Züge von Clodius' Schwester Clodia trägt, hospitierte möglicherweise in den Reihen der *iuvenes barbatuli.* Es waren Männer, die kurz davorstanden, die erste Stufe der senatorischen Ämterlaufbahn zu erklimmen. Ihnen imponierte an Clodius seine demonstrative Nichtachtung der gesellschaftlichen Konventionen, die so rigide und übermächtig waren. Mit ihren Vätern lagen etliche dieser unter Dreißigjährigen politisch über Kreuz. Für alle, die jung waren und sich weder den Optimaten noch Caesar oder Pompeius anschließen mochten, bot der politische Verwandlungskünstler Clodius offenbar eine verlockende Alternative.[20]

Cicero berichtet weiter, wie die Volksversammlung im Tumult abgebrochen wurde, nachdem Vertreter der Optimaten regelwidrig gegen Piso das Wort ergriffen hatten: Er hebt neben »vielen anderen Optimaten« Hortensius, Cato und dessen Freund Marcus Favonius namentlich hervor. Offenbar fürchtete der Kreis um Cato, die Abstimmung zu verlieren. Der Rückenwind, den Clodius aus der Volksversammlung mitnahm, muss enorm stark gewesen sein. Deshalb sei umgehend erneut der Senat einberufen worden, wo die Causa unter ungewöhnlich großer Beteiligung debattiert worden sei. Clodius habe sich allen Senatoren »einzeln zu Füßen geworfen«, der Senat habe trotzdem mit überwältigender Mehrheit – 400 gegen 15 Stimmen – beschlossen, die Konsuln sollten den Antrag abermals vor die Volksversammlung bringen. Auch der Volkstribun Quintus Fufius Calenus, ein weiterer Freund des Clodius, habe darauf verzichtet, hiergegen sein Veto einzulegen: aus Angst, die erzürnten Senatoren über Gebühr zu reizen. Immerhin: Einer der 15 Männer war der einflussreiche optimatische Konsular Gaius Scribonius Curio senior, der Vater des jungen Curio. Clodius habe sich nach dieser Niederlage darauf verlegt, die führenden

Optimaten – Lucullus, Hortensius, Gaius Calpurnius Piso, Messalla – öffentlich zu schmähen. Cicero zitierte er mit dessen Catchphrase aus den Catilinarischen Reden: *comperisse omnia*, »ich habe alles in Erfahrung gebracht«. Kaum verhohlen drohte Clodius damit, die in Ciceros Keller vergrabenen Leichen der im Schnellverfahren abgeurteilten Catilinarier zu exhumieren.[21]

Einen solchen Angriff auf seine *dignitas* lässt Cicero natürlich nicht auf sich sitzen. Er holt zum rhetorischen Gegenschlag aus und attackiert vor versammeltem Volk Curio, Piso und vor allem Clodius:

> Unsterbliche Götter! Was für Schlachten habe ich geschlagen, was für Verwüstungen habe ich angerichtet! Was für Attacken habe ich gegen Piso, Curio und die ganze Bande geritten! Wie habe ich den Wankelmut der Alten, die Zügellosigkeit der Jugend auseinandergenommen![22]

Bei allem berechtigten Stolz auf das rhetorische Feuerwerk, das er auf der Rednertribüne gezündet hatte: Cicero exponierte sich durch solche Reden ohne Not und über Gebühr. Während er mit Clodius und seinen Anhängern verbal die Klingen kreuzte, traten seine optimatischen Freunde den Rückzug an. Etwas später debattierte der Senat die Causa erneut. Offenbar drohte der Volkstribun Fufius jetzt damit, doch sein Veto einzulegen, wenn nicht die Vorlage in zwei Teile aufgeteilt werde: erstens die Einrichtung eines Sondergerichts und zweitens die Auswahl der Geschworenen durch den Prätor. Fufius nutzte das seit langem schwelende Misstrauen gegenüber dem Senat und seinem Übergewicht in der Gesetzgebung aus: Ein *consilium* von Gnaden der Väter würde den vom Volk schon skeptisch beäugten Antrag vollends unpopulär machen. Aus Furcht, Fufius könne doch noch gegen das Sondergericht sein Veto einlegen und so das gesamte Verfahren zum Scheitern bringen, bot Hortensius einen Kompromiss an. Er kam der Gegenseite in der Frage der Geschworenenbestellung entgegen. Fufius selbst brachte statt der Konsuln den Antrag in der Volksversammlung ein und erhielt dafür auch eine Mehrheit. Das *consilium* wurde also per Los bestimmt und beiden Prozessparteien die Gelegenheit gegeben, Geschworene abzulehnen. Cicero hielt das, was er als Einknicken des Hortensius vor der Gegenseite empfand, für eine Katastrophe. Auf den Geschworenenbänken hätten »übelbeleumundete Senatoren«, »mittellose Ritter« und Aerartribunen Platz genommen, die nicht »bei Kasse« gewesen seien, sondern »gut im Kassieren«.[23]

Ihre notorische Geldnot habe die Geschworenen empfänglich gemacht für andere als Sachargumente:

> Du kennst doch den Kahlkopf, den mit den Gütern des Nanneius, meinen Lobredner, von dessen ehrender Rede an mich ich dir ja berichtet habe. In zwei Tagen hat er die gesamte Angelegenheit durch einen Sklaven, einen Gladiator, erledigt. Er holte die Leute, versprach ihnen Geld, verbürgte sich für die Zahlung, verteilte es. Der Gipfel der Korruption – gute Götter, verdorbene Zustände! – war, dass man den Geschworenen Nächte mit gewissen Frauen und adligen Jüngelchen spendierte.[24]

Rätsel gibt die Identität des »Kahlkopfes«, *calvus*, auf. Wirkte im Hintergrund etwa ein mächtiger Strippenzieher, der die Bestechungsgelder für das Gericht aufbrachte? Sollte dem so gewesen sein, lässt sich seine Identität nicht mehr entschlüsseln. Clodius, von Curio senior verteidigt, wurde freigesprochen, wenn auch nur um Haaresbreite. 31 Geschworene votierten für, 25 gegen ihn. Cicero selbst war zu dem Verfahren lediglich als Zeuge geladen, wurde aber von Clodius' Anwälten heftig beschimpft. Was er aussagte, gibt Cicero im Brief nicht zu Protokoll, Plutarchs Bericht allerdings ergeht sich in Details: Clodius habe behauptet, er sei an dem fraglichen Tag überhaupt nicht in Rom gewesen, sondern »an Orten, die denkbar weit davon entfernt« lägen. Cicero hingegen habe wahrheitsgemäß ausgesagt, Clodius habe ihn zuhause aufgesucht und ihn um Rat gebeten. Wenn es so war, dann zerstörte Cicero auf diese Weise das Alibi des Angeklagten, ein guter Grund für Clodius, auf den Redner sauer zu sein. Auch Curio senior und Cicero waren fortan persönliche Feinde, die sich gegenseitig Schmähschriften an den Kopf schleuderten. Wieder ein Beispiel dafür, wie leicht in Rom politische Freundschaften in die Brüche gehen konnten.[25]

Zum Schluss des Briefes an Atticus berichtet Cicero noch von einem Schlagabtausch, den er sich mit Clodius im Senat geliefert habe. Er paraphrasiert die eigene Senatsrede, in der er seinen Widerpart in einen Topf mit Catilina wirft. Der sei schließlich auch zweimal freigesprochen worden. Er habe an die Senatoren appelliert, sich trotz der Schlappe nicht zu ängstigen. Clodius habe ihn daraufhin auf das Übelste beleidigt, habe auf seine Herkunft aus dem ländlichen Latium angespielt und schließlich ausgerufen: »Wie lange wollen wir diesen König [*rex*] noch ertragen?« »Du nennst mich doch nur König«, habe Cicero ihm entgegnet, »weil Rex dich in seinem Testament nicht erwähnt hat«. Mit dem Wortspiel bezieht sich Cicero auf Marcius Rex, der vor kurzer Zeit gestorben war und auf dessen Erbe Clodius, so lautet jedenfalls Ciceros Vorwurf, spekuliert hatte. Clodius zielt mit seiner rhetorischen Frage nach dem König auf Ciceros selbstherrliches Gebaren in der Catilina-Krise. Er zitiert außerdem ironisch das berühmtes *quousque tandem, Catilina* des Starredners: »Wie lange noch, Catilina?« Vermutlich greift er hier eine Kritik auf, die in den Reihen der verbliebenen Catilina-Anhänger die Runde machte. Wenn die Worte so gefallen sind, und daran besteht kein Zweifel, dann wurden die versammelten Senatoren hier Zeugen eines rhetorischen Duells auf Augenhöhe.[26]

Rom erregte sich monatelang über kaum etwas anderes als den Skandal, den Clodius mit seinem Frevel ausgelöst hatte. Die Bona-Dea-Affäre überschattete selbst Pompeius' Rückkehr aus dem Osten. Sie hätte Clodius um ein Haar die Karriere gekostet und rüttelte die politische Landschaft in Rom derart kräftig durcheinander, dass sich als Folge des Prozesses und des politischen Ringens darum Freund- und Feindschaften teilweise neu sortierten. Ciceros vier Briefe an Atticus stehen jeder für eine Phase der Krise:

- Phase 1 (Brief I 12 vom 1. Januar): Hier äußert sich nur die allgemeine Empörung über die *res insigni infamia*, die Cicero offenbar mit der breiten Mehrheit der Senatoren teilt.
- Phase 2 (Brief I 13 vom 25. Januar): Das Feld der Akteure beginnt sich zu sortieren. Wenige (Messalla, Cato) sind entschieden für das Gesetz, mit dem ein Sondergericht eingesetzt wird, der Konsul Piso ist ebenso entschieden dagegen. Cicero schwankt mit der breiten Mehrheit der Optimaten zwischen »lykurgischer« Strenge und mildem Pragmatismus.
- Phase 3 (Brief I 14 vom 13. Februar): Der Senat hat den Gesetzesantrag beschlossen. Nach der tumultuarischen Volksversammlung sind die Mehrheitsverhältnisse im Senat eindeutig. Gegen nur 15 Stimmen wird an dem Sondergericht festgehalten. Zwischen Ende Januar und Mitte Februar haben sich die meisten Senatoren klar gegen Clodius positioniert.

- Phase 4 (Brief I 16 von Anfang Juli): Der Prozess hat stattgefunden, Clodius ist freigesprochen worden. Die Senatsmehrheit ist Clodius bei der Geschworenenbestellung entgegengekommen, Cicero damit isoliert.

Während der Hergang dank Ciceros Korrespondenz einigermaßen zuverlässig zu rekonstruieren ist, werfen das Handeln der Akteure und ihre Motive Fragen auf, auf die unsere Quellen keine Antworten geben. Will man wissen, was die Protagonisten angetrieben hat, so sind zunächst fünf Kategorien von Akteuren zu unterscheiden:

- Erstens die Senatoren, die zu einem harten Vorgehen gegen Clodius entschlossen sind. Zu ihnen zählen als harter Kern der Konsul Messalla und Cato, ferner Cornificius, der den Vorfall zuerst im Senat zur Sprache bringt. Der Kreis der Hardliner ist aber noch sehr viel größer. Viele Optimaten, die Cicero seit seinem Konsulat nahestehen, zählen dazu, etliche kämpfen später im Bürgerkrieg gegen Caesar.[27]
- Zweitens die sehr viel kleinere Gruppe von Senatoren, die sich hinter Clodius schart: Angeführt wird sie von dem Konsul Piso und dem Volkstribunen Fufius, verstärkt von dem jungen Curio, der noch kein Senator ist, dafür Clodius aber eifrig in der Öffentlichkeit unterstützt. Zu ihr stößt in der zweiten Phase Curio senior, der Clodius' Verteidigung vor Gericht übernimmt.
- Drittens Caesar, der Hauptgeschädigte des Skandals, der jedoch auf eine Anklage gegen Clodius verzichtet.
- Viertens Cicero, dessen Motive aus seinen Briefen an Atticus nur zwischen den Zeilen herausgelesen werden können.
- Und fünftens schließlich Clodius, der mit seiner unglücklichen Travestie den Stein der Affäre erst ins Rollen bringt.

Wenden wir uns zunächst der Gegenpartei zu: An Ciceros Darstellung fällt zunächst auf, dass bis Phase 2 der Krise nur drei Senatoren namentlich genannt werden, die sich für die energische Verfolgung des Vergehens starkmachen: Cornificius, Cato und Messalla. Catos Verhalten ist einigermaßen plausibel mit seiner stoisch begründeten Prinzipientreue zu erklären. Für ihn dürfte Clodius' Bruch der herrschenden Moral schon Grund genug gewesen sein, ein Exempel zu statuieren und den Übeltäter den Richtern zu überantworten. Die Motive der beiden anderen Protagonisten liegen im Dunkeln. Bei dem Patrizier Messalla kann man darüber spekulieren, ob er mit den Claudii Pulchri verfeindet war oder es aus politischen Gründen vorzog, gegen seinen Kollegen Piso eine betont harte Haltung zu zeigen. Das unentschlossene Agieren der meisten Optimatenin Phase 2 – inklusive Cicero – dürfte sich aus der Rechtslage erklären. Nach der ersten allgemeinen Empörung wird sich die Stimmung vorerst beruhigt haben, nachdem die Vestalinnen durch Wiederholung des Opfers den Religionsfrevel geheilt hatten. Welches Delikts sollte man Clodius anklagen? Aus der Sache schien die Luft heraus zu sein.

In Phase 3 ist ein bemerkenswerter Meinungsumschwung bei fast allen Senatoren zu beobachten: Sie votieren erst für und dann in einer zweiten Abstimmung sogar mit überwältigender Mehrheit für die Einsetzung des Sondertribunals. Religiöse oder juristische Argumente dürften für diesen Gesinnungswandel nicht den Ausschlag gegeben haben, denn die Fakten, die zu den Ereignissen in Caesars Haus auf dem Tisch lagen, waren immer noch die seit dem 5. Dezember altbekannten. Die opportunistische Dehnung des Straftatbestandes des *incestus* spricht eine klare Sprache. Wenn die Senatoren sich eines Besseren besannen, dann nur aus einem Grund: Bei ihnen muss sich irgendwann die Überzeugung durchgesetzt haben, dass eine Verurteilung des Clodius und folglich das Scheitern seiner Karriere in ihrem Interesse lag. Den Stimmungsumschwung dürfte vor allem die in Phase 2 beginnende Aktivierung des Mobs durch Clodius bewirkt haben. Den meisten Senatoren war schlagartig bewusst geworden, wie gefährlich Clodius war. So ging es jedenfalls Cicero, der dunkel orakelte, aus dem Fall könne sich eine große politische Krise entwickeln. Etlichen Senatoren dürfte das Votum gegen Clodius auch deshalb leichtgefallen sein, weil sie schon lange auf die Gelegenheit warteten, es diesen arroganten Claudiern einmal richtig zu zeigen. Vereint gegen Clodius – 400 gegen 15 – fühlten sie sich stark. Allerdings machte die Drohkulisse, die Clodius mit Fufius' Hilfe aufbaute, gerade dem engsten Zirkel der Optimaten schnell bewusst, dass die andere Seite am längeren Hebel saß. Der Druck der Straße und das Erpressungsinstrument des tribunizischen Vetos machten nun auch dem begriffsstutzigsten Senator klar, auf welch riskantes Projekt sich die hohen Herren mit der brachialen Konfrontation eingelassen hatten. Deshalb ruderte der Kreis um Hortensius in Phase 4 mit großer Energie zurück und ließ sich auf den aus Ciceros Sicht faulen Kompromiss mit Fufius ein, der letztlich den Weg zu Clodius' Freispruch bahnte.

Nun zu den Unterstützern: Bereits in Phase 2 standen Piso und der junge Curio hinter Clodius. Von Piso sagt Cicero, er sei ein Freund des Clodius gewesen und habe durchgängig Distanz zu den Optimaten gehalten. Der Konsul war ein Mann des Pompeius, dem er im Krieg gegen Mithradates als Legat gedient hatte. Nur durch Pompeius' Intervention war Pisos Kandidatur überhaupt möglich geworden: Der Feldherr hatte 62 v. Chr. noch von Syrien aus verlangt, die Wahlen zu verschieben, damit sein Legat sich bewerben konnte. Das seltsame Vorgehen des Konsuls, der das Sondergericht zwar in der Volksversammlung beantragte, zugleich aber offen dagegen Stimmung machte, war also gewiss mit Pompeius abgestimmt. Dann allerdings scheint er sich mit dem großen Feldherrn überworfen zu haben, denn Cicero schreibt, er habe Pompeius mit seinem Hass verfolgt.[28]

Zweiter Unterstützer der ersten Stunde war der um 86 geborene Curio. Von dem Mittzwanziger behauptet Cicero, er habe zur *grex Catilinae* gehört, wofür es aber keinen Beleg aus anderer Quelle gibt. Gut belegt ist hingegen Curios Freundschaft mit dem etwa gleichaltrigen Marcus Antonius, einem Stiefsohn des Catilinariers Publius Cornelius Lentulus Sura. Curio, der virtuos auf der Klaviatur popularer Politik zu spielen wusste, fiel während seiner Karriere durch große Wendigkeit auf: Er begann als Gefolgsmann des Pompeius und wurde dann zum eingefleischten Caesar-Anhänger. Mit Clodius, dessen Witwe Fulvia er später heiratete, war er bis zu dessen Tod befreundet. Curio dürfte sich im Gegensatz zu seinem Vater schon früh dem *populariter agere* verschrieben haben und sah in der Krise um Clodius wohl die Chance, politische Freundschaften zu schließen und an Rückhalt in den Komitien zu gewinnen. Auch Fufius machte im Kielwasser Caesars Karriere, brachte es 47 v. Chr. zum Konsul und ergriff später für Antonius Partei. Seine Gründe, Clodius den Rücken zu stärken, dürften die gleichen wie bei Curio gewesen sein.

Anders liegen die Dinge bei Curio senior, dem Einzigen aus der Unterstützergruppe, dessen Weg an die Seite des Clodius nicht geradlinig war. Der Konsul des Jahres 76 hatte gegen die Übertragung des Oberbefehls gegen Mithradates an Pompeius votiert und sich in der Catilina-Krise als kompromissloser Hardliner hervorgetan, der sogar Caesar wegen Verstrickung in die Verschwörung anklagen wollte. Ciceros Konsulatsführung lobte er, wie der später an Atticus schrieb, als »Apotheose« geradezu in den Himmel. Bis 61 v. Chr. hatte der ältere Curio stets zur Kerngruppe der Optimaten gezählt, aus der er erst während der Debatte um das Sonderverfahren gegen Clodius ausscherte. Als einziges Motiv dafür, dass er seine alten Bundesgenossen im Stich ließ, kommt familiäre Solidarität in Frage, denn sein Sohn hatte alles, was er an politischem Kapital besaß, bereits auf Clodius verwettet. Die Verurteilung des Quästors hätte unweigerlich auch den politischen Bankrott von Curio junior nach sich gezogen. Die Familie hätte in diesem Fall sämtliche Investitionen abschreiben müssen. Deshalb blieb dem Vater kaum etwas anderes übrig, als seinem Sohn im Tauziehen um Clodius den Rücken zu stärken.[29]

Wie ist Caesars Handeln einzuordnen? Er war der Hauptgeschädigte des Skandals, und von seiner Seite war eine Anklage auch an erster Stelle zu erwarten. Sie blieb aus. Nachdem die Affäre im Senat debattiert worden war, ließ sich der Pontifex Maximus mit der Begründung, auf Mitglieder seiner Familie dürfe nicht der Schatten eines Verdachtes von Unzucht fallen, von Pompeia scheiden. Im Übrigen unternahm er nichts. Caesar weigerte sich, vor Gericht als Zeuge auszusagen. Während der gesamten Krise verhielt er sich vollständig passiv, und das mit gutem Grund. Der Bona-Dea-Skandal barg für ihn gleich zwei gravierende Risiken: Erstens drohte durch ihn eine Debatte um Caesars Amtsführung als Pontifex Maximus, die er angesichts der Tatsache, dass seine Wahl nicht unumstritten war, als letztes gebrauchen konnte. Und zweitens beförderte der Streit die Lagerbildung in der Senatorenschaft und weit über sie hinaus. Wenn Caesar gegen Clodius Partei bezog, und eine andere Option hatte er in der Frage nicht, dann hätte er sich zwangsläufig die Feindschaft der Popularen und der Straße zugezogen. Caesar war sich darüber im Klaren, dass ihm Männer wie

Clodius, Curio und Fufius gefährlich, aber eben auch immens nützlich werden konnten. Der wendige Politiker wollte selbst Liebling der Straße sein. Deshalb zögerte er nicht, in die Unverfänglichkeit seiner Provinz Hispania ulterior abzureisen, kaum waren die Amtsbezirke der Promagistrate ausgelost worden.[30]

Nun zu Cicero: Vordergründig am wundersamsten ist die Wandlung von der Taube zum Falken, die unser Hauptberichterstatter in der Clodius-Krise durchmachte. Cicero berichtet, er sei nach anfänglicher Empörung in der Frage, was mit Clodius zu geschehen habe, immer milder geworden. Trotzdem war er es schließlich, der am entschiedensten Position bezog und mit seiner Zeugenaussage Clodius' Alibi zerschmetterte, indes Hortensius zurückwich und einen Kompromiss mit der Gegenseite aushandelte, der den Weg zu Clodius' Freispruch bahnte. Warum war Cicero plötzlich so sehr an der Verurteilung des Angeklagten interessiert?

Während der fleißige Briefeschreiber sich über seine Gründe ausschweigt, nennt Plutarch ein Motiv. Cicero sei von seiner Gattin Terentia angestachelt worden, gegen Clodius in die Offensive zu gehen:

> Denn zwischen ihr und Clodius herrschte Feindschaft wegen seiner Schwester Clodia, von der Terentia glaubte, dass sie Cicero heiraten wollte und dies mit Hilfe eines gewissen [Lucius Volcacius] Tullus plante; Tullus war ein Freund und besonderer Vertrauter Ciceros, und seine ständigen Besuche und Aufmerksamkeiten für Clodia, die in der Nähe wohnte, machten Terentia misstrauisch. Da sie eine strenge Frau war und Einfluss auf Cicero hatte, stachelte sie ihn an, sich dem Angriff auf Clodius anzuschließen und gegen ihn auszusagen.[31]

Drohte Clodius also das Opfer eines Zickenkrieges zwischen Terentia und Clodia zu werden? Waren es lediglich private Gründe, die Cicero zum Frontalangriff auf den Quästor blasen ließen? Das zu glauben, bereitet Probleme angesichts des durch alle Quellen vermittelten Bildes von Cicero als einem zwar immer wieder von Illusionen in die Irre geführten, grundsätzlich aber politisch denkenden und handelnden Mann. Die moderne Literatur hat Plutarchs Erklärung für Ciceros Kurs in der Affäre deshalb mit gutem Grund mehrheitlich zurückgewiesen.[32]

Was aber trieb Cicero, wenn es nicht Terentia war? Gewiss spielten moralische Erwägungen eine Rolle. Clodius hatte sich an der Tradition versündigt, zu der die ehernen Grundsätze des Sakralrechts gehörten. Bei aller aufgeklärten Skepsis hat Cicero mehrfach auf die Bedeutung fester Grundsätze in Religionsdingen hingewiesen. Noch wichtiger für ihn waren aber die politischen Kollateralschäden des Vorfalls in Caesars Haus. Klarer als vermutlich viele Senatoren sah er, dass der Bona-Dea-Skandal das Potential hatte, die Nobilität auseinanderzudividieren. So äußerste er sich bereits am 1. Januar Atticus gegenüber. In Phase 2, Ende Januar, gehörte er zu den mäßigenden Kräften unter den Optimaten, während Cato und Messalla die Anklage vorantrieben und Clodius bereits die Straße mobilisierte. Anscheinend glaubte Cicero zu diesem Zeitpunkt noch, ein offener Konflikt lasse sich vermeiden. Diese Chance war Mitte Februar vertan, Phase 3 angebrochen. Die Optimatengruppe um Hortensius hatte die Volksversammlung gesprengt, Clodius daraufhin in einer Serie öffentlicher Versammlungen gegen seine Widersacher agitiert. Vor solchen Zusammenkünften, *contiones*, zu sprechen, war eine Disziplin, in der Clodius es im Laufe seines Politikerlebens zu konkurrenzloser Meisterschaft brachte. Was die *contiones* genau waren – einer Podiumsdiskussion vergleichbare Debattenräume oder politische Kundgebungen oder vielleicht eine Mischung aus beidem –, ist in der Forschung umstritten. Vermutlich änderten sie in der späten Republik ihr Gepräge, zogen größere Massen an und waren mehr als zuvor Resonanzböden für politische Gruppierungen und ihre jeweilige Agenda. Jedenfalls waren sie in der ritualisierten römischen Politik die wichtigste Gelegenheit für Politiker, das Wahlvolk mit Argumenten von ihrer Position zu überzeugen. Cicero war zu diesem Zeitpunkt bewusst, dass die optimatische Senatsmehrheit dem Konflikt keinesfalls ausweichen durfte, wollte sie nicht die Kontrolle über die Republik an Demagogen wie Clodius und Curio abtreten. Ciceros Priorität war zu diesem Zeitpunkt die vollständige Diskreditierung des Clodius, nicht seine Verurteilung. Im Juli sagt er dies selbst sehr klar in seinem Brief an Atticus, in dem er die Fehler, die gemacht wurden, nüchtern bilanziert: Clodius hätte man »in Schande zugrunde gehen lassen müssen«, *in infamia relinqui*, anstatt ihn einem »schwankenden Gericht zu überantworten«, *infirmo iudicio committi*.[33]

Cicero erhöhte seinen Einsatz in der Sache aber noch aus einem anderen, für ihn wesentlichen Grund. Sein zweites Motiv war durch und durch persönlich. Er war nach seinem Konsulat von popularer Seite wegen des kurzen Prozesses, den er mit den Catilinariern gemacht hatte, heftig unter Beschuss geraten. Bereits im Sommer 62 v. Chr., als er im Prozess gegen Publius Cornelius Sulla, einen Neffen des Diktators, als dessen Verteidiger fungierte, hatte die Gegenseite ihn wegen der Niederschlagung der Verschwörung regelrecht auf die Anklagebank gesetzt. Cicero sah sich genötigt, seine Maßnahmen vom Vorjahr zu rechtfertigen. Seitdem war er zur bevorzugten Zielscheibe für alle Politiker geworden, die das *populariter agere* zu ihrem Geschäft gemacht hatten. Aus diesem Grund, und weil sich Cicero viel auf seine Leistungen als Konsul zugutehielt, trafen die Pfeile, die Clodius auf der Straße gegen ihn abschoss, mitten ins Schwarze. Noch dazu war Ciceros Redebegabung der Schlüssel zu seinem politischen Erfolg gewesen. Deshalb konnte es ihn nicht gleichgültig lassen, wenn Clodius seine Rhetorik durch den Kakao zog. Der politische Selfmademan Cicero war sozusagen das weichste Ziel unter den Optimaten, und deshalb zögerte Clodius keinen Moment, seine Angriffe auf ihn zu konzentrieren. Cicero reagierte, wie von Clodius gewünscht, mit einem Marathon an Reden, die er vermutlich ohne Übertreibung als *pugnae mirificae* bezeichnete: als rhetorische Mammutschlachten. Er hätte sie besser nicht gehalten.[34]

Zuletzt Clodius selbst: Unsere Hauptquelle, Cicero, schweigt sich in den Briefen an Atticus über die Motive des Protagonisten aus. Plutarch behauptet, Clodius sei in Caesars Gattin Pompeia verliebt gewesen und habe sich deshalb in die Feier geschmuggelt. Dieses Motiv können wir getrost ins Reich der Märchen verbannen: Wenn Clodius wirklich so scharf darauf gewesen wäre, eine Nacht mit Pompeia zu verbringen, hätte er sich vermutlich nicht die Zeremonie für die Bona Dea dafür ausgesucht. Ein amouröses Abenteuer hätte er unkomplizierter und unter Inkaufnahme geringerer Risiken haben können.[35]

Was also bewog den designierten Quästor dann, sich unter die Damen in Caesars Haus zu mischen? War der Zwischenfall im Grunde harmlos, nicht mehr als eine unüberlegte Provokation? Trieb Clodius weiter nichts als Neugier und Abenteuerlust an? Immerhin: Der Mysteriencharakter der Riten für die Bona Dea machte sie zu einem Arkanum, das zur Inaugenscheinnahme geradezu herausforderte. Dass außerdem nur Frauen zugegen waren, gab der Zeremonie aus der Sicht jedes jungen Mannes einen sexuellen Appeal, der unwiderstehlich gewesen sein mag. Die Tendenz, ernste Dinge auf die leichte Schulter zu nehmen, findet sich wohl überall und zu allen Zeiten unter jungen Männern, die mit dem goldenen Löffel im Mund geboren wurden. Auch in Rom schlugen junge Nobiles oft gewaltig über die Stränge. Kann es sein, dass Clodius nicht begriffen hatte, dass mit seiner Wahl zum Quästor endgültig der Ernst des Lebens angebrochen war? Ist es denkbar, dass die Feier eine solche Faszinationskraft auf ihn ausübte, dass er jede Vorsicht, jede Vernunft hintanstellte?[36]

Diese Lesart ist problematisch: Ein harmloser Dummerjungenstreich verträgt sich nicht mit dem, was wir sonst über den Politiker Clodius wissen. Dessen Handeln war immer wieder konfrontativ, rücksichtslos, erratisch und aggressiv. Er spielte an entscheidenden Punkten seiner Karriere gerne Vabanque, mit geradezu schwindelerregend hohen Einsätzen. Zum ersten und keineswegs letzten Mal offenbarte sich der Hasardeur in Nisibis, wo er alles auf eine Karte setzte – und gewann. Diese Erfahrung und das Bewusstsein, von einer auf Einfluss geradezu abonnierten Familie abzustammen, dürften die vermutlich sowieso schon grundständig in seinem Charakter verankerte Risikoaffinität noch einmal deutlich gesteigert haben. Clodius besaß ein groß dimensioniertes Ego. Aus einer Konfrontation als Sieger hervorzugehen, galt ihm als ausgemachte Sache. Aber ein dummer Junge, der sich aus purem Leichtsinn in ein Abenteuer stürzte, war Clodius gewiss nicht.

Als er an jenem 4. Dezember Caesars Haus betrat, wusste der junge Patrizier zweierlei: Erstens, dass er seiner Abstammung mächtige Freunde an entscheidenden Stellen der Nobilität verdankte, und zweitens, dass er bei den einfachen Leuten über erheblichen Rückhalt verfügte. Ihm war auch nicht entgangen, dass die politische Landschaft durch die

Rückkehr des Pompeius und die enttäuschten Hoffnungen seiner Gefolgsleute in Bewegung geraten war. Hatten sich vorher etliche der Jüngeren ausgerechnet, im Kielwasser des Siegers über Mithradates in höchste Ämter segeln zu können, so stand nunmehr fest, dass jeder auf sich allein gestellt war. Sollte Clodius je auf Protektion durch Pompeius spekuliert haben, dann sah auch er sich eines Besseren belehrt.

Wie Cicero es vorhergesehen hatte, wirbelte der Bona-Dea-Skandal das politische Feld der Tibermetropole gehörig durcheinander. Er bot zum ersten Mal seit Marius und Cinna jener Politik eine Bühne, die auf die Politisierung von Straße und Volksversammlung gerichtet war. Das geschickte Taktieren von Clodius und seinen Anhängern diktierte der optimatischen Senatsmehrheit einen Kurs, der sie erst dazu brachte, die Anklage gegen Clodius zunächst mit aller Kraft voranzutreiben, und dann einen Kompromiss mit der Gegenseite zu suchen, der genau diese Anklage zur Farce werden ließ. Die Gruppe von Clodius nötigte mit Cicero den klügsten Kopf und zugleich das schwächste Glied der Gegenpartei dazu, sich zu exponieren und angreifbar zu machen. Die Jagd auf die Galionsfigur der Optimaten war in dem Moment eröffnet, als das Tauziehen um die Anklage gegen Clodius seinen Höhepunkt erreichte.[37]

Clodius ging, während all dies geschah, ein hohes Risiko ein. Dass er um Haaresbreite der Verurteilung entging, war ebenso wenig ausgemachte Sache wie die Bereitschaft des Hortensius, sich mit Fufius und seinen Hintermännern auf die Richterbestellung per Los zu einigen. Dass überhaupt ein Gerichtshof eingesetzt wurde, vor dem er dann freigesprochen wurde, war Clodius' großes Glück. Schon so blieb genug von dem Skandal an ihm hängen, um ihn vor vielen traditionsbewussten Römern, für die *religio* kein leeres Wort war, unmöglich zu machen. Cicero prangerte öffentlich an, wie das Urteil zustande gekommen war: durch Bestechung der Richter. Mit solchen Vorwürfen konnte Clodius gut leben. Die Sympathien, die ihm in der Folge auf der Straße zuflogen, glichen das Handicap mehr als aus. Die aufs Neue politisierten Komitien waren ein Biotop, auf dem Clodius' politische Blütenträume reifen und in die Höhe wachsen konnten. Die Krise wirkte außerdem wie gefrierendes Wasser im rissigen Zusammenhalt der Nobilität. Clodius würde diese Risse künftig auszunutzen und zu weiten wissen. Die Restauration der Führungsschicht durch Sulla und die von Cicero immer wieder beschworene *concordia* waren nur optische Täuschungen gewesen. Soviel brachte der Zank um den Gerichtshof jetzt an die Oberfläche.

Wenn Cicero diese Entwicklung voraussehen konnte, warum dann nicht auch Clodius? Das wahrscheinlichste Szenario: Der junge Patrizier setzte alles auf eine Karte, als er es sich mit den Damen bei Caesar gemütlich machte und kalkuliert aufflog. Das politische Erdbeben, das die römische Politik erschütterte, war genau das, was Clodius mit seiner extravaganten Aktion auslösen wollte, der Skandal das passgenau der »Appietas« entsprechende Instrument, um Veränderungen im trägen Fluss der römischen Politik zu erzwingen. Auch der Moment war denkbar günstig gewählt: Clodius stahl Pompeius die Schau, auf die der Feldherr gewettet hatte, und erhielt Zulauf von dessen Bundesgenossen, die sich neuerdings fragten, wie gut ihre Interessen bei Pompeius eigentlich aufgehoben waren.

Doch die ganze Affäre produzierte noch einen zweiten Gewinner, wenn auch erst auf längere Sicht: Caesar profitierte als der deutlich Ranghöhere sogar noch mehr als Clodius von den Verwerfungen im politischen Feld. Obwohl der Prätor des Jahres 62 vordergründig der Geschädigte des Skandals war, zog er den größten Nutzen daraus, weil er sich durch Scheidung von Pompeia als ganz und gar Unbeteiligter inszenieren konnte. Währenddessen standen die Optimaten als Getriebene da, denen die Kontrolle vollständig entglitten war.

Sie, die Optimaten, waren die großen Verlierer des Kräftemessens. Sie hatten mit ihrer Kampagne für eine harsche Reaktion Geschlossenheit demonstrieren wollen, aber Zerstrittenheit bewiesen; sie hatten dem *populariter agere* einen Riegel vorschieben wollen, ihm aber erst die Plattform für seine Agitation geliefert; sie hatten ein Exempel statuieren wollen, waren aber kläglich gescheitert. Die Niederschlagung der Catilinarischen Verschwörung hatte bewiesen, dass die Nobilität 63 v. Chr. zu koordiniertem Handeln imstande war. Sie hatte so erfolgreich verhindert, dass gewaltbereite Außenseiter aus ihren Reihen Einfluss auf die Politik erlangen konnten. Diese Fähigkeit war ihr nur zwei Jahre später abhandengekommen. Gewalt und die Mobilisierung des Mobs auf der Straße waren zum ersten Mal seit Sulla und dem Bürgerkrieg wieder Instrumente, mit denen sich erfolgreich Politik machen ließ.

## TRANSITIO

Clodius hatte gewonnen, doch der Sieg forderte seinen Preis. Cicero schleuderte weiter seine Invektiven gegen Clodius und dessen Anhänger. Eine Kostprobe von dem Gift, das der Konsular in seinen Reden spie, geben die Fragmente seiner Schmährede *In Clodium et Curionem*, die sich in einem Brief an Atticus und bei späteren Kommentatoren erhalten haben: Er glaube, rief Cicero Clodius zu, er würde erkennen, er sei »weit von jeder Schönheit entfernt«, *longe a pulchris abesse*, wenn man ihm einen Spiegel reiche. Mit dieser bösen Sentenz spießte Cicero den Beinamen, Pulcher, seines Gegenübers auf. Der Seitenhieb zielt auf die Travestie, mit der Anspielung auf den Spiegel macht er Clodius' angeblich effeminiertes Gebaren lächerlich. Doch schwerer traf den jungen Patrizier womöglich die Vergabe der Provinzen an die Quästoren. Clodius scheint fest damit gerechnet zu haben, nach Syrien geschickt zu werden, in diese unsagbar reiche Provinz, die Pompeius erst unlängst für Rom gewonnen hatte. Cicero bescheinigt seinem Gegner, er sei »blank« aus dem Prozess hervorgegangen. Er meint damit natürlich, dass die Bestechungsgelder für die Richter ihn finanziell ruiniert hätten. Deshalb habe er darauf gehofft, sich in Syrien schadlos halten zu können.[38]

Es kam anders. Clodius erhielt Sizilien als Provinz für seine Quästur. Dass er pleite war und hoffte, die Syrer seine Aufwendungen für die Richter bezahlen zu lassen, ist vermutlich nur eine von Ciceros Unterstellungen. Jedenfalls hören wir von seiner Amtsführung auf Sizilien nichts weiter. Offenbar erregte Clodius damit keinen Anstoß. Wäre er ein zweiter Verres gewesen, Cicero hätte wohl keinen Moment gezögert, Schauergeschichten über entrechtete und ausgeplünderte Provinzialen in Rom zu verbreiten. Dass Clodius ausgerechnet einen der beiden Quästorenposten auf Sizilien erloste, entbehrt nicht einer gewissen Ironie: Hier hatte Cicero 75 v. Chr. den Grundstein für seine Karriere gelegt. Clodius blieb bis zum Mai 60 auf der Insel.

Noch vor seiner Rückkehr nach Rom versuchte dort der Volkstribun Gaius Herennius, Clodius per Gesetz vom Patrizier zum Plebejer zu machen. Die *transitio ad plebem* war rechtlich möglich und – wenn auch selten – in der Vergangenheit vollzogen worden, um Männern, die als Patrizier zur Welt gekommen waren, den Weg zum Volkstribunat zu ebnen. Cicero schreibt am 20. Januar 60 an Atticus, Herennius habe den Vorschlag im Senat eingebracht, ein entsprechendes Gesetz den Tributkomitien vorzulegen. Er selbst habe den Mann »hart rangenommen, wie es meine Art ist«. Der Konsul Quintus Caecilius Metellus Celer habe den Antrag ebenfalls eingebracht. Dass Metellus Celer Clodius in dieser Frage wenigstens der Form halber unterstützte, überrascht nicht: Er war mit seiner Schwester Clodia verheiratet, also Clodius' Schwager. Aussichten auf Erfolg hatte die Initiative nicht. Jedesmal, wenn Herennius sein Gesetz zur Abstimmung bringen wollte, legte einer der Volkstribunen sein Veto ein. Die Stimmung im Senat war klar gegen das Projekt von Clodius' *transitio ad plebem* gerichtet. Auch Metellus Celer wechselte bald ins Lager der Gegner.[39]

Warum wollte Clodius unbedingt Plebejer werden? Auf diese Frage gibt es drei mögliche Antworten, die einander nicht ausschließen müssen: Erstens war es für Plebejer leichter, die zweite Stufe der senatorischen Ämterlaufbahn zu nehmen als für Patrizier, die keinen Zugang zum Volkstribunat und zur plebejischen Ädilität hatten. Die beiden kurulischen Ädilen waren in der mittleren Republik je abwechselnd Patrizier und Plebejer und auch später standen Patriziern nicht alle Stellen offen. Obwohl es weniger Patrizier als Plebejer in der senatorischen Elite gab, blieb die zweite Stufe des *cursus honorum* für die Patrizier ein Flaschenhals, an dem etliche scheiterten. Auch Clodius, der jüngste von drei Brüdern, könnte diese Überlegung angestellt haben. Zweitens ist denkbar, dass Clodius von Anfang an auf den Volkstribunat zielte. Diese Magistratur bot noch relativ jungen Senatoren weitreichende Wirkungsmöglichkeiten und sie war vor allem die ideale Plattform für das *populariter agere*, mit dem Clodius bereits während des Bona-Dea-Skandals geflirtet hatte. Clodius scheint sich in dieser Frage mehrfach umentschieden zu haben. Atticus gegenüber berichtet

Cicero Anfang Juni 60 v. Chr., Clodius wolle Volkstribun werden, »obwohl er noch gestern auf Sizilien zu Protokoll gegeben hatte, er werde sich um die Ädilität bewerben«. Drittens ist denkbar, dass Clodius nicht nur an seine Karriere, sondern auch an den Rückhalt bei der breiten Masse dachte, als er sich um die *transitio* bemühte.[40]

Clodius hatte also aus seiner Sicht gute Gründe, weshalb er den Stand wechseln wollte. Doch warum leisteten seine Kollegen im Senat so einmütig Widerstand gegen das Unternehmen? Rein persönliche Animositäten könnten für den namenlosen Volkstribun den Ausschlag gegeben haben, der sein Veto gegen die Initiative des Herennius einlegte. Dasselbe gilt gewiss für Cicero, der Clodius' Pläne meist ironisch, stets aber ablehnend kommentiert. Doch Cicero berichtet eben auch, der Senat sei geschlossen gegen die *transitio* gewesen. Die Gründe dafür können nicht persönlicher, sondern müssen grundsätzlicher Natur gewesen sein. Die römische Elite war traditionsbewusst bis ins Mark, und für den Standeswechsel eines Patriziers gab es zwar Präzedenzfälle, aber eben doch so wenige, dass er nur aus triftigem Grund erfolgen durfte. Clodius' Gründe, so einleuchtend sie für ihn selbst gewesen sein mögen, waren für die Senatoren nicht gut genug. Gerade die Hartnäckigkeit, mit der er über Herennius sein Ziel zu erreichen suchte, machte die Sache für viele Männer in der Kurie suspekt. Auch Metellus Celer, sein Schwager, der ihn anfangs halbherzig unterstützt hatte, änderte vielleicht deshalb seine Meinung.[41]

Gleichwohl: Niemand im Senat glaubte 60 v. Chr., dass von Clodius eine Gefahr für die Republik ausging. Selbst Ciceros Ton ist, wenn er Atticus von den Plänen des Patriziers berichtet, eher amüsiert als alarmiert. Nach Clodius' Rückkehr aus Sizilien sprach der »hübsche Junge«, Pulchellus, wie Cicero ihn in Anspielung auf den Beinamen seines Familienzweigs nennt, den Konsular anlässlich einer Kandidatenpräsentation plötzlich an. Scheinbar arglos fragte Clodius den Mann, der die eigene politische Karriere maßgeblich seinem Erfolg im Verres-Prozess verdankte, ob er denn bei Gladiatorenspielen Besuchern aus Sizilien gute Plätze reserviere. Er selbst nämlich habe genau das vor. Natürlich spricht hier ein gerüttelt Maß an Geltungssucht aus Clodius: Er will Cicero spüren lassen, dass er, der Spross einer bedeutenden Familie, für »seine« Sizilianer mehr herausholen kann als der politische Newcomer und gesellschaftliche Parvenu. Clodius sucht nicht den Rat des Älteren, er will ihn demütigen. Der revanchiert sich mit einem anzüglichen Witz über dessen Schwester Clodia, die Gattin des Konsuls Metellus Celer. Das Aufeinandertreffen der beiden samt semi-harmlosem Wortgeplänkel zeigt immerhin eins: Clodius und Cicero reden im Frühjahr 60 v. Chr. noch miteinander.[42]

Der Möchtegern-Plebejer Clodius ließ sich von dem Rückschlag nicht beirren. Vom Fortgang seiner Bemühungen liefert Cassius Dio einen – allerdings verworrenen – Bericht:

> Clodius' Hass auf die Optimaten veranlasste ihn nach dem Prozess, Tribun werden zu wollen, und er brachte einige derjenigen, die dieses Amt innehatten, dazu zu beantragen, dass auch die Patrizier daran beteiligt werden sollten. Da er dies nicht durchsetzen konnte, verzichtete er auf seinen Patrizierrang und nahm stattdessen den Status der Plebs an und trat sogar in deren Versammlung ein. Er bewarb sich sofort um das Amt des Volkstribunen, wurde aber nicht gewählt, weil Metellus, der mit ihm verwandt war und dem sein Handeln nicht gefiel, dagegen war. Metellus entschuldigte sich damit, dass die Versetzung des Clodius in den Stand der Plebejer nicht der Tradition entsprochen habe, denn

eine solche Änderung könne nur nach Erlass einer *lex curiata* erfolgen. So endete diese Episode.[43]

Der kurze Passus strotzt nur so vor Merkwürdigkeiten. Dass Clodius von Rachegelüsten oder gar »Hass auf die Optimaten« getrieben das Amt des Volkstribunen anstrebte, ist nach allem, was wir von Cicero wissen, höchst unwahrscheinlich. Auch wird Clodius kaum das Ansinnen gestellt haben, den Volkstribunat für Patrizier zugänglich zu machen. Der bloße Versuch wäre ein eklatanter Bruch mit sämtlichen Normen des *mos maiorum* gewesen, den niemand riskiert hätte, solange er halbwegs bei Verstand war. Dio scheint hier einiges durcheinandergebracht zu haben und meint vermutlich Clodius' Versuche, per Gesetz die *transitio ad plebem* zu vollziehen. Im zweiten Satz scheint Dio zu suggerieren, Clodius habe seinen Status als Patrizier einfach abgelegt wie einen alten Mantel. Tatsächlich gab es im römischen Recht ein, freilich sehr altes, Instrument, das es Patriziern gestattete, auf den Kult ihres Hauses zu verzichten: die *sacrorum detestatio*. Clodius könnte auch diesen Weg ausprobiert haben und an Metellus Celer gescheitert sein. Der Konsul betrachtete die *sacrorum detestatio* offenbar nicht als Äquivalent für die *transitio ad plebem*, und der Senat schloss sich, wenn die von Cicero Anfang Juni 60 erwähnte Aussprache um diese Frage kreiste, der Auffassung des Konsuls an. Cicero sagt von sich, er habe »den Menschen« in der Debatte »zerbrochen«: *fregi hominem*. Dios Begründung, die *sacrorum detestatio* hätte eines Gesetzes der Kuriatkomitien, einer *lex curiata*, bedurft, beruht ebenfalls auf einer Verwechslung: Ein solches Gesetz wäre für die *tansitio* erforderlich gewesen, aber nicht für den einfachen Verzicht auf die Ausübung des patrizischen Familienkultes.[44]

Zu guter Letzt gelang es Clodius doch noch, Plebejer zu

werden. Der einzige Weg, der ihm blieb und den er lange hatte vermeiden wollen, war die Adoption durch einen Plebejer. Das römische Zivilrecht kannte mehrere Formen der Adoption, die einzige, die für Clodius in Frage kam, war die *adrogatio*, durch die der Adoptierte in die väterliche Gewalt, *patria potestas*, des Adoptierenden wechselte. Voraussetzung auch für diese Form der Adoption war ein von den Kuriatskomitien beschlossenes Gesetz. Diese Hürde räumte der Konsul Caesar aus dem Weg: Man schrieb inzwischen April 59 v. Chr. Dafür, dass sakralrechtlich alles seine Ordnung hatte, sorgte ebenfalls Caesar, diesmal in seiner Rolle als Pontifex Maximus. Sogar ein Adoptivvater war schnell gefunden: Publius Fonteius, ein etwa zwanzigjähriger Plebejer aus obskurer Familie, fast zehn Jahre jünger als Clodius selbst. Selbstverständlich hatte Clodius keinerlei Interesse an den Nebenwirkungen, die eine *adrogatio* üblicherweise zeitigte: der schon erwähnten *patria potestas*, in die er sich begab, und dem Namen des Adoptivvaters, der aus ihm einen Publius Fonteius Clodianus gemacht hätte. Clodius wollte Clodius bleiben und auch als Plebejer ein Mitglied der blaublütigen *gens Claudia.* Der *patria potestas* entkam er, indem er Fonteius unmittelbar nach der Adoption erklären ließ, Clodius werde aus seiner väterlichen Gewalt entlassen. Es traf sich gut, dass ein entsprechendes Rechtsinstrument mit der *mancipatio* schon seit dem Zwölftafelgesetz zur Verfügung stand. Für das Namensproblem gab es ein solches Schlupfloch nicht. Deshalb bastelte Clodius sich selbst eines und führte einfach seinen Geburtsnamen weiter. Niemand störte sich daran, nicht einmal Cicero. Selbstverständlich war für Clodius auch, dass er die *sacra Clodiae* weiter versah, und das, obwohl er vor der Adoption die *sacrorum detestatio* hatte vollziehen müssen. Dem Neuplebejer Clodius spielte offensichtlich ein in der späten Republik laxer gewordener Umgang mit früher penibel gehandhabten Instrumenten des Sakral- und Zivilrechts in die Hände.[45]

Glauben wir Cicero, dann lieferte er selbst Caesar den Grund, Clodius die Adoption zu ermöglichen. Im Frühjahr 59 v. Chr. wurde gegen Gaius Antonius Hybrida Anklage erhoben, Ciceros Kollegen im Konsulat. Der Vorwurf lautete, Hybrida habe sich als Prokonsul von Makedonien bereichert. Tatsächlich dürfte die Anklage auf Cicero gezielt haben, weil Hybrida, früher ein Bundesgenosse Catilinas, während des Konsulats die Seiten gewechselt und Cicero unterstützt hatte. Deshalb verteidigte Cicero seinen alten Amtsgenossen in dem Prozess, der sich immer mehr zum Stellvertreterkrieg zwischen dem Konsul Caesar auf der einen und der Senatsmehrheit auf der anderen Seite entwickelte. Cicero sagt in seiner Rede »Über sein Haus«, *De domo sua*, er habe »etwa um die sechste Stunde« in seinem Plädoyer eine Bemerkung über Caesars Politik gemacht. Die habe ihm der Konsul wohl übelgenommen, denn »um die neunte Stunde desselben Tages war die Adoption geschehen.« Caesar habe also Clodius sozusagen von der Kette gelassen, um sich an Cicero zu rächen. Mag sein, dass Cicero hier die Bedeutung seiner Rede überschätzt. Es wäre nicht das erste Mal gewesen, schließlich war der Redner eitel bis ins Mark. Caesar wusste aber, dass ihm Clodius bei den politischen Kämpfen, die bevorstanden, von großem Nutzen sein würde. Deshalb dürfte Ciceros Seitenhieb auf Caesar dessen Entscheidung allenfalls beschleunigt haben, der tiefere Grund dafür war sie nicht.[46]

Clodius war also jetzt Plebejer. Oder besser: Er war ein Patrizier, der sich als Plebejer ausgab, um die für ihn vorgesehene Rolle in der römischen Politik spielen zu können. Einst hatte sich der ehrgeizige Spross aus gutem Haus als Offizier des Lucullus verkleidet, um an dessen Orientfeldzug teilnehmen zu können. Dann hatte sich der designierte Quästor als

Frau verkleidet, um zu den Feiern für die Bona Dea in Caesars Haus zu gelangen. Und jetzt verkleidete sich eben ein blaublütiger Vertreter des alten römischen Adels als Plebejer, um Volkstribun werden und auf popularem Ticket den Kredit sammeln zu können, den er für seine weitere Karriere brauchte. Clodius war in Caesars Konsulatsjahr gerade knapp über dreißig. Die Höhepunkte seines politischen Lebens waren drei Travestieren gewesen. In der Verkleidung steckte niemals das, was von außen sichtbar war. Insofern blieb sich Clodius stets treu: Er war und blieb ein Claudius Pulcher, der sich in immer anderen Rollen neu erfand, um sich zu seinem großen Ziel vorzuarbeiten: im großen Spektakel der römischen Politik ganz vorne mitspielen zu können. Es drängt sich aber auch der Eindruck auf, dass Clodius seine kunstvollen Ausstaffierungen Freude bereiteten, ja, dass es geradezu die Lust an der Staffage war, die ihn sich in immer neue Abenteuer stürzen ließ. Clodius war ein Claudius Pulcher. Die Spielregeln der *res publica* mochten für die anderen Gültigkeit haben. Für ihn galt nur ein Gesetz, das niemand treffender auf eine Formel bringen konnte als Cicero: »Appietas«.

## TAGE DES ZORNS

Als Clodius im April 59 v. Chr. sein Ziel erreichte, Plebejer zu werden, um wenig später die Wahl zum Volkstribun für das folgende Jahr zu gewinnen, hatte die Tibermetropole eine veritable Zeitenwende hinter sich. Ihr politisches Koordinatensystem hatte sich in dem Moment radikal verschoben, als Pompeius, Crassus und Caesar gemeinsam beschlossen, im Staat solle nichts geschehen, was ihrem Willen zuwiderlief: *ne quid ageretur in re publica, quod displicuisset ulli e tribus.* Im heute oft so genannten Ersten Triumvirat bündelten sich die Interessen von Roms größtem Feldherrn (Pompeius), seinem reichsten Senator (Crassus) und seinem gewieftesten Machtpolitiker (Caesar). Der Begriff »Triumvirat« ist deshalb unpassend, weil er suggeriert, die Drei hätten aus gemeinsamem Interesse ein formelles Bündnis miteinander geschlossen, so wie später der junge Caesar – der nachmalige Augustus –, Antonius und Lepidus. Crassus, Pompeius und Caesar einigten sich aber nur kurzfristig, um jeweils ihre eigenen Interessen gegen Widerstand durchzusetzen. Der Senator und Universalgelehrte Marcus Terentius Varro sprach angeekelt von einem »dreiköpfigen Ungeheuer«, *trikaranos*. Die drei bildeten eine locker gefügte Koalition, mit der sie ihre Gegner neutralisierten, nicht mehr, aber auch nicht weniger. Die politische Arena der Republik war dennoch eine völlig andere dem Tag, an dem sich Pompeius, Crassus und Caesar an einen Tisch setzten und ihr Bündnis aushandelten. Es war das Schicksal der Republik, dass sie nie wieder die alte sein würde.[47]

Doch wann genau war dieser Tag? Die meisten Quellen berichten, die drei Schwergewichte im Senat hätten sich im Sommer 60 v. Chr. nach Caesars Rückkehr aus Spanien auf das Machtkartell geeinigt. Caesar hatte seiner Provinz in aller Eile den Rücken gekehrt, um in Rom einen Triumph zu feiern und für den Konsulat des Folgejahres zu kandidieren. Der 100 v. Chr. Geborene war in der Nobilität der 60er Jahre ein Außenseiter: Seine Tante war mit Marius verheiratet gewesen, er selbst hatte in erster Ehe Cornelia geehelicht, eine Tochter Cinnas. Caesar gehörte also nicht zum Kreis der Sulla-Günstlinge, die in Rom zwei Jahrzehnte den Ton angaben. Seine Familie war aus uraltem patrizischem Adel, aber bettelarm, und hatte schon seit Generationen keine prominente Rolle mehr im Senat gespielt. Die Wahl zum Pontifex Maximus verdankte Caesar in erster Linie Pompeius, der so seinen Intimfeind Quintus Lutatius Catulus demütigen konnte.[48]

Caesar hatte nach seiner Prätur als Promagistrat in Nordwestspanien eine Koalition aus diversen Stämmen bezwungen. Mommsen spricht von »obskuren Heldentaten am Tejo«. Dieser Erfolg war nichts gegen Pompeius' Feldzüge im Osten, rechtfertigte aber nach Caesars Ansicht sehr wohl einen Triumph. Der Plan zerschlug sich, weil seit dem Debakel bei den Konsulwahlen 64 alle Kandidaten persönlich ihre Bewerbung anmelden mussten. Caesar hätte, um die sakralrechtliche Stadtgrenze, das Pomerium, überschreiten zu können, sein *imperium* ablegen und das Heer entlassen müssen. Eine Sonderregelung um des Triumphes willen verweigerte ihm die Senatsmehrheit. Den Ausschlag gab, dass Cato im Senat so lange redete, bis die Frist für eine Entscheidung verstrichen war. Heute noch gibt die Taktik des Filibuster den Ausschlag in so mancher Debatte des US-Senats. So blieb Caesar nichts anderes übrig, als sich zwischen Triumph und Kandidatur zu entscheiden. Er opferte den Triumph, überschritt das Pomerium und meldete seine Bewerbung an.[49]

Allen Grund, auf die Optimaten, wieder vor allem auf Cato, wütend zu sein, hatte auch Pompeius. Der Sieger über Mithradates stand bei den Soldaten seines Riesenheeres in der Pflicht, deren Versorgung mit Land er sicherzustellen hatte. So lautete seit den Heeresreformen des Marius rund 50 Jahre zuvor der Deal: Die Soldaten folgten ihrem Feldherrn durch dick und dünn. Dafür garantierte er ihnen nach Ableistung ihres Kriegsdienstes eine Abfindung in Form von Land. Der freiwillige Heeresdienst bahnte den Weg zum sozialen Aufstieg, so erwarteten es die Soldaten und entsprechend musste Pompeius liefern. Um die entsprechenden Gesetze durch Senat und Volksversammlung zu bringen, verließ sich Pompeius auf zwei politische Freunde: den Volkstribun

Lucius Flavius und den Konsul Lucius Afranius. Den Kollegen des Metellus Celer, dessen Wahl Pompeius mit großzügigen Zuwendungen an das Volk überhaupt erst möglich gemacht hatte, nannte Cicero eine »trübe Tasse«, *ignavus ac sine animo miles* – zurecht, wie sich herausstellen sollte.[50]

Flavius stellte, um die Veteranenversorgung zu bewerkstelligen, irgendwann in der ersten Hälfte des Jahres 60 im Senat ein umfassendes Ackergesetz zu Diskussion, das außer Pompeius' alten Mitkämpfern auch die stadtrömischen Armen begünstigen sollte. Aus diesem Grund stieß das Vorhaben auf den erbitterten Widerstand vieler Senatoren. Sie fürchteten, dass aus Pompeius ein neuer Marius werden könne: dann nämlich, wenn Pompeius selbst der einzusetzenden Kommission vorstehen und Regie über die Landvergabe führen würde. Wortführer der Opposition war auch diesmal Cato, der aus prinzipiellen Gründen gegen das Ackergesetz war. Nicht wenige schlossen sich ihm an, weil sie noch eine persönliche Rechnung mit dem großen Feldherrn offen hatten: Lucullus aus naheliegenden Gründen, weil er noch immer nicht verwunden hatte, dass Pompeius ihm das Kommando gegen Mithradates entwunden hatte; Metellus Celer, weil Pompeius sich gerade erst von seiner dritten Frau Mucia, Celers Halbschwester getrennt hatte; Crassus und Quintus Caecilius Metellus Creticus, weil sie dem Seeräuber- und Mithradates-Bezwinger seinen Kriegsruhm neideten. Cicero war der Einzige aus der ersten Reihe, der zu Pompeius hielt, und auch das nur, weil er sich selbst Vorteile davon versprach.[51]

Der Streit um das Gesetz eskalierte immer weiter. Metellus Celer zog alle Register, um es scheitern zu lassen. Die Antwort des Volkstribunen Flavius bestand darin, dass er den Konsul ins Gefängnis werfen ließ. Celer bestellte deshalb den Senat ins Gefängnis, und als Flavius, der kraft seines tribunizischen Amtes sakrosankt war, sich vor die Tür des Gemäuers setzte, ließ er an anderer Stelle einen zweiten Eingang durch die Wand brechen. Celers Kollege Afranius, in den Pompeius so große Hoffnungen gesetzt hatte, blieb während des gesamten Spektakels untätig. Der Sieger über Mithradates musste beim Tauziehen mit dem Senat als Verlierer vom Platz gehen und seine Pläne vorerst begraben. Pompeius' Forderungen waren alles andere als unbillig, desto größer geriet das Debakel für ihn, als der Senat sie mit seiner »schikanösen Opposition« brüsk zurückwies.[52]

Der Mann, der letzlich hinter dieser einzigartigen Demütigung für Pompeius steckte, war Marcus Porcius Cato. Geboren 95 v. Chr., war der Urenkel des gleichnamigen und nachgerade sprichwörtlichen Zensors der große Aufsteiger der späten 60er Jahre. Er hatte 64 die Quästur und schon zwei Jahre später den Volkstribunat bekleidet. Stoiker aus Überzeugung, behandelte Cato jedes politische Problem als Grundsatzfrage. Mit Catos Hang zum Grundsätzlichen konnte der *homo novus* nicht viel anfangen: »Er äußert sich, als ob er sich in Platons *Politeia* befindet und nicht im gärigen Haufen des Romulus.« Cato war ein lupenreiner Gesinnungsethiker – und ein brillanter Rhetoriker. Seinen Durchbruch in die erste Reihe des Senats verdankte er der fulminanten Rede, mit der er Ende 63 das Gremium dazu brachte, die Catilinarier zum Tode zu verurteilen. Mit ihr stahl er sogar dem Konsul Cicero die Schau. Zur Galionsfigur der Optimaten avancierte er, als vermutlich 61 Lutatius Catulus starb, der bis dahin unumstrittene Meinungsführer der Senatsmehrheit. Wie groß sein Einfluss war, zeigte Cato nicht nur in der Frage des Ackergesetzes für Pompeius. Er verhinderte 61 auch ein Gesetz, das den Steuerpächtern in der Provinz Asia zugutekommen sollte. Sie sollten dem Staat weniger Gelder vorstrecken müssen. Hinter dem Gesetz, das die Wogen zwischen Senat und Rittern glätten sollte, steckte niemand Geringerer als Crassus.[53]

Catos rasanter Aufstieg stieß deshalb noch einen weiteren deutlich älteren Politiker vor den Kopf: Marcus Licinius Crassus, der gemeinsam mit Pompeius 70 v. Chr. den Konsulat bekleidet und einst zur Riege der Sulla-Anhänger gehört hatte. Dem Diktator verdankte er auch den Grundstock zu seinem sagenhaften Reichtum. Crassus war um 115 geboren und somit der Älteste aus der Gruppe der Hauptakteure. Er hatte in den 60er Jahren sein Vermögen genutzt, um im Hintergrund des Senats erheblichen Einfluss zu üben, hatte Karrieren befördert und Kandidaturen mit reichlich Schmiergeld zum Erfolg verholfen. Er war aber auch ein guter Redner und hatte viele seiner Mitsenatoren vor Gericht verteidigt. Ohne dass sich Crassus eindeutig einem der vielen Klüngel zuordnen ließe, war er doch das Zentrum eines dichten Geflechtes aus politischen Loyalitäten. Die Gefälligkeiten, die Viele ihm schuldeten, machten ihn im Senat zu einem Faktor, mit dem zu rechnen war. Vor allem bei Männern aus weniger distinguierten Familien und bei politischen Aufsteigern genoss er erheblichen Rückhalt. Crassus wurmte es, dass plötzlich alle Fäden bei Cato zusammenliefen, dem charismatischen Senkrechtstarter, und dass der deutlich Jüngere in der Kurie so viel mehr Autorität besaß als er. Dass Cato völlig rücksichtslos sein Publikanen-Gesetz zu Fall brachte, war ein Affront.[54]

Die *dignitas* der drei Großen des hauptstädtischen Politikbetriebs war bis ins Mark getroffen, und alle drei sahen sich als Opfer Catos. Was also lag näher, als dass sie sich zusammentaten, um der von Cato geführten Senatsmehrheit zu zeigen, dass man so nicht mit einem Caesar, einem Pompeius und einem Crassus umgehen konnte? Jeder Einzelne von ihnen war den Launen der hohen Herren hilflos ausgeliefert, gemeinsam würden sie Cato und die Optimaten das Fürchten lehren. Dass sich hier enorme Möglichkeiten eröffneten, wurde Caesar im Moment seiner Rückkehr aus Spanien bewusst. Obwohl Plutarch die Initiative von Pompeius ausgehen und Clodius eine Schlüsselrolle beim Zustandekommen der Allianz spielen lässt – Pompeius habe sich mit Clodius »verbunden« und darüber die »Unterstützung Caesars gefunden« –, dürfte Caesar den ersten Schritt gewagt haben. Er strebte ein Amt an, und für ihn war unübersehbar, dass Pompeius sich in einer Notsituation befand, in der er Hilfe benötigte. Crassus' Finanzmacht war für Caesar die Voraussetzung, um sich in den Wahlen gegen den Kandidaten der Optimaten durchsetzen zu können. Catos Schwiegersohn Marcus Calpurnius Bibulus besaß zwar kein nennenswertes politisches Talent, aber die selbsternannten *boni* hatten finanziell zusammengelegt, um ihn sicher in den Hafen des Konsulats zu steuern. Und diesmal hatte auch Cato seine Bedenken hintangestellt. Die *distributores* ließen das Geld über die Zenturien nur so regnen. Außerdem hatten sich die Optimaten noch eine weitere Gemeinheit ausgedacht, um Caesar auszubremsen, sollte er doch gewählt werden. Seit geraumer Zeit mussten die Aufgabenbereiche für die Konsuln vor dem Wahlakt festgelegt werden. Normalerweise erhielten die Konsuln als Obermagistrate mit *imperium* Provinzen zugewiesen, in denen ein Krieg zu führen und die Möglichkeit zur Bewährung gegeben war. Nicht so 59 v. Chr., wie Sueton berichtet:

> Mit den gleichen Motiven sorgte die Aristokratie dafür, dass den neu gewählten Konsuln Provinzen von geringster Bedeutung zugeteilt wurden: die Wälder und Triftwege. Daraufhin warb Caesar, besonders erzürnt über diese Kränkung, mit allen Mitteln um das Wohl-

> wollen von Gnaeus Pompeius, der mit dem Senat im Streit lag, weil dieser nach seinem Sieg über König Mithradates seine Handlungen nur zögerlich ratifizierte. Er vermittelte auch einen Frieden zwischen Pompeius und Marcus Crassus, die seit ihrer Konsulatszeit, die von ständigen Streitereien geprägt war, verfeindet waren. Dann schloss er mit beiden einen Vertrag, wonach in öffentlichen Angelegenheiten nichts geschehen solle, was ihrem Willen zuwiderlief.[55]

Wälder und Triftwege! Der Konsul sollte also zum obersten Vollstrecker der Flurbereinigung werden. Caesar, dem seine *dignitas* über alles ging, empfand die Zuteilung solch eines lächerlichen Aufgabengebiets als bodenlose Frechheit. Tatsächlich wurde Caesar gewählt, gemeinsam mit Bibulus, dem Kandidaten der Gruppe um Cato. Folgt man Suetons Darstellung, dann einigten sich Pompeius, Crassus und Caesar nicht lange, sondern erst unmittelbar vor den Konsulwahlen, also zur Jahresmitte 60, auf ihr Kartell. Vermutlich dauerte es tatsächlich aber noch etliche Monate, bis sich Caesar und Pompeius auf ein regelrechtes Bündnis verständigt und auch Crassus ins Boot geholt hatten, denn Cicero schreibt noch im Dezember 60 an Atticus, Caesar habe ihn um Unterstützung für das Ackergesetz gebeten und bemühe sich, das Zerwürfnis zwischen Caesar und Crassus zu kitten. Cicero war wohl einen Moment lang versucht, sich Pompeius und Caesar anzuschließen und auf diese Weise »Aussöhnung mit meinen Feinden, Frieden mit der Volksmasse und Ruhe für das Greisenalter« zu erkaufen. Wen Cicero mit seinen Feinden, *inimici*, in erster Linie meinte, liegt auf der Hand: Clodius, der in der Hand hatte, wem die Herzen der einfachen Leute zuflogen.[56]

Cicero verwarf diese Idee aber im selben Atemzug und bekannte sich zur Gruppe um Cato: den *boni*, bei denen sich der Konsular allen punktuellen Differenzen zum Trotz noch immer am besten aufgehoben fühlte. Offenbar fühlte sich Cicero sicher genug, um die Entscheidung gegen Caesar und für Cato zu treffen. Es sollte die folgenreichste Fehlkalkulation seines politischen Lebens werden. Cato und die Optimaten, die Ende 60 noch wie die sicheren Sieger im Spiel um die Macht ausgesehen hatten, mussten im Frühjahr 59 erkennen, dass durch Caesars Amtsantritt als Konsul und das wenig später wirksam werdende Bündnis die Karten völlig neu gemischt worden waren. Der Gesinnungsethiker Cato hatte sein Blatt überreizt und so die drei großen Männer überhaupt erst zusammengebracht: Wohl Ende 60 oder Anfang 59 setzten die Koalitionäre sich an einen Tisch und kamen zu dem Entschluss, dass sie gemeinsam stärker waren als die Optimaten. Zusammen verfügten sie über Ressourcen, gegen die Catos Gruppe nicht ankam: Pompeius konnte sich blind auf seine Veteranen verlassen, die in der Volksversammlung erhebliches Gewicht besaßen und vor allem durch ein starkes Eigeninteresse angetrieben waren. Crassus verfügte unter den Hinterbänklern im Senat über enorme Autorität und konnte mit seinem Geld Wahlen beeinflussen, wie es ihm passte. Durch seine Kompromisslosigkeit gegen die in Asia aktiven Publikanen hatte Cato obendrein die Ritter verprellt, zu denen Crassus ebenfalls gute Kontakte unterhielt. Crassus war, wenn es um die Mobilisierung von Meinung im Senat und in der Volksversammlung ging, die Schlüsselfigur der Koalition, die jetzt die Republik aus den Angeln hob. Caesar war ein Außenseiter ohne nennenswerten Anhang, dafür aber mit enormer strategischer Begabung. Die zornigen Drei waren entschlossen, sich von Männern wie Cato und Cicero nicht länger in die Suppe spucken zu lassen. Die »rohe Macht der Condottieri« forderte den republikanischen Leviathan heraus.[57]

## BRECHENDE SCHUTZWÄLLE

Kaum war der neue Konsul im Amt, schlug die Stunde der Gefälligkeiten. Schon an einem der ersten Januartage stellte Caesar in der Kurie sein Ackergesetz, die *lex Iulia agraria*, zur Diskussion, deren Urheber im formalen Sinne der Volkstribun Publius Vatinius war, ein loyaler Gefolgsmann des Konsuls. Es sah vor, dass das restliche Staatsland in Italien verteilt und aus dem Erlös der kolossalen Beute, die Pompeius im Osten errungen hatte, neues Land angekauft wurde. Dieses Land sollte vorrangig an Pompeius' Veteranen und in zweiter Linie an landlose römische Bürger verteilt werden. Eine Verteilungskommission sollte eingerichtet werden, der Caesar selbst nicht angehören würde. Der Entwurf war maßvoll, und es gab viele Stimmen im Senat, die das Gesetz befürworteten. Dennoch endete die Sitzung im Eklat: Cato war nach wie vor leidenschaftlich gegen das Gesetz und setzte zu einem neuen Filibuster an, worauf Caesar den obstinaten Optimaten kurzerhand ins Gefängnis werfen ließ. Ohne überhaupt noch das Votum des Senats einzuholen, brachte Caesar im Februar das Gesetz vor das Volk. Die Volksversammlung war bestens präpariert worden. Man hatte allerorten Versammlungen abgehalten und Pompeius' Veteranen in großer Zahl nach Rom gebracht, wo sie vor Handgreiflichkeiten nicht zurückschreckten und Gegner des Gesetzes rustikal einschüchterten. Vatinius sorgte am Tag der Abstimmung dafür, dass sich der Konsul Bibulus mit seinen Liktoren nur unter größten Mühen seinen Weg auf das Forum bahnen konnte. Als er gegen die schon im Gang befindliche Abstimmung interzedieren wollte, hinderte man ihn mit körperlicher Gewalt daran, leerte einen Kübel Jauche über seinen Kopf und zerbrach die Rutenbündel der Liktoren. Der Konsul aus den Reihen der Optimaten war ab diesem Zeitpunkt vollständig neutralisiert: Er zog sich in sein Privathaus zurück und verkündete bei jeder neuen Volksversammlung, die Caesar einberief, er habe einen Blitz gesehen. Das die Abhaltung von Volksversammlungen eigentlich verbietende Omen wurde ebenso regelmäßig von Caesar ignoriert. Als Form des Protests gegen die Gewalt konnte der von Bibulus eingeschlagene Weg immerhin für sich in Anspruch nehmen, auf dem Boden des *mos maiorum* zu stehen. Politisch gegen Caesars Weg des Durchregierens zu opponieren, wagte im Senat niemand, auch Cato nicht.[58]

In einem wahren Marathon paukte Caesar bis zu den großen Festen für die Magna Mater und für Demeter Anfang April Gesetz um Gesetz durch die Volksversammlung. In Windeseile arbeitete er die Agenda der Triumvirn ab: Das Maßnahmenpaket, das Pompeius im Osten getroffen hatte, wurde ratifiziert, den Publikanen in Asien ein Rabatt von dreißig Prozent auf ihre Pacht gewährt, und Caesar erhielt durch die *lex Vatinia de imperio Caesaris* Ende März, Anfang April als Provinz für seine Promagistratur nach dem Konsulat statt der Wälder und Triftwege die Provinz Gallia cisalpina mit Illyricum, inklusive drei Legionen, und das gleich auf fünf Jahre. Das von Italien gesehen diesseitige Gallien war deshalb interessant, weil auf der anderen Seite der Alpen durch politische Verwicklungen im Gefüge der keltischen Stämme ein großer Krieg drohte. Wer immer das Kommando in der Gallia cisalpina führte, hatte beste Chancen, in diesen Konflikt hineingezogen zu werden. Genau das hatte Caesar vor.[59]

Davon, dass Clodius Caesar bei seinem legislativen Parforceritt sekundierte, hören wir nicht eine Silbe. Der erfahrene Wahlkampforganisator scheint in diesen Monaten zielstrebig seine *transitio ad plebem* verfolgt, sich aber aus den politischen Grabenkämpfen herausgehalten zu haben. Wäre er an der Stimmungsmache für Caesars Gesetze beteiligt gewesen, hätte Cicero seinen Briefpartnern gegenüber damit kaum hinterm Berg gehalten. Das *argumentum ex silentio* ist also in diesem Fall durchaus triftig. Dass Clodius bei Caesars popularen Projekten offensichtlich abseits stand, bedarf einer Erklärung. War Clodius zu unwichtig, als dass es sich für die Koalitionäre gelohnt hätte, ihn einzuspannen? Caesar, Pompeius und Crassus suchten in den führenden Rängen der Nobilität nach Unterstützern und sprachen Leute wie Cicero an. Hatte Clodius, der etliche Ebenen darunter rangierte, ihnen also nichts zu bieten? Ein mit allen Wassern gewaschener Agitator wie Clodius wäre doch eigentlich für Caesar in dieser Phase wie gerufen gekommen. Zwar brachte Publius Vatinius als Volkstribun die meisten Gesetze für den Konsul ein, doch brauchte es Mittler zwischen den Magistraten und dem wählenden Volk: die *divisores* und die Respektspersonen in den *vici* und *tribus*; auch die »Ehrenmänner« in den irregulären, zwar verbotenen, aber dennoch aktiven *collegia*, die Clodius später durch ein eigenes Gesetz legalisierte. Für solche Biotope bedurfte es einer intensiven Landschaftspflege und dafür wiederum waren Männer mit Street Credibility vonnöten, Leute wie Clodius. Undenkbar, dass Caesar ein Talent wie ihn brachliegen lassen würde. Wenn es also nicht die großen Drei waren, die auf Clodius verzichten wollten, war es womöglich Clodius, der mit Caesar nichts zu tun haben wollte? Verhielt er sich abwartend, um sich am Ende der Partei anzuschließen, die siegreich aus dem Machtkampf hervorgehen würde? Oder wollte er nur den Preis für seine tätige Mithilfe in die Höhe treiben?[60]

Kritik an der Machtdemonstration der Koalition wurde, wenn überhaupt, meist nur hinter vorgehaltener Hand geäußert. Einer, der kein Blatt vor den Mund nahm, war Cicero.

Er fügte sich zwar im Senat und schrieb an Atticus, man habe »ihm das Steuer aus der Hand gerissen, denn freiwillig habe er es nicht losgelassen«, zugleich kommentierte er das Tagesgeschehen aber freimütig und bissig mit Wandzeitungen, die er in den Straßen Roms aushängen ließ. Der Konsular traf damit durchaus einen Nerv. Nach den ersten drei Monaten energischer Gesetzgebung verlor die »Koalition der Prätendenten«, wie Mommsen das Dreierbündnis nannte, im April dramatisch an Popularität. Der passive Widerstand der Optimaten zeigte Wirkung. Er machte noch dem einfachsten Bürger begreiflich, dass die Drei außerhalb des Legalitätsrahmens, auf jeden Fall aber jenseits der Grenzen des *mos maiorum* operierten. Bibulus und Cato inszenierten sich als Märtyrer und stießen bei vielen auf offene Ohren, die mit den Maßnahmen der Koalition unzufrieden waren. Vor allem Pompeius' Ansehen nahm großen Schaden. Kaum einer seiner alten Freunde im Senat verstand, wie man sich mit einem popularen Abenteurer wie Caesar einlassen konnte. Auch wenn offener Widerstand ausblieb, schweißte die Koalition den Senat in wachsender Erbitterung zusammen: Alte politische Weggefährten wie der ältere Curio, Publius und Faustus Cornelius Sulla sowie Gaius Memmius wandten sich von Pompeius ab, oft über Generationen gepflegte Feindschaften waren auf einmal gegenstandslos.

Über den Dreien schwebte ein doppeltes Verhängnis. Es war abzusehen, dass die Senatsmehrheit ihre Gesetze nach Ablauf von Caesars Konsulat annullieren und sie selbst, vor allem Caesar, vor Gericht zur Verantwortung ziehen würde. Es gab lediglich einen Weg, diese Gefahr abzuwenden: Die Gegenseite musste dazu gebracht werden, dass sie stillhielt. Möglich war das nur, wenn die Koalition weiter zusammenblieb. Das improvisierte Bündnis für den Augenblick war zum Weitermachen regelrecht verdammt. Und es musste dauerhaft Druck auf die Gegenseite ausüben, denn einen Kompromiss konnte es nicht geben. Das Mittel der Wahl war: Terror. Terror ist nichts anderes als die planmäßige Anwendung von Gewalt. Und von wenig anderem als Gewalt handeln die folgenden Kapitel. Deshalb lohnt es sich, bei ihr ein wenig zu verweilen.

»Gewalt«, hat der Soziologe Heinrich Popitz formuliert, »meint eine Machtaktion, die zur absichtlichen körperlichen Verletzung anderer führt«. Ergänzen ließe sich, dass auch die menschliche Psyche verwundbar ist. Popitz nennt die Macht, die auf Gewalt fußt und die Verletzlichkeit des Menschen ausnutzt, Aktionsmacht. Er zitiert Alexander Solschenizyn, der Aktionsmacht im System der sowjetischen Gulags hautnah zu spüren bekam: »Zum Nachteil der Beherrschten und zum Vorteil der Herrschenden ist der Mensch aber so beschaffen, daß man ihm, solange er lebt, immer noch etwas antun kann.« Gewalt wird oft von Mächtigen gegen Ohnmächtige verübt. Gewaltakte können dauerhafte Machtasymmetrien begründen, wenn »der Vollzug oder die glaubhafte Fähigkeit zum Vollzug von Aktionsmacht umgesetzt werden kann in Drohungen«. Dann verfestigt sich Aktionsmacht zu »instrumenteller Macht«: der Macht des Drohens und Belohnens. Macht kann einen noch festeren Aggregatszustand erreichen, wenn sie »autoritativ« wird, also »die Anerkennungsfixiertheit anderer bewußt zur Steuerung ihrer Einstellung und ihres Verhaltens ausnutzt«.[61]

Die höchste Steigerungsform der Gewalt ist die Tötung eines Menschen. Dass wir alle verletzlich sind, führt die Mächtigen in ein Dilemma und uns als Beobachter in ein Paradox, das Popitz als »Antinomie der Machtvollkommenheit« bezeichnet: So wie der Mächtige den Ohnmächtigen töten und also vollkommene Macht ausüben kann, so kann er auch den Tod durch einen Ohnmächtigen erleiden, einen

Attentäter etwa. Selbst der Schwächste kann den Stärksten töten: »Der Schutz des Machthabers bleibt immer unsicher«. Jede soziale Ordnung, jeder »Staat«, ist der Versuch, der Logik der Gewalt eine Logik der Eingrenzung von Gewalt entgegenzusetzen. Paradoxerweise ist die Fähigkeit zur Gewaltausübung aber wieder eine Grundbedingung für die Aufrechterhaltung sozialer Ordnung: »Soziale Ordnungen, die sich nicht von vornherein selbst aufgeben, müssen sich, wenn Gewalt droht, mit Gewalt schützen können.« Am effektivsten gelingt die Sicherung der Ordnung, wenn alle Individuen die Normen, auf denen sie fußt, akzeptieren. Sie hat eigentlich nur dann Aussicht auf Erfolg. Die Macht des Staates beruht auf der Möglichkeit, Gewalt einsetzen zu können, nicht auf der Gewalt selbst. Hannah Arendt hat eine Grenze gezogen zwischen der Gewalt, die nie, und der Macht des Staates, die sehr wohl legitim sein könne. Macht und Gewalt seien bei Licht besehen Gegensätze, denn Gewalt könne Macht zerstören, aber niemals begründen: »Gewalt tritt auf den Plan, wo Macht in Gefahr ist; überläßt man sie den ihr selbst innewohnenden Gesetzen, so ist das Endziel, ihr Ziel und Ende, das Verschwinden von Macht.«[62]

Menschen akzeptieren Ordnungen aus den unterschiedlichsten Gründen. Sie können die Ordnung dem Chaos vorziehen oder sie für ethisch begründet halten. Sie können Drohungen weichen oder Versprechungen erliegen. Vor allem sind sie bereit, sich unterzuordnen und Befehlen zu gehorchen, weil es bequem ist. Macht entlastet von Entscheidungszwängen. Die wichtigste Ressource von Machthabern ist nicht die aktive Unterstützung durch die Beherrschten, sondern deren Indolenz und Indifferenz. »Gegen Gewohnheiten kann die Vernunft nicht Recht behalten«, sagt der Gewaltforscher Jörg Baberowski. Allerdings ist Autorität ein flüchtiges Gut. Sie muss immer wieder durch Erzählungen beglaubigt werden, die einigermaßen mit dem harmonieren, was die Beherrschten in ihrem Alltag erleben. Gelingt das nicht, so wird sie brüchig. Irgendwann ist ein Kipppunkt erreicht, an dem der Glaube an die Autorität zerfällt, Drohungen leer und Machtgesten wirkungslos werden. »Nun erst kommt den Menschen zu Bewusstsein«, folgert Baberowski, »daß Machtverhältnisse fragil sind«.[63]

Es sind solche Kipppunkte, an denen das Bedrohtsein des Leviathan offenbar wird. Wenn die Ordnung fragil wird, schlägt die Stunde der Charismatiker: institutionelle Autorität zerfällt, persönliche Autorität wird zur alles stechenden Trumpfkarte. Baberowski nennt das die »Paradoxie der Macht«:

> Wenn die Gewalt spricht, wenn die Schutzwälle brechen, die den Einzelnen vor Willkür und Verfolgung schützen, scharen sich die Menschen um Verkünder, Missionare und Krieger, die versprechen, was die Institutionen nicht mehr leisten. Was Tradition, Gesetz und Ritual nicht mehr vermögen, wird durch die Autorität dessen kompensiert, der im Angesicht des Chaos Zwecke setzt.[64]

In der römischen Gesellschaft des ersten Jahrhunderts war Gewalt allgegenwärtig. Im Unterschied zur Moderne besaß der römische Staat, wenn man denn das Ensemble von Institutionen und Prozeduren der Republik so nennen will, kein Gewaltmonopol, keine Polizei, keine Strafverfolungs- und Vollstreckungsbehörden. Gewalt projizierte er vornehmlich nach außen, in Form von Krieg. Nur wenn per *senatus consultum ultimum* der Staatsnotstand erklärt wurde, wie während Ciceros Konsulat gegen Catilina, konnte der Staat unter Anwendung von Gewalt handeln. Gewalt ging aber in starkem Maß von nichtstaatlichen Akteuren aus: vom *pater fami-*

*lias* gegen den Sohn, vom Herrn gegen den Sklaven, von den Sklaven gegen ihre Herren bei den großen Sklavenaufständen der ersten Jahrhunderthälfte, von den Urhebern der Proskriptionen gegen die, die das Pech hatten, im Fadenkreuz zu landen, von Kriminellen gegen ihre wehrlosen Opfer und ganz allgemein bei Tumulten auf der Straße und auf dem Forum, immer wieder auch aus Anlass von Volksversammlungen und politischen Veranstaltungen. Gewaltfrequenz und -intensität waren im republikanischen Rom höher als in den modernen Gesellschaften des Westens, und höher war auch die Gewalttoleranz. Dennoch verfügte die römische Gesellschaft über effiziente Mechanismen der Gewalteinhegung: das soziale Bindungswesen, vor allem die Klientel, die Tradition des *mos maiorum*, die Autorität, die Männer von Rang und Ehre genossen, schließlich auch sakralrechtliche Schranken wie die Unverletzlichkeit des Volkstribunen – all das waren Instrumente, die soziale Kontrolle erleichterten und Gewalteruptionen im Alltag hemmten. Gewalt kam in der Politik immer wieder vor: in der Zeit der Gracchen, während der Auseinandersetzungen zwischen Marius und Sulla, im Zusammenhang mit der Catilinarischen Verschwörung, aber auch dann, wenn die Getreidepreise stiegen oder politische Prozesse die Gesellschaft spalteten. Sie war dennoch die Ausnahme, nicht die Regel, und war bis in die Zeit um 60 v. Chr. herum stets ein spontanes Ereignis, kein von langer Hand gesteuertes politisches Werkzeug.[65]

Über enormes Gewaltpotential verfügte die zu den Volksversammlungen zusammenströmende Menge des einfachen Volkes, die stadtrömische Plebs. Sie war sozial alles andere als homogen: Zu ihr zählten Proletarier, die vielleicht einmal Land irgendwo in Italien ihr Eigen genannt, es aber verloren und dann ihr Glück in der Hauptstadt gesucht hatten. Wenn sie Glück hatten, verdingten sie sich als Tagelöhner und konnten so eine kümmerliche Existenz in einem der zahlreichen Slums der wuchernden Metropole fristen. Dazu gehörte auch eine hohe Zahl an Freigelassenen, die nach wie vor enge Bindungen zu ihren ehemaligen Herren unterhielten und sich ökonomisch meist besser standen als die Proletarier. Verstärkt wurde diese Volksmasse durch in oder um Rom sich aufhaltende Veteranen soeben demobilisierter Heeresverbände.[66]

Die Forschung hat das römische Volk lange als Quantité négligeable erachtet, wenn es um politische Entscheidungsprozesse ging. Die Kontrolle habe allein in den Händen der Nobilität gelegen, die über die horizontalen und vertikalen Nahverhältnisse von Freundschaft und Klientel das Volk als reines Stimmvieh sozusagen ferngesteuert hätten. Doch so einfach war es nicht. Im permanenten Konkurrenzkampf zwischen den Exponenten der Nobilität kam dem Volk die Rolle des Schiedsrichters zu. Es hatte die Wahl zwischen vorformulierten personellen und inhaltlichen Angeboten, die ihm von der im Senat versammelten Nobilität unterbreitet wurden. Insofern und nur insofern war das Volk der Souverän der römischen Republik.[67]

Es war souverän, aber es hatte nicht die Macht. Das lag daran, dass das Volk zu koordiniertem politischem Handeln nicht in der Lage war. Es verfügte, ähnlich wie in den meisten modernen Gesellschaften, aber anders als zum Beispiel der Demos im demokratischen Athen, nicht über Organe und Prozeduren der Meinungsbildung, es war nicht im Stande, Ziele zu formulieren, Prioritäten zu setzen und Strategien auszuarbeiten. Diese Macht lag einzig und allein in den Händen der Nobilität. Sie mochte in sich zerstritten sein, in Fraktionen zersplittert und in einem ruinösen Wettstreit um Rang und Ehre eingegraben, ihre kollektive Macht war unerschütterlich. Während der gesamten Republik hat es keine einzige Revolution der stadtrömischen Plebs gegen die Nobilität gegeben.

Aktiviert werden konnte das Gewaltpotential der stadtrömischen Plebs nur durch einzelne Nobiles, wenn sie persönliche Interessen gegen das Kollektiv der Führungsschicht durchsetzen wollten. Als Erster war diesen Weg Tiberius Gracchus gegangen, und gefolgt waren ihm viele andere: sein Bruder Gaius, Marius, Glaucia und Cinna. Immer wenn das geschah, kam die Republik dem Kipppunkt bedenklich nahe, an dem die Geschlossenheit und damit die Autorität der Nobilität zu zerbrechen drohte. Stets war dann die Fragilität der Ordnung zu ahnen, und wache Beobachter wie Cicero fürchteten ihren Kollaps als reale Möglichkeit. Ausgerechnet die Vertreter der Senatsmehrheit hatten 133 v. Chr. Gewalt zuerst zu einem Mittel der Politik gemacht, als sie Tiberius Gracchus erschlugen. Unter Sulla war das Militär zu einem Faktor der Innenpolitik geworden, als der Konsul 88 v. Chr. mit seinem ersten Marsch auf Rom gewaltsam die Rückübertragung des Kommandos gegen Mithradates erzwang. Cinna war diesem Beispiel ein Jahr später gefolgt. Später waren den Weg der Gewalt die Catilinarier gegangen. Das Motiv war immer dasselbe: Der Gegner war verletzlich. Man konnte ihn töten, man konnte ihn bedrohen, man konnte ihn dem eigenen Willen gefügig machen. Die Macht der Nobilität war in Gefahr. Deshalb trat die Gewalt auf den Plan.

Damit das Gewaltpotential der stadtrömischen Plebs zur Entfaltung kommen konnte, musste eine Reihe von Bedingungen erfüllt sein. Erstens mussten Risse im Machtgefüge der Nobilität erkennbar geworden sein. Einzelne Nobiles zu bedrohen oder im äußersten Fall zu töten, lohnte nur dann, wenn damit Wirkung erzielt, wenn politische Entscheidungen erzwungen oder Akteure an entscheidenden Stellen im System platziert werden konnten. Das war nur möglich, wenn die Fragilität der Nobilität und ihrer Macht allen Seiten auch bewusst war. Zweitens brauchte es Anführer, die sich an die Spitze der Bewegung stellen und eine Agenda vorgeben konnten. Sie mussten ein Ziel haben und es mit allen Mitteln, auch gegen Widerstand, erreichen wollen. In der Regel kamen für diese Rolle Männer in Frage, die frustriert und ehrgeizig waren: Außenseiter, Pechvögel oder Nobiles, deren Karriere aus irgendeinem anderen Grund zu entgleisen drohte. Männer wie Caesar. Und drittens waren Aufwiegler erforderlich, die gewissermaßen als Transmissionsriemen zwischen den Anführern und der, wie Cicero sich ausdrückte, »Hefe«, *faex*, des Volkes dienten. Experten, die sich mit dem Schüren von Unruhe, Gewalt und Terror auskannten. Leute wie Clodius.

## INIMICISSIMUS CAESARIS

Aufwiegler wurden dringend gebraucht. Als der April 59 auf seine Mitte zuging, war wieder völlig offen, wer den römischen Leviathan reiten konnte. Der Schwung von Caesars Gesetzgebungsoffensive vom Frühjahr war verpufft. Nutznießer waren Pompeius' Veteranen gewesen, denen die Kommission Äcker zugewiesen hatte. Die vielen anderen, die auch auf Land warteten, fragten sich, was mit ihnen werden würde. Die Stimmung unter den Anhängern der drei starken Männer war denkbar schlecht. Cato, Bibulus und die Optimaten ließen unterdessen in ihrer Agitation gegen das Bündnis nicht nach.

Für Clodius waren all das gute Nachrichten. Je prekärer die Lage für Crassus, Pompeius und vor allem Caesar wurde, desto mehr waren sie auf ihn angewiesen. Clodius rechnete sich schon aus, was ihm die Drei als Gegenleistung für seine tätige Mithilfe anbieten würden: Einen Posten in der Zwanzigmännerkommission, die über die in der *lex Iulia* vorgesehene Ackerverteilung zu wachen hatte? Oder eine Gesandtschaft nach Alexandreia, wo die Koalitionäre – selbstverständlich gegen Zahlung eines exorbitanten Entgelts – soeben den so exzentrischen wie korrupten Ptolemaios XII., genannt Auletes, »der Flötenspieler«, als Herrscher installiert hatten? In der Kommission winkte Macht, in der Gesandtschaft viel Geld, denn damit, dass Ptolemaios seinen römischen Gönnern gegenüber weiter großzügig sein würde, war fest zu rechnen. Doch ging Clodius in beiden Fällen leer aus, wie Cicero Atticus gegenüber frohlockt: Nachdem er vor kurzem noch der einzige Mann in Caesars Haus gewesen sei, habe er nun nicht einmal »unter den Zwanzig« einen Platz bekommen. Und während Caesar-Gefolgsleuten wie Vatinius die lukrative Gesandtschaft zu dem Flötenspieler anvertraut worden sei, habe man Clodius zu Tigranes nach Armenien schicken wollen.[68]

Die Armenienmission lehnte Clodius rundheraus ab. Noch im April fasste er seinen Entschluss, sich im Sommer um den Volkstribunat zu bewerben. Am 19. April schreibt Cicero an Atticus, er habe auf der Via Appia den jüngeren Curio getroffen, der ihm berichtet habe, Clodius wolle kandidieren und zwar als »Erzfeind Caesars«, *inimicissimus Caesaris*. Sämtliche Gesetze des Konsuls wolle er, kaum im Amt, annullieren lassen. Caesar habe daraufhin behauptet, nichts mit der Adoptionsfarce zu tun zu haben. An der Authentizität des hier Mitgeteilten kann kein Zweifel bestehen. Clodius setzte sich Mitte April schon von Caesar ab. Ein Grund mag gewesen sein, dass er sich brüskiert fühlte durch das wenig schmeichelhafte Angebot, als Gesandter zu Tigranes zu gehen. Wichtiger noch dürfte gewesen sein, dass alle in Rom glaubten, Caesar habe seinen Zenit überschritten. Selbst Cicero sah Clodius ins Lager der Optimaten driften. Er schreibt Ende April an Atticus, man möge ihn doch ruhig Volkstribun werden lassen. Clodius blieb auf seine politische Unabhängigkeit bedacht.[69]

Auch Pompeius ging Ende April auf Distanz zu seinem Zweckbündnispartner. Ihm war nicht verborgen geblieben, dass sich ein alter Bundesgenosse nach dem anderen von ihm abwandte: Publius Servilius Vatia Isauricus und der ältere Curio hatten sein Kommando gegen Mithradates unterstützt, den Cornelii Sullae war er seit Jahrzehnten eng verbunden. Alle diese Männer suchten jetzt Anschluss an die Senatsmehrheit um Cato. Schon schien das Bündnis der Drei auseinanderzubrechen, als zwei Ereignisse Pompeius dazu brachten, sich abermals mit Caesar zusammenzuraufen. Zuerst gab Caesar im Mai Pompeius seine Tochter Iulia zur Frau und untermauerte die politische Allianz mit dem Kriegshelden auch dynastisch. Dann machte in Rom ein seltsamer Skandal von sich reden, der Pompeius endgültig den Optimaten entfremdete. Lucius Vettius, ein römischer Ritter und stadtbekannter Denunziant, trat im August 59 an den jüngeren Curio heran. Der Mann, einst einer der Anhänger gegen Catilina und dann Informant Ciceros in der Catilinarischen Verschwörung, erklärte, er plane einen Mordanschlag gegen Pompeius und suche dafür seine, Curios, Unterstützung. Curios Vater, den der junge Mann sofort ins Bild setzte, informierte Pompeius, und Vettius wurde dem Senat vorgeführt. Dort berichtete der Mann nun von einem großen Mordkomplott gegen Pompeius, in dessen Mittelpunkt angeblich der jüngere Curio stehe und in das etliche Senatoren verstrickt seien, unter anderem Marcus Iunius Brutus, der spätere Caesarmörder, der amtierende Konsul Bibulus und Lucius Cornelius Lentulus, ein Kandidat für den Konsulat des Folgejahres. Eigentlich war klar, dass Vettius' Vorwürfe haltlos waren:

Bibulus hatte erst vor kurzem selbst eine Verschwörung gegen Pompeius aufgedeckt, ein anderer aus der Riege der Inkriminierten verfügte über ein wasserdichtes Alibi. Doch Caesar witterte in dem missglückten Auftritt des Ritters seine Chance. Er ließ Vettius am Tag danach vor der Volksversammlung abermals aussagen. Diesmal beschuldigte der vermeintliche Kronzeuge noch weitere Senatoren: den älteren Curio, Lucullus und Gaius Calpurnius Piso Frugi, Ciceros Schwiegersohn – dafür aber nicht Marcus Iunius Brutus, den Sohn von Caesars Geliebter Servilia. Wenige Tage später fand man im Gefängnis die Leiche des Vettius s: Wer hinter dem Mord und den Denunziationen steckte, konnte nie geklärt werden.[70]

Dennoch schossen selbstverständlich Spekulationen ins Kraut. Etliche der Beschuldigten wurden durch die von Vettius ins Rollen gebrachte Denunziationslawine so eingeschüchtert, dass sie sofort aufhörten, Opposition gegen die Drei zu leisten. Lentulus' Hoffnungen auf den Konsulat hatten sich in Luft aufgelöst. Pompeius, das angebliche Opfer eines frei erfundenen Mordkomplotts, wurde in der Öffentlichkeit im Handumdrehen vom Buhmann zum Sympathieträger. Wichtiger noch: Der Vorfall machte den alten Haudegen argwöhnisch, Senatskollegen könnten ihm nach dem Leben trachten. Pompeius kehrte in die vermeintliche Sicherheit der Koalition mit Crassus und Caesar zurück, das Zerwürfnis war erst einmal beigelegt. Caesar war fraglos der Hauptnutznießer der seltsamen Scharade, war er auch ihr Urheber? Hatte er Vettius zu den Denunziationen angestiftet? Möglich ist das, wenngleich wenig wahrscheinlich, denn Vettius hatte während der Catilinarischen Verschwörung auch Caesar belastet, und die Männer waren sicher keine Freunde. Zu vermuten ist aber, dass Caesar die Gelegenheit beim Schopf ergriff, nachdem Vettius im Senat seine Aussage gemacht hatte. Deshalb zwang er Vettius, unter Weglassung von Brutus' Namen, vor der Volksversammlung noch einmal nachzulegen.[71]

Damit hatten sich vor den Wahlen des Sommers die Fronten in Caesars Sinn geklärt. Er hatte die schwerste Krise seines Konsulats überstanden, Pompeius wieder auf seine Seite manövriert und die Siegeszuversicht seiner Gegner erschüttert. Auch für Clodius war nunmehr die Zeit des Schwankens vorbei. Caesar war kein sinkendes Schiff mehr, sondern wieder der aufstrebende Politiker, als der er seinen Konsulat angetreten hatte. Ihm war zuzutrauen, auch mit unbequemen Gegnern fertigzuwerden. Clodius traf die Entscheidung, sein beträchtliches demagogisches Talent bis auf Weiteres in den Dienst Caesars und nicht der Optimaten zu stellen, noch bevor er sein Amt als Volkstribun antrat. Das war wohl bald nach der Affäre um Vettius, denn im Herbst 59 schreibt Cicero an seinen als Prokonsul in Asia amtierenden Bruder Quintus, es bestehe sehr wohl die Möglichkeit, Clodius könne ihn vor Gericht zerren oder gar Gewalt anwenden. Aber der Bruder solle sich nur keine Sorgen machen, denn »unsere alte Optimatenclique«, *nostra antiqua manus bonorum*, brenne förmlich darauf, sich schützend vor ihn, Cicero, zu stellen, ja ganz Italien würde zu diesem Zweck zusammenströmen, *tota Italia concurret*. Die Zeichen standen also auf Konflikt. Keine Spur mehr von dem Gedanken, Clodius könne zum Optimaten mutieren. Wie sorglos hatten dagegen doch die Zeilen geklungen, die Cicero im April an Atticus geschrieben hatte![72]

Als dem großen Redner diese Dinge durch den Kopf gingen, stand längst fest, dass Clodius einer der Volkstribunen des Jahres 58 sein würde. Die Wahlen hätten normalerweise im Juli stattfinden sollen, waren aber durch Bibulus wegen der angespannten politischen Lage auf August verschoben worden. Cicero und seine optimatischen Freunde konnten trotz der Vettius-Affäre mit ihrem Ausgang recht zufrieden sein. Der designierte Konsul Lucius Calpurnius Piso Caesoninus war Caesars Schwiegervater in spe. Caesar heiratete Calpurnia noch im Herbst 59, kurz nach den Wahlen. Pisos Kollege war Aulus Gabinius, der Initiator der *lex Gabinia*, der Pompeius 67 sein Kommando gegen die Piraten verdankt hatte. Bei ihm bestand kein Zweifel, wem seine Loyalität gehörte. Dennoch äußerten sich beide designierten Konsuln zumindest in Ciceros Wahrnehmung so, dass die Optimaten mit ihnen leben konnten: *consules se optime ostendunt*, »die Konsuln zeigen sich von ihrer besten Seite«, schreibt er angesichts der sich stauenden Spannungen mit Clodius an Quintus.[73]

Konnte man bei Piso und Gabinius damit rechnen, dass sie im Zweifel Partei für Pompeius und Caesar ergreifen würden, so war das von anderen designierten Magistraten nicht zu erwarten: Lucius Cornelius Lentulus Crus, in die Prätur gewählt, war Ankläger gegen Clodius im Bona-Dea-Prozess gewesen; Lucius Domitius Ahenobarbus und Gaius Memmius, auch sie Prätoren, waren ausdrücklich mit dem Vorhaben angetreten, Caesars Gesetze zu annullieren; von den Volkstribunen waren Lucius Antistius, Lucius Ninnius Quadratus und Quintus Terentius Culleo dem Lager der Optimaten zuzurechnen. Nur eine Minderheit der Gewählten befand sich im Dunstkreis von Caesar und Pompeius: außer Clodius selbst und den Konsuln lediglich die beiden sonst völlig obskuren Volkstribunen Aelius Ligus und Lucius Novius.[74]

So konnten Cicero und seine optimatischen Freunde sich den Rest des Jahres 59 über in der Illusion wiegen, dass noch nicht alles verloren war. »Den Staat haben wir komplett aufgegeben«, *rem publicam funditus amisimus*, schrieb er zwar im November an Quintus. Doch für die eigene Sache mangele es keineswegs an Unterstützern. Ganz ähnlich hatte er sich schon im September Atticus gegenüber geäußert: Um die *res publica* stehe es denkbar schlecht, aber er selbst fühle sich dank des »energischen Wohlwollens«, *firmissima benevolentia,* der Menschen einigermaßen sicher. Cicero sollte sich täuschen.[75]

# VIERTER AKT: DER DOMPTEUR

Clodius wurde, wie die übrigen Volkstribunen, am 10. Dezember 59 v. Chr. in seine Magistratur eingeführt. Die plebejischen Beamten waren also – wie jedes Jahr – schon drei Wochen im Amt, als am 1. Januar 58 Caesar und Bibulus ihre Stühle für die neuen Konsuln Piso und Gabinius räumten. Clodius nutzte die Zeit, um eine gesetzgeberische Aktivität vorzubereiten, die selbst Caesars legislative Lawine des Frühjahrs in den Schatten stellte. Vier Gesetze stellte er der Plebejerversammlung schon unmittelbar nach seiner Wahl vor. Sie schärften das populare Profil des neuen Tribunen und legten damit den Grundstein für seinen Rückhalt im *concilium plebis* weit über die eigene Amtszeit hinaus. Sie leisteten aber noch mehr. Denn die Plebiszite erweiterten zugleich den Spielraum für den Einsatz von Gewalt im politischen Feld der Republik. Hier war Clodius zu Hause, und diesen Raum richtete er sich mit seinem Gesetzeswerk so ein, wie es seinen Interessen dienlich war.

## VIER GESETZE

Die vier Gesetze bezogen sich auf Gegenstände, zwischen denen scheinbar kein Zusammenhang bestand:

1. genossenschaftliche Vereinigungen, sogenannte *collegia* (*lex Clodia de collegiis*),
2. die Getreideversorgung für die stets hungerleidenden Armen der stadtrömischen Plebs (*lex Clodia frumentaria*),
3. die Befugnisse der Zensoren (*lex Clodia de censoria notione*) und schließlich
4. die Auspizien, die immer wieder als – durchschaubar vorgeschobene – Gründe für den Abbruch von Volksversammlungen herhalten mussten (*lex Clodia de auspiciis* oder *de agendo cum populo*).

Die *Collegia* waren private Vereine mit unterschiedlichen Zielsetzungen, meist von Leuten niederen Standes und daher *tenuiorum* genannt. Viele fungierten als Berufsgenossenschaften, etwa der Schmiede oder Gerber, und waren oft zugleich auch Kultvereine. Eine Sonderform, *collegia funeraticia*, waren die Begräbnisvereine, die durch Beiträge die Bestattung und den Totenkult für ihre Mitglieder finanzierten. In *collegia* konnten sich auch Personengruppen zusammenschließen, um ihre Interessen nach außen koordiniert zu vertreten. Ein Beispiel ist das *collegium Corneliorum*, in dem in den 70er und 60er Jahren die Freigelassenen Sullas organisiert waren. Die *collegia* waren ein wichtiges Instrument der sozialen Integration in einer Gesellschaft, in der der Staat sozusagen auf Lücke gebaut und für Daseinsfürsorge lange Zeit überhaupt nicht zuständig war. Doch waren sie immer wieder auch Herde von Unruhe und Gewalt. Sie mischten munter mit, wenn es auf Roms Straßen wieder einmal handfest zur Sache ging. Cicero nennt die Vereine »Zusammenschlüsse von Unruhestiftern«. 64 v. Chr. beschloss der Senat das Verbot von *collegia*, die mit Gewaltexzessen Aufsehen erregt hatten. Es handelte sich nicht um Begräbnisvereine oder Berufsgenossenschaften, sondern um »Nachbarschaftsvereine für alle«, wie Quintus Cicero sie nennt, *conlegia omnium, pagorum, vicinitatum*. Im Prinzip waren das Straßengangs, die ihre Mitglieder nicht aus der Schicht von Handwerkern und Gewerbetreibenden rekrutierten, sondern aus der Masse der Habenichtse. Bei Wahlen waren sie nützliche Instrumente, um viele Leute an die Urnen zu bringen, wie wiederum Quintus Cicero bestätigt. Die *lex Clodia de collegiis* verfügte nicht nur die Wiederzulassung der verbotenen, sondern erlaubte auch die Gründung von *collegia nova*, neuen Vereinigungen, in denen sich die »gesamte Hefe der Stadt« versammelte. Popularen Politikern standen so ganz neue Möglichkeiten offen, die städtischen Unterschicht zu politisieren. Kamen sie vorher nur punktuell und mehr oder weniger nach dem Zufallsprinzip mit ihr in Kontakt, gab es jetzt Räume für Agitation, in denen immer wieder dieselben Menschen zusammenkamen und planmäßig mit politischen Parolen traktiert werden konnten. So schuf die *lex* für Politiker wie Clodius, die in den Strukturen der *vici* und *collegia* bestens vernetzt waren, einen über den Tag hinaus wirksamen Resonanzboden bei den einfachen Leuten.[1]

Die Getreideversorgung der Hauptstadt Rom wurde desto mehr zum Problem, je stärker die Bevölkerung zwischen den sieben Hügeln zunahm. In der späten Republik zählte die Metropole am Tiber eine Einwohnerschaft von mehreren Hunderttausend. Sie zu sättigen, ohne dass der Staat eine aktive Rolle spielte, war unmöglich. Als Erster hatte Gaius Gracchus 123 v. Chr. eine *lex Sempronia frumentaria* beschließen lassen, die jedem römischen Bürger monatliche Getreiderationen gegen eine auf den halben Marktpreis herabsubventionierte Schutzgebühr zugestand. Fortan waren Getreidegesetze der sicherste Weg für Politiker, bei den Massen Punkte zu sammeln: Saturninus brachte 100 v. Chr. ein Gesetz vor die Volksversammlung, das den Verkauf von Getreide zu für die Staatskasse ruinösen Preisen vorsah; dasselbe tat 91 v. Chr. der Volkstribun Marcus Livius Drusu. Diese Gesetze gelangten nie zur Anwendung, aber die *lex Sempronia* blieb über die Jahrzehnte mehr oder weniger unverändert in Kraft. Cato erhöhte die Zuschüsse als Volkstribun in den Nachwehen der Catilina-Krise. Doch Clodius ging in seinem Gesetz noch einen entscheidenden Schritt weiter. Die *lex Clodia frumentaria* legte einen Berechtigtenkreis von rund 300 000 Personen fest, die sich jeden Monat eine Gratisration von fünf *modii* pro Kopf abholen konnten: gut 40 Liter. Das Gesetz verursachte für den Staat erheblichen bürokratischen Aufwand und immense Kosten: Das Getreide musste auf dem Markt beschafft, es musste nach Rom transportiert und gelagert, schließlich verteilt werden; die hoffnungslos überholten Zensuslisten mussten aktualisiert werden, damit die Verwaltung einen Überblick erhielt, wer zu den Berechtigten gehörte. Um die Verteilung organisatorisch zu bewältigen, griff Clodius teilweise auf eigene Mitarbeiter, darunter seinen Schreiber Sextus Cloelius, teilweise auch auf die *collegia* zurück.[2]

Alle fünf Jahre saßen die Zensoren einer Schätzung vor, bei dem die Bürger gemustert und zur Steuer veranlagt wurden. An den Zensus war die *lectio senatus* gekoppelt, mit der die Beamten die Senatsliste auf den neuesten Stand brachten. Senatoren wurden in das Gremium aufgenommen oder auch ausgestoßen, wenn sie den Zensus nicht mehr erfüllten oder sich moralische Verfehlungen hatten zuschulden kommen lassen. Während der Zensus auf dem Forum durchgeführt wurde, fand die *lectio senatus* in nichtöffentlicher Sitzung statt. Im Befugnisbereich der Zensoren lag auch das *regimen morum*, die Sittenwacht. In der Bürgerliste wurde mit einem Vermerk, *nota*, versehen, wer gegen die öffentliche Moral verstoßen hatte. Jemand war dann »notorisch«. In der Praxis betraf das nur höhergestellte Bürger, die Gefahr liefen, ihre Privilegien zu verlieren, wenn sie auf der schwarzen Liste des Zensors landeten. Die von einem Zensor verhängte *nota* erlangte Gültigkeit, wenn sein Kollege nicht dagegen einschritt oder wenn ein Einspruch erfolglos blieb. Clodius formalisierte mit der *lex Clodia de censoria notione* das *regimen morum* insofern, als nunmehr beide Zensoren zugleich den moralischen Tadel über einen Bürger aussprechen mussten, damit er wirksam war. Das Gesetz bestimmte auch, dass Senatoren, die per *lectio senatus* aus der Kurie ausgeschlossen werden sollten, mit den Anschuldigungen konfrontiert werden und Gelegenheit zum Einspruch erhalten sollten. Die intransparente Praxis der *lectio* war zuvor Anlass zu regelmäßiger Beunruhigung unter den Senatoren gewesen. Vor allem bei den Hinterbänklern herrschte Panik, wenn die nächste Runde anstand. Für sie war der Ausschluss aus der Kurie angesichts eines längst auf Übergröße angeschwollenen Senats alles andere als eine Perspektive im Irrealis. Cicero behauptete, das Gesetz würde die Amtsbefugnisse der Zensoren brechen: *censuram extinxit.* Doch tatsächlich setzte es nur der Behördenwillkür Grenzen. Clodius dürfte mit den beiden Maßnahmen bei dem von Abstiegsängsten geplagten Teil der Elite Punkte gesammelt haben: bei Senatoren, die jetzt auf ein faireres Verfahren hoffen konnten, bevor sich hinter ihnen die Tür der Kurie auf immer schloss, und wohlhabenden, aber vielleicht nicht immer rechtschaffenen Bürgern, die nicht länger der Zensorenwillkür preisgegeben waren.[3]

Die römische Gesetzgebung war vielfältig reglementiert durch religiöse Regeln und Gebote. Nur an bestimmten Tagen, den *dies fasti et comitiales*, war die Abhaltung von Versammlungen und Prozessen gestattet. Daneben gab es *dies nefasti*, religiöse Feiertage, an denen alle Rechts- und politischen Geschäfte untersagt waren. Ein Gesetzespaket aus der Zeit um 150 v. Chr., die *leges Aelia et Fufia*, hatte die Zahl der *dies comitiales*, an denen Versammlungen erlaubt waren, noch weiter reduziert: Zwischen der Ankündigung und der Durchführung von Wahlen durften die Komitien nicht zusammentreten. Gesetze und Wahlen konnten außerdem in ihrer Gültigkeit zweifelhaft sein, wenn ihr Zustandekommen mit einem religiösen Formfehler, *vitium*, behaftet war. Ursprünglich war es dem Priesterkollegium der Auguren vorbehalten gewesen, per Meldung, *obnuntiatio*, auf Gründe für ein *vitium* hinzuweisen. Solche konnten etwa bestehen, wenn der Augur zuvor Blitze beobachtet hatte. Die *leges Aelia et Fufia* hatten auch die Magistrate zur Obnuntiation ermächtigt und so dem politischen Missbrauch des Instruments Tür und Tor geöffnet. Bibulus hatte in seinem und Caesars Konsulatsjahr 59 vorgemacht, wie man mit immer neuen Obnuntiationen hinhaltenden Widerstand gegen Gesetze leisten konnte, selbst dann, wenn sie populär waren und von der Volksversammlung mit großer Mehrheit verabschiedet wurden. Wie die Kräfte in der Politik der 50er Jahre verteilt waren, war die Obnuntiation ein Kampfinstrument der Optimaten gegen die Popularen, der Senatsmehrheit gegen die Minderheit. So lässt sich begreifen, dass Cicero eifrig gegen die *lex Clodia de agendo cum populo* polemisierte: Der Volkstribun habe die *leges Aelia et Fufia* aufgehoben, das *auspicium* und das Interzessionsrecht abgeschafft. Tatsächlich leistete die *lex Clodia* nicht mehr und nicht weniger, als die Bestimmungen der *leges Aelia et Fufia* zu präzisieren und teilweise neu zu fassen.

Clodius' Gesetz reduzierte die Zahl der *dies nefasti* und verpflichtete zugleich die Obnuntiation geltend machenden Magistrate, die Omina persönlich vor Eröffnung der Volksversammlung öffentlich bekanntzugeben.[4]

In ihrer Summe waren die vier um den 4. Januar herum verabschiedeten Gesetze nicht der Generalangriff auf die politische Ordnung, die Cicero post festum darin wittern wollte. Cicero unterstellt Clodius nicht mehr und nicht weniger als die systematische Aushöhlung der republikanischen Institutionen, einen Staatsstreich, wie ihn Catilina wenige Jahre zuvor unternommen hatte, nur nicht im Hauruckverfahren, sondern schleichend und mit legalen Mitteln. Dem Ziel, dem Publikum Clodius als zweiten Catilina zu präsentieren, ordnet Cicero seine gesamte Argumentationsstrategie unter. Clodius war jedoch alles andere als ein Catilina *redivivus*. Die vier Gesetze, mit denen er seine Tätigkeit als Volkstribun aufnahm, dienten in erster Linie dem Zweck, Clodius' Popularität bei wichtigen Zielgruppen zu heben: der besitzlosen Volksmasse, auf deren Wohl die *lex frumentaria* zielte; das zwielichtige Milieu der Banden und Schlägertrupps, denen er mit der *lex de collegiis* einen Anstrich von Legalität verschaffte; und schließlich den Rittern und Senatshinterbänklern, die davon profitierten, dass die Befugnisse der Zensoren durch die *lex de censoria notione* enger gefasst wurden. Dass sich, wie der Clodius-Biograf W. Jeffrey Tatum meint, hierin die von Clodius mit dem Paket verfolgten Ziele bereits erschöpften und sich für den Volkstribun politisch erwünschte Wirkungen gleichsam erst im Nachhinein wie durch Zufall einstellten, ist allerdings unwahrscheinlich. Clodius hatte planmäßig die Rahmenbedingungen so verändert, dass er auf der politischen Bühne leichteres Spiel hatte. Er hatte sich bereits im Bona-Dea-Skandal und dann während Caesars Konsulatsjahr als wahrer Künstler des Kulissenschiebens gezeigt. Clodius war nicht naiv. Er wusste, wie die Gesetze das ohnehin in Bewegung befindliche politische Koordinatenkreuz der Republik verschoben und wie er davon profitieren konnte. Die *lex de agendo cum populo* war kein Wahlgeschenk an seine Klientel, schlug aber den Gegnern der Popularen ein für sie nützliches Instrument aus der Hand, das Caesar 59 teuer zu stehen gekommen war. Umgekehrt legalisierte die *lex de collegia* die Schlägerbanden, die für einen charismatischen Gewaltunternehmer wie Clodius das Mittel der Wahl waren, wollte er seine Gegner unter Druck setzen und politisch neutralisieren. Die *lex frumentaria* verschaffte Clodius' Bundesgenossen die Möglichkeit, in der Ackerkommission sichtbar zum Segen von Roms Armen zu wirken. Sie verlängerte die populare Durchschlagskraft der Gesetze in die nächsten Jahre. Auf die Zukunft war schließlich auch die *lex de censoria notione* gerichtet: Sie machte all jenen einen Strich durch die Rechnung, die mithilfe der Zensur Senat und Ritterstand von politisch missliebigen Elementen säubern wollten.[5]

Das Paket war ohne Frage populär, und Clodius konnte auf die Zustimmung der Volksversammlung zählen, die in den ersten Januartagen zusammenkommen sollte. Aus aufmerksamkeitsökonomischen Erwägungen hielt er es für angebracht, die Abstimmung mit einer großen Feier zu orchestrieren. Am 1. Januar 58 standen die Compitalia an, ein Fest zu Ehren der Hausgötter, *lares Compitales*, das die einfachen Leute an den Straßenkreuzungen feierten. In alter Tradition sollten die Compitalia mit großen Spielen begangen werden. Clodius' Gefolgsmann Sextus Cloelius trug die Verantwortung für die Ausrichtung der *ludi Compitales*, mit denen auch die Wiederauferstehung der Nachbarschaftsvereine gefeiert werden sollte. Cassius Dio berichtet, wie Cicero gegen das Gesetz mobilmachte:

> Er verstand, was im Gange war, und veranlasste den Volkstribun Lucius Ninnius Quadratus, sich jedem Gesetzesantrag zu widersetzen; deshalb überlistete ihn Clodius, der befürchtete, dass es dadurch zu Unruhen und Verzögerungen kommen könnte, durch Täuschung.

Dem Cicero-Kommentar des Asconius können wir entnehmen, dass Ninnius außerdem noch versuchte, die *ludi Compitales* zu unterbinden, wie es bereits Metellus Celer 64 v. Chr. als designierter Prätor getan hatte. Ninnius aber mangelte es an Autorität: Die Spiele fanden statt.[6]

Cicero besaß mit Ninnius also einen nur bedingt effektiven Hebel, um Clodius' Plan zu durchkreuzen. Immerhin konnte der Volkstribun der Gesetzgebung seines Kollegen gefährlich werden. Dass Ninnius alle vier Gesetze zu Fall bringen wollte, wie Dio unterstellt, ist wenig wahrscheinlich. Die *lex frumentaria* und die *lex de censoria notione* waren viel zu populär, als dass ein Volkstribun es hätte wagen können, gegen sie sein Veto einzulegen, und die durch die *lex de agendo cum populo* gebotene Angriffsfläche war vermutlich zu gering, um dieses Gesetz zu einem lohnenden Ziel zu machen. Dass Ninnius die *lex de collegiis* im Visier hatte, wird schon daran deutlich, dass er versuchte, die *ludi Compitalia* zu verhindern. In Senatorenkreisen fürchteten nicht erst seit 64 v. Chr. viele die schlagkräftigen Vereine. Das Gesetz war ein heißes Eisen und entsprechend umstritten. Wenn Clodius' Gesetzespaket eine offene Flanke bot, dann hier.[7]

Ciceros Chancen, Clodius mit Ninnius' Hilfe eine blamable Niederlage zuzufügen, standen deshalb gar nicht einmal so schlecht. Doch der Konsular ruderte im letzten Moment zurück. Clodius bot ihm ein Geschäft an: Der Volkstribun wollte sich für seine Unversehrtheit verbürgen, wenn Cicero Ninnius zurückpfiff und der auf sein Veto gegen das Gesetz verzichtete. Clodius, so informiert uns Cassius Dio, vereinbarte »zunächst mit Cicero, keine Anklage gegen ihn zu erheben, wenn der andere keine der von ihm vorgeschlagenen Maßnahmen beeinträchtigen würde«. Cicero ging auf den Deal ein, obwohl er gewiss nicht so naiv war, Clodius zu vertrauen. Der Redner hatte längst auch aufgehört, den Versicherungen Caesars und des Pompeius Glauben zu schenken, wenn es um seine persönliche Sicherheit ging. Was also bewog ihn, in den Handel mit Clodius einzuschlagen? Hielt er es noch immer für möglich, Clodius auf die Seite der Optimaten zu ziehen? War es am Ende gar der Kreis um Cato und Hortensius, der Cicero zum Nachgeben drängte, weil er sich Clodius nicht zum Gegner machen wollte? Der Konsular gab den Widerstand auf, alle vier Gesetze wurden noch Anfang 58 mit großer Mehrheit von der Volksversammlung verabschiedet.[8]

## VIS ET FUROR

Wir wissen nicht, was Cicero sich plötzlich eines vermeintlich Besseren besinnen ließ. Das Jahr 58 zeigte aber, dass er schlecht beraten war, sich auf das Geschäft mit seinem Erzfeind einzulassen. Sollten tatsächlich Cato, Hortensius und die anderen Optimaten Cicero dazu überredet haben, dann machten auch sie die Rechnung ohne den Wirt, in diesem Fall Clodius. Am Ende standen sie alle als Verlierer da, Cicero sogar vor den Trümmern seiner politischen und bürgerlichen Existenz.

Doch ins Fadenkreuz seiner Gegner geriet einstweilen nicht Cicero, sondern Caesar. Mit Domitius Ahenobarbus und Memmius versahen jetzt zwei Männer die Prätur, die seine Gesetze annullieren und ihn selbst vor den Richterstuhl

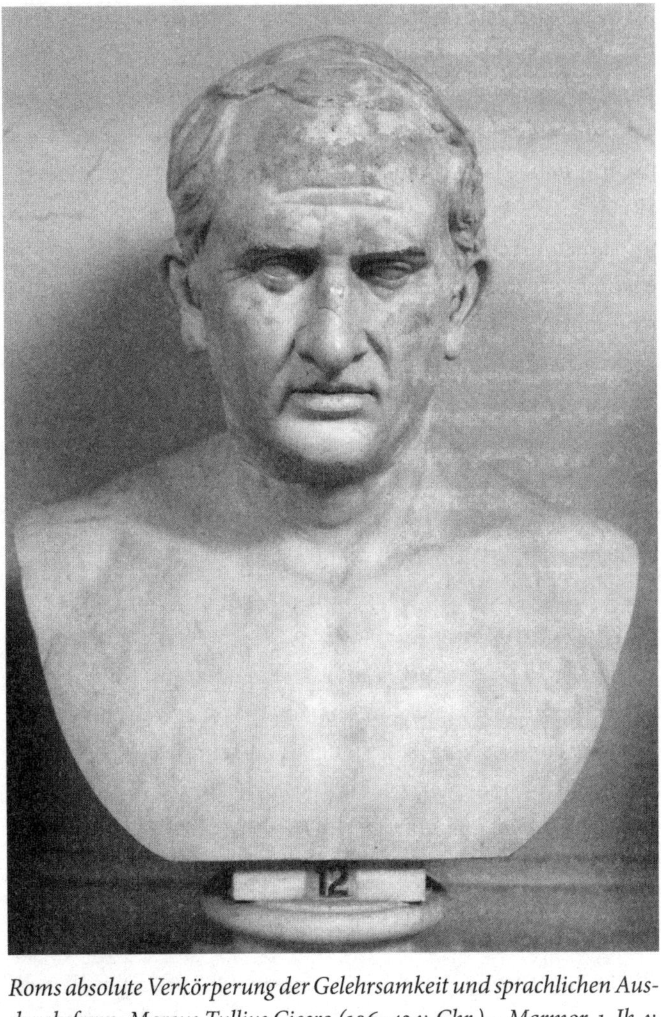

*Roms absolute Verkörperung der Gelehrsamkeit und sprachlichen Ausdrucksform: Marcus Tullius Cicero (106–43 v. Chr.) – Marmor, 1. Jh. v. oder 1. Jh. n. Chr.*

zerren wollten. Sie beantragten die juristische Aufarbeitung seines Amtsgebarens als Konsul. Der Senat schob die Sache jedoch vor sich her. Im März schließlich diskutierte das hohe Haus den Antrag drei Tage lang kontrovers und ohne Ergebnis. Caesar reiste während dieser Debatte in seine Provinz Gallia cisalpina ab. Noch vor seinem Aufbruch aus Rom wurde Publius Vatinius angeklagt, der als Volkstribun Caesars wichtigster Helfer bei seinem Gesetzgebungsmarathon im Frühjahr 59 gewesen war. Im Gegensatz zu Caesar war Vatinius ein weiches Ziel. Man beschuldigte ihn, gegen die *lex Iunia Licinia* verstoßen zu haben. Das Gesetz von 62 v. Chr. setzte für die Promulgation klare Regeln, um der kalkulierten Irreführung der Volksversammlung einen Riegel vorzuschieben. Ankläger in dem Prozess war Gaius Licinius Macer Calvus.[9]

Am Tag der Verhandlung wandte sich Vatinius an Clodius, der als Volkstribun sein *ius auxilii* wahrnahm und sich vor den Angeklagten stellte. Die Aktion muss vorab abgesprochen worden sein, denn Clodius befand sich im Publikum. Memmius als die Verhandlung führender Prätor erkannte möglicherweise das Auxiliarrecht des Volkstribunen nicht an. Jedenfalls lieferte er Clodius den Vorwand, die Schlagkraft der unlängst legalisierten *collegia* zu beweisen und die Gerichtsverhandlung zu sprengen. So schildert es Cicero in seiner später publizierten Rede gegen Vatinius: Clodius habe das Urteil, das er mit seiner Amtsgewalt, *potestas*, nicht habe abwenden können, durch Rückgriff auf »Gewalt und Tobsucht«, *vim et furorem*, verhindert. Bewerkstelligt habe er das mit seinen »Helfershelfern, Gangstern und Desperados«, *Clodianae operae et facinerosorum hominum et perditorum manus*. In dem entstehenden Tumult gelang es Vatinius, aus Rom zu flüchten und sich zu Caesar abzusetzen, der inzwischen Richtung Norden aufgebrochen war. Damit endeten aber keineswegs die Versuche der Optimaten, Caesar zu schädigen. Kaum war der Prokonsul nach Gallien abgereist, erhoben seine Gegner Klage gegen seinen namentlich nicht genannten Quästor, und der Volkstribun Antistius strengte sogar eine Vorladung Caesars an, die allerdings durch das Veto eines Kollegen abgewehrt wurde. Dieser Kollege könnte Clodius gewesen sein, der allein Caesars Wirken seinen Status als Plebejer verdankte und dessen Legitimität als Volkstribun deshalb davon abhing, dass die Maßnahmen Bestand hatten.[10]

Caesar hatte mit einiger Mühe eine Reihe von gefährlichen Attacken seiner Gegner abgewehrt. Danach, dass sich Episoden dieser Art wiederholten, stand ihm nicht der Sinn. Der nunmehrige Prokonsul befand sich in Gallien und musste sich darauf verlassen können, dass in Rom in seinem Sinn oder wenigstens doch nicht gegen ihn Politik gemacht wurde. Mehr Ärger lag in der Luft: Domitius Ahenobarbus kündigte an, sich baldmöglichst um den Konsulat bewerben zu wollen und dann Caesar von seinem Kommando in Gallien zu entbinden. Deshalb suchte der Prokonsul abermals den Schulterschluss mit Pompeius und Crassus. Vor allem hatte sich in der Vatinius-Affäre herausgestellt, wie nützlich der Gewaltvirtuose Clodius war. Dieser Mann war der unangefochtene Herr über Roms Straßen. Mit schlagkräftigen Argumenten, so viel leuchtete ein, ließen sich brenzlige Situationen wie das Gerichtsverfahren gegen Vatinius entschärfen. Für Cicero waren die Männer, die auf der Straße für Clodius die Fäuste schwangen, Kriminelle: »Clodius' Räuberbande«, *latrocinium Clodianum*, »die versammelte Hefe der Stadt«, *omnis faex urbis*, oder auch »Überbleibsel der [Catilinarischen] Verschwörer«, *coniuratorum reliquae*, nannte er sie.[11]

Ciceros Argumentationsstrategie läuft darauf hinaus, die von Clodius zu den *contiones* zusammengetrommelte Menge als hergelaufenen Pöbel verächtlich zu machen. Seine Behauptung, die durch Clodius wieder- oder neuzugelassenen Vereinigungen seien für den Aufruhr verantwortlich gewesen, ist vermutlich nicht einmal die halbe Wahrheit. Ebenso gut können die traditionellen *collegia* der Handwerker, Gastwirte und Ladenbesitzer an den *contiones* beteiligt gewesen sein. Cicero selbst berichtet, Clodius habe mehrfach angeordnet, die Läden zu schließen, wenn Straßenkämpfe anstanden. Er unterstellt, der Volkstribun habe mit dieser Methode eine Menge überhaupt erst politisiert, die normalerweise taub war für politische Botschaften. Die *tabernarii* sollten ihre Läden verlassen, um dahin zu strömen, wo etwas los war. Cicero stellt dem Pöbel seines Gegners den römischen *populus* in seiner Gesamtheit gegenüber. Dieses wahre Volk sei »Herr über Könige«, *dominus regium*, sowie »Sieger und Herrscher über die Völker«. Während sich hinter Clodius Kriminelle und Strolche scharen, steht der *populus Romanus*, so suggeriert es Cicero, in seiner Gesamtheit hinter niemand anderem als ihm selbst. Tatsächlich wollte Clodius mit der Schließung der Tavernen und Läden weit mehr erreichen, als nur ihre Besitzer auf die Straße zu holen. Die Maßnahme zitierte das altrepublikanische *iustitium*, das, wenn ausgerufen, den Stillstand aller Geschäfte bedeutete. Wenn Läden und Tavernen geschlossen blieben, signalisierte das den römischen Bürgern, dass ihre Republik in Gefahr war.[12]

Deshalb wandte sich Clodius mit der Schließungsverfügung also an alle Bürger, nicht nur an die Besitzer von *tabernae* und hergelaufenes Gesindel. Er ging sogar ein Risiko ein, weil sicher nicht jeder Krämer oder Schankwirt begeistert war, sein Geschäft dichtmachen und auf Umsatz verzichten zu müssen. Nach der Logik der Aufmerksamkeitsökonomie gab es aber kein besseres Mittel, um die Bürger hinter dem Ofen hervorzulocken. Clodius erreichte mit der Schließung ein wichtiges Ziel: Er konnte die Römer, die von seinem Gesetzespaket profitiert hatten, unmittelbar seinem Charisma als Redner und Agitator aussetzen. Selbstverständlich konnte er sich nicht darauf verlassen, dass alle diesem Ruf folgten.

Der Zulauf war aber zweifellos groß genug, um Ciceros Vorwurf zu entkräften, die Gefolgschaft des Volkstribunen bestehe ausschließlich aus Lumpen und Ganoven. Ciceros *populus* setzte Clodius mit der Schließungsverfügung sozusagen seinen eigenen entgegen. Man muss sich die Krawallmacher auf Roms Straßen also nicht als straff organisierte Schlägerbanden vorstellen, sondern eher als spontan mobilisierte Menge aus allen möglichen Bevölkerungsgruppen: Tagelöhner, Freigelassene, Handwerker, *tabernarii*. Dazu gesellten sich wohl auch ein paar Ritter und Söhne von Senatoren: die von Cicero abschätzig als *iuvenes barbatuli* Bezeichneten. Ciceros Vorwurf, Clodius habe Sklaven mobilisiert, dürfte an den Haaren herbeigezogen sein. Wenn im Mob überhaupt Sklaven mitliefen, dann werden sie zum Hausstand der Wohlhabenderen unter seinen Anhängern gehört haben.[13]

Verlassen konnte Clodius sich auf ein ihm ergebenes Netzwerk von Rädelsführern, *duces*, die sicherstellten, dass die sorgsam geschürte Gewalt auch effektiv eingesetzt wurde. Sie entstammten ebenfalls allen möglichen Bevölkerungsgruppen. Allerdings scheinen unter ihnen Leute den Ton angegeben zu haben, die auch in den *collegia* und den *vici* Leitungsfunktionen ausübten: Männer wie Sextus Cloelius und Decimus, den Cicero als *dissignator* bezeichnet, womit vermutlich ein Ausrichter von Leichenfeiern gemeint ist. Cloelius hieß vielleicht auch Sextus Clodius – die Lesung seines Cognomen ist in den Handschriften nicht eindeutig – und war womöglich ein Freigelassener des Volkstribunen. Cicero stellt ihn als Anführer von Straßengangs vor, *dux operarum*. Er richtete am 1. Januar 58 die *ludi Compitalicii* aus und diente Clodius bei seinen Gesetzen als Ratgeber, *consiliarius*, und Schreiber, *scriptor legum*. Denkbar ist, dass Clodius die *collegia* mit Leuten wie Cloelius und Decimus unterwanderte, indem er in Leitungsfunktionen Angehörige seines eigenen

Haushalts einschleuste. Clodius bediente sich, um die Massen mobilisieren zu können, eines engmaschigen Netzes aus Funktionären der unteren Ebene, das es längst gab, das aber durch sein Gesetz aufgewertet und, sofern es zuvor im Untergrund operiert hatte, legalisiert worden war.[14]

Tatsächlich werden also die Gruppen, mit denen Clodius Anfang 58 auf den Straßen Roms Gewaltorgien veranstaltete, bunt zusammengewürfelte Haufen gewesen sein, die allerdings – und das war neu – durch ein Netzwerk mit beachtlicher Organisationsintensität und -tiefe zu koordiniertem Handeln befähigt waren. Gladiatoren und Schwerkriminelle fanden sich nicht darunter, anders als seinerzeit bei Catilina. Bewaffnet war der Mob, wenn überhaupt, dann nur mit Küchenmessern und Fackeln. Über eine militärische Ausbildung verfügten die Bürger ebenso wenig wie über die Disziplin einer organisierten Truppe. Clodius nutzte die latent vorhandene Gewaltneigung all dieser Menschen lediglich aus und kanalisierte sie für seine politischen Zwecke. Für einen Demagogen, der glaubhaft versicherte, die Interessen des kleinen Mannes seien bei ihm gut aufgehoben, war das ein Kinderspiel. Deshalb zielt auch Ciceros Vorwurf ins Leere, es habe sich bei den Banden um die Reste der Catilinarier gehandelt. Catilina hatte seine Basis nicht in Rom selbst gehabt, sondern in Italien, wo seine Mitverschworenen – ein kleiner Kreis politischer Abenteurer – im Begriff waren, reguläre Truppen auszuheben, als die Verschwörung aufflog. Clodius brauchte, um Rom in einen Hexenkessel zu verwandeln, die Landbevölkerung Italiens nicht. In der Tibermetropole gab es genügend Unzufriedenheit, die ein begabter Agitator mit legalen Methoden in Gewalt verwandeln konnte.[15]

Die Klientelen seien in der klassischen Republik die Basis senatorischer Macht gewesen, hat Arnaldo Momigliano 1940 in seiner Rezension zu Ronald Symes »The Roman Revolution« geschrieben. Die neuen Klientelen des 1. Jahrhunderts v. Chr. hätten das senatorische Regiment zerstört, indem sie das Bindungswesen neu sortierten. Die neuen Klientelen: Damit meint Momigliano zunächst die zuerst von Sulla in vollem Umfang als politisches Instrument eingesetzte Gefolgschaft der Soldaten gegenüber ihrem Oberkommandierenden und dann die seit den Gracchen punktuell, aber erst von Clodius systematisch mobilisierten Massen der Hauptstadt. Ganz neu war diese Form von Klientel freilich nicht. Auch Quintus Cicero beschreibt in seinem »Commentariolum«, ein Kandidat, der Aussicht auf Erfolg haben wolle, müsse Tribusgenossen (*tribuli*), Nachbarn (*vicini*), Klienten (*clientes*), Freigelassene (*liberti*) und Sklaven (*servi*) für seine Kampagne gewinnen. Die innovativen Elemente der Clodius-Klientel waren ihre straffe Organisation und der kalkulierte, über lange Strecken sorgsam dosierte Einsatz von Gewalt.[16]

Die Entfesselung des Terrors durch Clodius hatte eindrucksvoll demonstriert, wie der Wille selbst eines mächtigen Gegners wie Memmius gebrochen werden konnte. Sie setzte den Präzedenzfall für weitere Aktionen dieser Art und machte den Optimaten klar, was jedem drohte, der sich gegen Clodius stellte. Cicero, Cato und die übrigen Vertreter der Gegenseite waren deshalb mindestens ebenso sehr Adressaten von Clodius' Agitation wie die breite Volksmasse. Die Gewaltorgie führte umgekehrt den einfachen Römern vor Augen, dass sie ein politischer Faktor waren, mit dem jeder in der Elite zu rechnen hatte. Und sie zeigte Caesar, dass er mit Clodius über einen Bundesgenossen in Rom verfügte, der das Demagogengeschäft verstand wie kein Zweiter. So jemand, daran bestand für den Prokonsul kein Zweifel, würde ihm in der Hauptstadt den Rücken freihalten, während er auf den Schlachtfeldern Galliens seinen Triumphen entgegeneilte.

## DURCHREGIEREN

Bis zum Februar 58 hatte Clodius signifikant an politischer Statur gewonnen. Er hatte die ersten rund zwei Monate des Tribunats genutzt, um seine populare Agenda in vier populäre Gesetze zu gießen. Es war ihm gelungen, die eigene Machtbasis auf Roms Straßen zu festigen und zu verbreitern: in den *vici* und *collegia* sowie unter denen, deren Stimme dort Gewicht hatte. Clodius war eine feste Größe in der römischen Politik geworden. Der verhinderte Prozess gegen Vatinius hatte gezeigt, dass Macht auf der Fähigkeit beruhte, Gewalt in den öffentlichen Raum zu tragen. Niemand besaß diese Fähigkeit im selben Maß wie Clodius. Und gleichzeitig war der Mann, der bis dahin die Bühne der Hauptstadt konkurrenzlos beherrscht hatte, von ihr abgetreten und mit seinem Heer Richtung Gallien entschwunden. Zwar hielt sich Caesar einstweilen noch in der Nähe Roms auf, doch befand er sich außerhalb der sakralrechtlichen Stadtgrenze, des Pomerium. Ohne Caesar waren die Spielregeln in der Metropole gänzlich andere. Die Eisenspäne der römischen Politik hatten sich nicht mehr nur auf den einen großen Magneten auszurichten. Etliche mittlere und kleine brachten jetzt das Feld gehörig in Unordnung. Für Theodor Mommsen brach mit Caesars Weggang aus Rom ein »Hexensabbat« an. Der wichtigste Spieler in diesem Spektakel war Publius Clodius.[17]

Mit neuer, solider Machtbasis ausgestattet, konnte Clodius es mit Gegnern aufnehmen, die ihm an Rang und Einfluss in der Nobilität weit überlegen waren: Leuten wie Pompeius, Cato und Cicero. Nominell war Pompeius der erste Mann der Republik. Er hatte die glänzendsten Siege errungen und das höchste Ansehen. Er war unbestritten die Galionsfigur der Dreierkoalition. Aber er war Caesar als politischer Taktiker unterlegen und deshalb heillos überfordert mit der Rolle, die ihm nach dessen Weggang zugefallen war. Pompeius war für Clodius eigentlich kein Gegner. Aber er war jemand, an dem man sich politisch abarbeiten, den man in die Schranken weisen konnte. An niemandem also ließ sich die neu erworbene Macht besser demonstrieren als an dem alten Kämpen. Außerdem hatte Pompeius viele Feinde im Senat, auch und gerade unter den Optimaten. Für etliche von ihnen war er eine regelrechte Hassfigur. Sie würden jede öffentliche Demütigung des großen Mannes bejubeln, selbst wenn Clodius der Urheber war. Schließlich würde Caesar jede Machtverschiebung innerhalb der Koalition zu Pompeius' Ungunsten und zu seinen eigenen Gunsten mit Wohlgefallen betrachten. Deshalb hatte der Volkstribun gleich ein ganzes Bündel von Motiven, das Kräftemessen mit Pompeius zu riskieren.[18]

Während Pompeius also als Galionsfigur der Koalition bereits wankte, behauptete Cato diese Rolle für die Optimaten völlig unangefochten. Cato war unerschrocken, er besaß Kredit bei vielen Senatoren und auch bei der städtischen Plebs. Die nämlich rechnete ihm die Reform der Getreideverteilung, die er als Volkstribun durchgesetzt hatte, noch immer hoch an. Wenn jemand sich Clodius glaubwürdig entgegenstellen und nach Ablauf von dessen Tribunat die Annullierung seiner Gesetze in Angriff nehmen konnte, dann war es Cato. Cato war ein Risikofaktor, er musste weg.

Was für Cato galt, traf mehr noch auf Cicero zu. Auch er war eine Galionsfigur der Gegenseite, zwar weniger prinzipienfest als Cato, aber mit viel Rückhalt auch bei den Rittern, deren Sympathien Cato sich durch seine Kompromisslosigkeit gegenüber den Publikanen verscherzt hatte. Vor allem war Cicero seit dem Bona-Dea-Skandal für Clodius ein privater Gegner. Rache für tatsächlich oder vermeintlich erlittenes Unrecht zu nehmen, war das legitime Bedürfnis jedes

*Für seine besondere Staatstreue wird Marcus Porcius Cato der Jüngere (95–46 v. Chr.) bis in die Neuzeit bewundert. Sein beharrliches, geradezu dickköpfiges politisches Agieren besiegelte in der Auseinandersetzung mit Cäsar schließlich den eigenen Untergang – Bronze, 1. Jh. v. Chr.*

römischen Aristokraten. So war es ein Gebot politischer Klugheit wie persönlicher Ehre, Cicero bei der ersten sich bietenden Gelegenheit aus dem politischen Getriebe der Republik zu entfernen.

Diese Gelegenheit war gekommen, als Clodius im Februar den Gipfel seiner Popularität erklommen hatte. Die Sicherheitsgarantie, die er Cicero gegenüber im vergangenen Herbst ausgesprochen hatte, war zu diesem Zeitpunkt nichts mehr wert. Dass er nicht nur den Konsular, sondern gleich alle drei Ziele auf einmal in einer nur als grandios zu bezeichnenden politischen Kampagne frontal angriff, zeigt den Volkstribunen als meisterhaften Politiker. Seinen Gegnern war er stets um mehrere Züge voraus. Ende Februar oder Anfang März brachte Clodius ein Gesetz durch die Volksversammlung, das die Annexion des bis dahin ptolemäischen Zypern vorsah. Die Umwandlung der Insel im östlichen Mittelmeer in eine römische Provinz war seine Art der Rache an Ptolemaios XII., der seinerzeit, als Clodius Gefangener der Kilikischen Piraten gewesen war, vor lauter Geiz kein Lösegeld hatte zahlen wollen. Statthalter sollte der amtierende Konsul Aulus Gabinius werden, doch später im März sorgte Clodius per Volksbeschluss dafür, dass der Gefolgsmann des Pompeius stattdessen das wesentlich ertragreichere Syrien erhielt. So sicherte sich Clodius Gabinius' Rückendeckung für ein zweites, noch wichtigeres Vorhaben.[19]

Am selben Tag, dem 12. März 58, ratifizierte die Versammlung der Plebs ein Gesetz, das rückwirkend jeden mit Strafe belegte, der einem römischen Bürger das Recht vorenthalten hatte, das Volk als Appellationsinstanz gegen ein verhängtes Todesurteil anzurufen. Die Plebejer hatten die *provocatio ad populum* in den Ständekämpfen erstritten, und es handelte sich um ein zentrales Schutz- und Freiheitsrecht des Bürgers. Die *lex Clodia de capite civis Romani*, die sich jetzt auf dieses Recht berief, zielte allerdings auf einen einzigen römischen Bürger: Cicero nämlich, der in der Krise der Catilinarischen Verschwörung mit den der Mittäterschaft Beschuldigten per *senatus consultum ultimum* kurzen Prozess hatte machen lassen. Die Maßnahme war schon 63 v. Chr. nicht unumstritten gewesen, wenngleich der Senat mit großer Mehrheit für die

Verhängung des Notstandes gestimmt hatte. Auch jetzt stellten sich die meisten Senatoren zunächst hinter Cicero und versuchten das Gesetz zu verhindern. Das Gremium beschloss, sich aus Solidarität mit dem ehemaligen Konsul in Trauer zu kleiden. Doch die Konsuln stärkten Clodius den Rücken, Piso verhalten, Gabinius energisch. Per Edikt verboten sie das Anlegen von Trauerkleidung, und plötzlich bröckelte die Unterstützung für Cicero. Von seinen engsten Freunden verlassen, stand der Streiter für Recht und republikanische Freiheit als gemeiner Verbrecher da. Clodius ließ keine Zweifel an seiner Absicht, Cicero vor Gericht zu zerren, sollte er in Rom bleiben. Der Redner hätte sich unter Caesars Schutz stellen und einen Posten in dessen noch immer unweit der Hauptstadt kampierendem Heer annehmen können. Er zog es aber vor, ins Exil nach Griechenland zu gehen. Anderthalb Jahre lang fand er Unterschlupf bei Freunden erst in Thessaloniki, dann in Dyrrhachium: Für den einstigen Freiheitshelden war das Exil eine Qual und schwere Demütigung. Clodius deutete es als Schuldeingeständnis.[20]

Just an dem Tag, an dem die Plebs dem Gesetz »über den Kopf eines römischen Bürgers« ihren Segen gab, expedierte Clodius auch den zweiten von der Liste seiner Gegner aus Rom: Cato wurde, während Gabinius die Statthalterschaft in Syrien erhielt, zum Sonderbeauftragten für die neu einzurichtende Provinz Zypern bestimmt. Der Optimatenführer war eigentlich ein entschiedener Gegner solcher Sonderkommandos, konnte sich aber mit seinem Pflichtgefühl der Aufgabe nicht entziehen, weil die Einnahmen aus der Provinz dringend für die seit Clodius' *lex frumentaria* enorm kostenaufwendige Getreideversorgung der Hauptstadt benötigt wurden. Cato war so gleich doppelt aus dem Verkehr gezogen: Er musste vorerst Abschied von der römischen Politik nehmen, aber auch nach seiner Rückkehr war Widerstand gegen die clodianische Gesetzgebung von ihm nicht zu erwarten. Schließlich wäre, im Fall einer Annullierung, auch seinem Kommando auf Zypern die rechtliche Grundlage entzogen worden. So schlug Clodius zwei Fliegen mit einer Klappe. Cato als sein gefährlichster Gegner wurde neutralisiert, und der nun kopflosen senatorischen Opposition streute er Sand in die Augen: Wenn der Volkstribun einen der Ihren mit einem so wichtigen Auftrag betraute, konnte es so schlimm um die Republik nicht stehen.[21]

Schließlich blamierte die Annexion Zyperns wie auch das Vorgehen gegen Cicero Pompeius bis auf die Knochen. Der große Feldherr hatte gerade fünf Jahre zuvor seine Dispositionen für die römische Herrschaft über die Levante getroffen und dabei Zypern dem Ptolemäerreich belassen. Im Übrigen hatte er gerade erst wortreich Ciceros Sicherheit garantiert. Just seine Brüskierung war das dritte Ziel, das Clodius verfolgte: Er demonstrierte Pompeius, dass er gegen die Machenschaften des Volkstribunen nicht das Geringste ausrichten konnte. Gegen die *lex de capite civis Romani* Stimmung zu machen, hatte der vermeintlich mächtigste Mann in Rom nicht gewagt. Cicero beklagte sich ein paar Monate später in einem Brief an seinen Bruder Quintus bitter über Pompeius' – und nicht nur seine – *subita defectio*, sein »plötzliches Abtrünnigwerden«. Clodius rechnete aber damit, dass Pompeius in seinem Ärger über das Zypern-Gesetz bald die Rückberufung Ciceros fordern würde. Genau das tat er – und er scheiterte auch damit. Der Volkstribun ließ den Konsular kalkuliert auflaufen.[22]

Cicero, der sich ein Leben lang viel darauf zugutehielt, im Krisenjahr 63 die Republik gerettet zu haben, galt jetzt als gemeiner Krimineller, ja als Staatsfeind. Doch Clodius gab sich mit dem tiefen Fall seines *inimicus* nicht zufrieden. Am 24. April lag der Plebs ein weiterer Antrag vor: die *lex Clodia de exsilio Ciceronis*, die jeden mit Strafe belegte, der Cicero in Italien und in einem Umkreis von 500 Meilen um die Halbinsel Wasser und Feuer anbot. Das war die traditionelle Formel für die Ächtung. Das Gesetz wurde damit begründet, dass er als Konsul ein »falsches *senatus consultum*« erwirkt habe. Die mit dem Gesetz beschlossenen Maßnahmen sind nur aus Ciceros Rede *De domo sua* und also aus einer in höchstem Maße parteiischen Quelle bekannt. Vorsicht ist also angezeigt. Nachdem das Gesetz beschlossen war, dürfte sich etwa folgendes abgespielt haben: Das Vermögen des Geächteten wurde eingezogen. Noch vor dem offiziellen Inkrafttreten der *lex* brannte ein Mob das protzige Haus nieder, das sich Cicero wenige Jahre zuvor auf dem Palatin, in Roms vornehmster Gegend, erbaut hatte und auf das der Emporkömmling verständlicherweise stolz war. Ähnlich war man in ferner Vergangenheit mit den Häusern von Männern verfahren, die im Verdacht standen, nach der Alleinherrschaft zu streben: Spurius Cassius Vecellinus, Spurius Maelius und Marcus Manlius Capitolinus, allesamt halbmythische Figuren, die man im 6., 5. und 4. Jahrhundert bezichtigt hatte, nach der Tyrannis zu streben. Plutarch unterstellt Clodius, er habe den Mob persönlich angeführt, doch handelte der offenbar auf eigene Faust. Nicht einmal Cicero hält seinem Gegner vor, er sei selbst dabei gewesen. Gerade die Eigenmächtigkeit der gewaltbereiten Menge aber zeigt, wie hoch Clodius bei ihr im Kurs stand. Man arbeitete dem Volkstribunen entgegen, auch ohne dass der eigens das Startsignal gab.[23]

Auf dem an Ciceros Stadthaus angrenzenden Gelände hatte der wenige Jahre zuvor verstorbene Catulus eine Portikus errichten lassen, in der die Beutestücke des von Marius 101 v. Chr. siegreich beendeten Kimbernkrieges ausgestellt waren. Clodius ließ dieses Bauwerk so umbauen, dass es bis auf Ciceros Grundstück reichte. Die Säulenhalle, die Catulus selbst dort errichtet hatte, wo zuvor das Haus eines popularen Demagogen gestanden hatte, ließ er durch den Pontifex Lucius Pinarius Natta, seinen Schwager, der Göttin Libertas weihen. Libertas war die personifizierte republikanische Freiheit. Ihr Heiligtum befand sich jetzt also über den Trümmern von Ciceros Haus. Was Clodius hier auf dem Palatin inszenierte, war ein Bild von ungeheurer Wirkungsmacht: Cicero und seinesgleichen hatten die Libertas stets im Munde geführt, aber sie meinten die Freiheit der Wenigen. Eine Freiheit, die Cicero von *licentia* abgrenzte, unter deren Herrschaft jeder tun und lassen konnte, was er wollte: Diese *libertas* der Wenigen bildetete mit *auctoritas* und *dignitas* eine unauflösbare Dreifaltigkeit. Clodius stellte ihr die *libertas* der Vielen entgegen, die über den Tyrannen Cicero triumphiert hatte. Für den Exilierten war die Inszenierung ein perfider Mummenschanz, aber für die Menschen auf dem Platz las sie sich wie eine plausible Erzählung. Clodius hatte das Freiheitspathos, das die Republik seit dem Ende des Königtums hochhielt, mit einem völlig neuen Sinn aufgeladen. *Libertas*, das war nicht länger nur die negative Freiheit von etwas: der tyrannischen Gewalt eines Königs. *Libertas* war jetzt auch die positive Freiheit aller Bürger im Sinne von Isaiah Berlin: eine Ermöglichungsfreiheit, in der die Vision von einem erfüllten Leben steckt, davon »Subjekt, nicht Objekt« zu sein, »eigenen Gründen und bewußten Absichten zu folgen«. Eine solche Freiheit ist die Bedingung für Souveränität, in den Worten Hannah Arendts: »das Ideal eines freien Willens, der von anderen unabhängig ist und sich schließlich gegen sie durchsetzt«.[24]

Einen Teil von Ciceros Grundstück reklamierte die Familie der Clodii für sich, wenn man Ciceros Rede glauben darf, einen weiteren verkaufte er an einen gewissen Scato, der aus dem Land der Marser stammte und, wiederum laut Cicero, unvermögend war. Durch diese Transaktionen rammte Clodius Pflöcke ein: Auch wenn es Cicero entgegen den Bestimmungen der *lex de exsilio* gelänge, wieder nach Rom zurückzukehren, sollte es ihm unmöglich sein, sein luxuriöses Anwesen wieder in Besitz zu nehmen. Mit dem Haus hatte Cicero den Ort verloren, an dem er seine Ahnen verehrte, der außerdem gerade für ihn als Emporkömmling *dignitas* symbolisierte, kurz: der ihm, wie jedem römischen Bürger, buchstäblich heilig war. Der Verlust war eine schwärende Wunde. So sollte es nach Clodius' Willen bleiben.[25]

Der doppelte Sieg über Cicero war Clodius' größter persönlicher Triumph. Am Ziel war der Volkstribun deshalb aber noch lange nicht. Das nächste Etappenziel lautete, mit dem Volkstribunat so große, unverwischbare Spuren zu hinterlassen, dass der Weg für die weitere Karriere bis zum Konsulat frei war. Clodius Modus operandi war der des Demagogen. Der Demagoge agitiert, und Agitation ist dann am wirkungsvollsten, wenn sie sich gegen einen konkreten Gegner richtet. Der nächste logische Gegner war, nachdem Cato und Cicero aus dem Weg geräumt waren, Pompeius: der Mann also, den Clodius schon bis aufs Blut gereizt hatte. Der Volkstribun setzte seinen Demütigungsfeldzug gegen Pompeius ungehemmt fort. Sein erster Streich war noch im Frühjahr ein Gesetz, das abermals auf die Revision von Pompeius' Maßnahmen im Osten zielte. Der Feldherr hatte, als er 63 v. Chr. die Verhältnisse in Klein- und Vorderasien neu geregelt hatte, den Tetrarchen von Westgalatien, Deiotaros, zum Hohenpriester der Magna Mater im Heiligtum von Pessinus gemacht. Die Stadt war das Zentrum eines kleinen Tempelstaates. Den obskuren Fürsten, der Rom gegenüber stets loyal gewesen war, hatte er zum mit Rom verbündeten König erhoben, was nicht nur für den lokalen Dynasten einen hohen Prestigegewinn bedeutete. Normalerweise war es der Senat, der auswärtige Herrscher zu Klientelkönigen bestellte. Pompeius aber galt nun in Rom als jemand, der Diademe verteilen (und wegnehmen) konnte, als ein Königsmacher, in dessen Person sich die sämtliche Monarchien in den Schatten stellende Majestät des römischen Volkes bündelte. Deshalb rüttelte ein Plebiszit, das Deiotaros als Hohepriester wie als König ab- und seinen Schwiegersohn Brogitaros in beide Funktionen einsetzte, unmittelbar an der Ehre des Großfeldherrn. Zum ersten – und einzigen – Mal in der Geschichte der Republik maßte sich das Volk an, einen König einzusetzen. Clodius knüpfte mit der *lex de rege Deiotaro et Brogitaro* unmittelbar an das neue Freiheitskonzept an, das er mit dem Libertas-Heiligtum auf dem Palatin erprobt hatte: Nicht der Senat und schon gar nicht ein Einzelner wie Pompeius besaß die Freiheit, Könige zu machen und zu demontieren – diese Freiheit gebührte allein dem römischen Volk in seiner unüberbietbaren Majestät.[26]

Die Demütigung des großen Mannes machte Clodius mit einem weiteren Streich perfekt: Er ließ mit ein paar Getreuen den armenischen Prinzen Tigranes, Sohn des gleichnamigen Königs, aus dem Haus des Prätors Lucius Flavius entführen. Flavius war ein Gefolgsmann des Pompeius und hatte sich bereiterklärt, den jungen Mann zu beherbergen, während er als Geisel in Rom gehalten wurde. Als Flavius auf der Via Appia versuchte, Tigranes wieder einzufangen, brach ein Handgemenge aus, bei dem Marcus Papirius, ein Freund des Pompeius, ums Leben kam. Clodius hatte nicht nur dem mächtigen Großfeldherrn eine Lektion erteilt, er hatte sich auch dafür gerächt, dass man ihn vor Jahresfrist mit einer Gesandtschaft an den armenischen Hof, zu Tigranes senior, hatte abspeisen wollen.[27]

Pompeius, alarmiert und verletzt, reagierte, indem er seine Verbündeten gegen Clodius aufmarschieren ließ. Der erste, der für ihn in den Kampf um Rom zog, war Gabinius. Der Konsul brachte seine eigenen Schlägerbanden gegen die clodianischen *operae* in Stellung, mit für ihn niederschmetterndem Ergebnis: Clodius' Raufbolde überwältigten die Leute des Gabinius und zerbrachen die Fasces seiner Liktoren. So demonstrierte Clodius öffentlich, was er von der Autorität des Konsuls hielt. Obendrein weihte er den gesamten Besitz des Gabinius der plebejischen Schutzgöttin Ceres. Das war nur ein symbolischer Akt, weil er nicht an die Habe des Konsuls herankam, aber Gabinius war damit als Feind der Plebs gebrandmarkt.[28]

Der Volkstribun Ninnius, der sich Clodius schon zu Jahresbeginn in den Weg gestellt hatte, reagierte, indem er nun seinerseits den Besitz des Kollegen weihte. Auch dies war pure Symbolpolitik, die aber in diesem Fall nicht auf die Volksmassen zielte, sondern auf die Senatoren. In der Kurie wurde der Unmut über Clodius' Aktionen immer vernehmlicher. Dass er sich mit dem Pöbel gegen einen Konsul gemein gemacht hatte, stieß vielen der hohen Herren sauer auf, auch wenn sie seine Opposition gegen Pompeius eigentlich guthießen. Mitten in der angespannten Situation des späten Frühjahrs stellte Ninnius im Senat den Antrag, Cicero die Rückkehr nach Rom zu gestatten. Es hieß, auch Pompeius stehe hinter diesem Vorstoß, und der Antrag fand im vollen Haus eine überwältigende Mehrheit. Freilich legte Aelius Ligus, ein weiterer Volkstribun und Bundesgenosse des Clodius, dagegen sein Veto ein, so dass der Beschluss wirkungslos blieb. Dennoch war Ciceros Fall damit wieder im Zentrum der politischen Debatte. Viele einflussreiche Senatoren verwandten sich für den exilierten Konsular, darunter auch Ciceros Schwiegersohn Gaius Calpurnius Piso Frugi, der 58 v. Chr. die Quaestur bekleidete und mit dem amtierenden Konsul Piso verwandt war. Die Ritter machten sich für Cicero stark und versammelten sich vor der Kurie, während im Innern des Gebäudes die Senatoren beschlossen, keine anderen Themen mehr zur Sprache zu bringen, bis die Konsuln nicht einen Volksbeschluss gegen die *lex de exsilio Ciceronis* erwirkt hätten. Freilich enthielt das Gesetz einen Passus, der jedes Bemühen unter Strafe stellte, Cicero aus dem Exil zurückzuholen. Clodius reagierte, indem er diesen Teil des Gesetzes öffentlich im Senat aushängen ließ. Sogleich machten die tapferen Senatoren einen Rückzieher.[29]

Doch Pompeius ließ nicht locker. Durch seinen Freund Marcus Terentius Varro ließ er Ciceros Vertraute in Rom, darunter Atticus, wissen, er wolle sich Caesars Unterstützung für eine Rückholung des prominenten Konsulars versichern. Er schlug so gleich mehrere Fliegen mit einer Klappe: Die Aktion musste ihm die Sympathien der zahlreichen Cicero-Freunde im Senat einbringen, dessen Mehrheit sich ihm entfremdet hatte. Und sie würde, wenn erfolgreich, Clodius' Versuchen einen Riegel vorschieben, die Koalition zu spalten. Für den zum Plebejer gewendeten Patrizier hing von Caesars Reaktion viel ab: Handelte die Dreierkoalition geschlossen, so kam er allein gegen sie nicht an, mochte er auch noch so viele Anhänger auf die Straße bringen. Clodius reagierte auf für ihn typische Art: In einer halsbrecherischen Rochade trommelte er plötzlich auf überall in der Stadt veranstalteten *contiones* gegen Caesars Gesetzgebung vom Vorjahr. Was auf den ersten Blick wie politischer Selbstmord wirkte – immerhin verdankte er nichts anderem als diesen Gesetzen seinen Plebejerstatus und damit das Amt –, war tatsächlich ein wohlkalkulierter Schachzug. Clodius trat gemeinsam mit Bibulus auf und behauptete, die Gesetze hätten nicht die nötige sakralrechtliche Legitimität. So wurde ausgerechnet der irrlichternde Ex-Patrizier plötzlich zum Hoffnungsträger der Senatsmehrheit, die sich nichts, nicht einmal Ciceros Rückkehr, sehnlicher wünschte als eine Niederlage ihres Lieblingsfeindes Caesar. Allein war Clodius gegen Pompeius und Caesar machtlos, aber mit den Optimaten im Rücken konnte er Ciceros Rückberufung durchkreuzen.[30]

Kurz nach diesen Ereignissen wurden die Magistrate für das Folgejahr gewählt. Bei der Wahl der Volkstribunen waren zwei von Ciceros engsten Weggefährten erfolgreich, Titus Annius Milo und Publius Sestius. Noch weitere designierte Tribunen machten sich später für Ciceros Rückkehr stark: Gaius Cestilius, Marcus Cispius, Quintus Fabricius und Gaius Messius. Von den beiden Konsuln war Quintus Caecilius Metellus Nepos seit seinem Bruch mit Pompeius eng mit Clodius befreundet, der andere Konsul, Publius Cornelius Lentulus Spinther, stand auf Pompeius' Seite. Appius Claudius Pulcher, Clodius' älterer Bruder, hatte sich um die Prätur beworben und kam durch. Für Clodius war diese Konstellation nicht besonders günstig: Deutlich mehr künftige Magistrate standen hinter Cicero oder Pompeius als hinter ihm selbst. Wieder trat Clodius die Flucht nach vorne an: Am 11. August ließ ein Sklave in der Nähe der Kurie seinen Dolch fallen. Vom Konsul Gabinius verhört, gab er zu, einen Mordanschlag auf Pompeius geplant zu haben – im Auftrag seines Herrn. Was aussah wie das Missgeschick eines tölpelhaften Sklaven, war tatsächlich ein Manöver, um Pompeius für die kommenden Monate politisch zu neutralisieren. Der Plan ging auf: Der zur Paranoia neigende Großfeldherr sorgte sich so sehr um seine Sicherheit, dass er sich in seinem Haus verbarrikadierte und in der Öffentlichkeit fortan nicht mehr gesehen wurde. Damit er es sich auch gewiss nicht anders überlegte, ließ Clodius seine Banden das Haus förmlich belagern. Er drohte damit, auch Pompeius' Grundstück konfiszieren und dort ein weiteres Heiligtum errichten zu lassen.

Bis zum Ablauf seines Tribunats im Dezember gehörten die Straßen der Hauptstadt den Schlägern. Niemand wagte es, ihnen Einhalt zu gebieten. Clodius hatte wieder einmal bewiesen, dass der wohldosierte Einsatz von Terror in der Politik Wunder wirken kann.[31]

## NEMESIS

Als sich das Jahr 58 v. Chr. dem Ende zuneigte, konnte ein einigermaßen zufriedener Clodius Rückschau halten. Sein Tribunatsjahr hatte dem ehemaligen Patrizier eine stattliche Zahl von Erfolgen beschert. Erstens hatte er seine Gegner das Fürchten gelehrt. Stärker als je war sein Rückhalt bei den städtischen Massen Roms, die er über sein Netzwerk aus in den *vici* und *collegia* einflussreichen Männern lenkte und mit dem rhetorischen Feuerwerk politisierte, das er auf unzähligen *contiones* zündete. Clodius hatte sich eine Klientel geschmiedet, wie es sie in dieser Form in der Republik noch nicht gegeben hatte. Zweitens war es ihm gelungen, im Spiel um die Macht etliche wichtige Figuren vom Schachbrett zu nehmen: Cato war auf Zypern, Cicero in der Verbannung in Griechenland und der große Held Pompeius im inneren Exil in seinen eigenen vier Wänden. Die Optimaten schwankten zwischen panischer Angst vor dem Terror, den Clodius jederzeit entfesseln konnte, und der Hoffnung, den Liebling der Massen irgendwie doch auf ihre Seite ziehen und benutzen zu können. Caesar schließlich befand sich in Gallien, wo die Stämme in Unordnung geraten waren und Krieg unmittelbar bevorstand. Ihm kam es zupass, dass Clodius das politische Rom in Geiselhaft hielt, aber davon, dass er den Tribun aus dem Norden fernsteuerte, kann keine Rede sein. Und Crassus, der dritte im Bunde der Koalition? Er lavierte wie eh und je zwischen Lagern und Akteuren und blieb undurchschaubar. Alle diese Männer waren Clodius an Rang überlegen, doch sein Wort besaß Anfang Dezember 58 in Rom mehr Gewicht als ihr Wille. Clodius war in diesem Augenblick der mächtigste Mann in Rom. Seine Macht speiste sich aus fünf Quellen:

1. Solange Clodius Volkstribun war, konnte er sich auf die ausladenden Befugnisse seines Amtes stützen. Sie würden ihm nach dem 10. Dezember nicht mehr zur Verfügung stehen.
2. Clodius besaß unter den Magistraten des ablaufenden Jahres zahlreiche Verbündete, allen voran den Konsul Gabinius, der sich aktiv für seine Belange starkmachte. Andere, wie Gabinius' Kollege Piso, wahrten ihm gegenüber wohlwollende Neutralität. Es war abzusehen, dass die Amtsträger des kommenden Jahres ihm weniger gewogen sein würden.
3. Die latente Rivalität in der Koalition der großen Drei, vor allem zwischen Pompeius und Caesar, begünstigte Clodius. Die Triumvirn brauchten, um ihren Einfluss zu sichern, die Sympathie der Massen. Vor allem Caesar benötigte Rückhalt, um sein Kommando in Gallien zum Erfolg zu führen. Niemand organisierte die Stimmung im Volk effektiver als Clodius. Pompeius wusste ein Lied davon zu singen, dass die Feindschaft des Tribunen eine schwere politische Hypothek war.
4. Gerade wenn es gegen Pompeius ging, suchten optimatische Senatoren den Schulterschluss mit Clodius. Die Unterstützung aus diesen Kreisen war entscheidend gewesen für die Erfolge, die er als Volkstribun hatte feiern können.
5. Eine sichere Bank für den begnadeten Agitator waren die Volksmassen der Hauptstadt. Seinen Einfluss auf die

einfachen Bürger übte er indirekt, über sein Netzwerk aus »Ehrenmännern« in den *vici* und *collegia*, und direkt, durch die Ansprache der stadtrömischen Plebs auf den *contiones*.

Außer über die Kompetenzen seines eigenen Amtes und die verbündeter Magistrate gründete sich Clodius' Macht also auf seine ideale Positionierung in einem Dreieck, das aus der Koalition, dem Senat und den hauptstädtischen Massen bestand. Seine Schlüsselkompetenz war die Fähigkeit, die Plebs zu mobilisieren und politisch bald in die eine, bald in die andere Richtung zu bewegen. Sie fußte auf seiner inzwischen kaum noch zu erschütternden Autorität, die wiederum auf mehreren Säulen ruhte: dem Ahnenkapital seiner Familie, einer fraglos beeindruckenden rednerischen Begabung und seinem außerordentlichen Geschick beim Knüpfen von Netzwerken, das er in Jahren der politischen Basisarbeit erworben hatte, aber auch der Skrupellosigkeit, mit der er Gewaltorgien auf den Straßen der Hauptstadt feierte. Seine Mobilisierungskompetenz machte Clodius zum gesuchten Bundesgenossen und gefürchteten Gegner, der durch geschicktes Dosieren von Drohungen und Versprechungen den Preis für seine Freundschaft in schwindelerregende Höhen treiben konnte.

Während im neuen Jahr die fünfte Machtquelle unvermindert weitersprudeln würde, war absehbar, dass die Quellen eins und zwei am Versiegen waren. Ob Clodius' Gewicht von Dauer sein würde, hing davon ab, ob er seine Position im Dreieck zwischen Senat, städtischer Plebs und der Dreierkoalition würde behaupten können. Und dafür wiederum war entscheidend, ob es Clodius gelang, die Kulisse von Terror und Gewalt aufrechtzuerhalten, die er mit so viel Energie gezimmert hatte. Eine wichtige Einflussgröße war auch, was die anderen Akteure jetzt unternehmen würden, vor allem Pompeius und Caesar, aber auch die Optimaten, die Clodius als nützlichen Bundesgenossen gegen Pompeius betrachteten. Immerhin besaß Clodius nicht länger die Immunität des Volkstribunen und war daher juristisch angreifbar. Gleichsam der Fluchtpunkt, auf den alle Politik in den nächsten Monaten zulaufen musste, war Ciceros Schicksal: Die Rückkehr des Konsulars würde zum Menetekel für Clodius und seine Politik werden, sein Verbleib im Exil zum Schlussstein seines Erfolges. So, wie Clodius Ciceros Nemesis war, so würde auch der Redner, wenn er denn eines Tages wieder in Rom sein sollte, die Gestalt der strafenden Rachegöttin für den Gewaltvirtuosen annehmen.

Als am ersten Tag des Jahres 57 auch die übrigen Magistrate ihre Ämter antraten, schien Rom aus einem bösen Traum zu erwachen. Pompeius verließ sein Haus und ließ sich wieder in der Öffentlichkeit und im Senat sehen. Der die Amtsgeschäfte führende Konsul Spinther hielt gleich am 1. Januar vor dem Senat ein kraftvolles Plädoyer für Ciceros Rückkehr. Pompeius selbst forderte in der Kurie ein Gesetz, das die *lex Clodia de exsilio Ciceronis* aufheben sollte. Schon im Dezember hatte der Volkstribun Messius, ein Mann des Pompeius, für solch ein Gesetz geworben und sich der Unterstützung von sieben seiner Kollegen versichert. Doch der Tribun Sextus Atilius Serranus Gavianus erhob sich und beantragte, die Sitzung zu vertagen, weil er sich angeblich überlegte, sein Veto einzulegen. Serranus gelang es durch seine Verzögerungstaktik, den Senat beschlussunfähig zu machen, und so gab es keine Abstimmung in der Kurie, bevor der Volkstribun Fabricius das Gesetz am 23. Januar der Plebs zur Abstimmung vorlegen sollte. Als Fabricius, sein Kollege Cispius und Quintus Cicero die Rednertribüne besteigen wollten, nahm sie dort schon ein von Clodius herbeigerufener Mob in Empfang.[32]

Cicero schildert das Handgemenge in seiner Rede für Sestius als Kampf um Leben und Tod:

> Den Volkstribun Marcus Cispius, einen vortrefflichen und überzeugungsstarken Mann, reißen sie mit Gewalt zurück, auf dem Forum veranstalten sie ein großes Blutvergießen, und der ganze Haufen sucht mit den Augen, ruft mit der Stimme, die blutigen Schwerter gezückt, überall auf dem Forum meinen Bruder, einen trefflichen, von mir sehr geliebten Mann. Jener hätte seinen Körper in seinem Schmerz und seiner Sehnsucht nach mir ihren Waffen ganz gerne dargeboten, nicht um sich ihnen zu widersetzen, sondern um zu sterben, hätte er sein Leben nicht für die Hoffnung auf meine Rückkehr aufgehoben. Dennoch musste er die frevlerische Gewalt dieser ruchlosen Straßenräuber über sich ergehen lassen, weil er, als er die Rettung seines Bruders vom römischen Volk erbitten wollte, von der Rednertribüne herabgestoßen wurde und auf dem Comitium lag. Und er bedeckte sich mit den Körpern seiner Sklaven und Freigelassenen und rettete sein Leben durch den Schutz der Flucht und der Nacht, nicht des Rechts und der Richter.[33]

Der Tiber, berichtet der Redner in der Rückschau, sei mit den Leichen der getöteten Bürger gefüllt, die Kanalisation verstopft gewesen. Die Sache der Republik sei an diesem Tag nicht durch Obnuntiation, Interzession oder Abstimmung, sondern durch »Gewalt, Tätlichkeit und Waffen«, *vi, manu, ferro*, besiegt worden. Tatsächlich bot sich für Clodius offenbar keine Möglichkeit, den Erfolg seiner Gegner mit rechtskonformen Mitteln zu durchkreuzen. Dazu hatte sich die Stimmung zu sehr zu Ciceros Gunsten und zu seinen Ungunsten gedreht. Am 11. Februar erschütterten abermals schwere Unruhen Rom, nachdem Sestius als Volkstribun versucht hatte, per Obnuntiation die Einberufung der Volksversammlung durch den Konsul Nepos zu verhindern. Clodius' *operae* schreckten nicht einmal davor zurück, die kraft *sacrosanctitas* geschützte Person des Tribunen zu attackieren.[34]

Milo wollte Clodius für den Aufruhr vom 23. Januar anklagen. Das misslang: nicht, weil Milo sich von den Drohungen und Angriffen auf seine Person entmutigen ließ, sondern weil der Konsul Nepos, Clodius' Bruder Appius als Prätor und ein namenloser Volkstribun jede gerichtliche Verfolgung des Vorgefallenen per Veto untersagten. Dennoch löste die doppelte Gewalteskalation auf dem Forum eine Kettenreaktion aus, an deren Ende die Rehabilitierung des Redners stand. Der Tumult rüttelte die große Mehrheit der Senatoren wach und nahm ihnen einstweilen die Illusion, dass mit Clodius ein Auskommen zu finden war. Außerdem kopierten die besonders Entschlossenen unter ihnen das Erfolgsrezept des begnadeten Agitators. Sie sammelten nun ebenfalls *operae* und trommelten Volksmassen zusammen, um Gewalt zu säen. Vor allem Sestius und Milo wappneten sich mit eigenen Schlägertrupps, die den *operae Clodianae* dadurch überlegen waren, dass ihr Kern nicht aus einfachen Bürgern, sondern aus Profis bestand: bewaffneten Sklaven und Gladiatoren, deren Entlohnung viele Senatskollegen großzügig und diskret bezuschussten. Weil Clodius' Autorität bei den städtischen Volksmassen noch keinen Kratzer erlitten hatte, stützten sich seine Gegner außerdem auf römische Bürger aus dem ländlichen Italien, die für wichtige politische Veranstaltungen und Abstimmungen regelmäßig in großen Massen nach Rom gekarrt wurden.[35]

Cicero versucht in seinen nach der Rückkehr gehaltenen

Reden den Eindruck zu erwecken, als hätten sich diese Gewaltformationen in der Substanz von den *operae Clodianae* unterschieden. Die Gefolgsleute des Demagogen schimpft er »Straßenräuber«, *latrones*, »durch Armut und Verbrechen auf die schiefe Bahn Geratene«, *egestate et scelere perditi*, oder *facinorosissimi sicarii*, »ruchlose Meuchelmörder«, die Banden eines Sestius oder Milo dagegen adelt er verbal zu *praesidia*, »Personenschützern«. Freilich verkennt Cicero – oder er will es verkennen –, dass seine Verbündeten, indem sie sich eigene Schlägertrupps leisteten, die Gewalt weiter anheizten. Man kann zu ihrer Rechtfertigung anführen, dass Clodius ihnen keine Wahl gelassen hatte. Wollten sie nicht das Feld kampflos räumen, mussten sie sich der Logik der Militanz beugen, Gewalt mit Gegengewalt vergelten. Doch stimmt das? Die Ergebnisse der Wahlen für 57 hatten gezeigt, dass Clodius' Macht keineswegs grenzenlos war. Entscheidend war, dass die gemäßigten Kräfte im Senat und in der Volksversammlung genug eigene Anhänger mobilisierten, dann ließ sich der Bann wirksam brechen, in dem Clodius die römische Plebs hielt. Außerdem hatten viele Männer aus der Mitte des Senats mit Clodius zusammengearbeitet und ihm so überhaupt erst zu seiner Macht verholfen. Wog der Hass auf Pompeius wirklich so schwer, dass man darüber die Risiken vergessen konnte, die aus der Kollaboration mit dem Demagogen erwuchsen? Glaubte man allen Ernstes, Clodius zur Kreatur der Senatsmehrheit machen zu können? Wenn dem so war, dann machte diese Illusion Schule, denn knapp 15 Jahre später glaubte Cicero selbst, der junge Caesar – der spätere Augustus – ließe sich zum willfährigen Instrument des Senats machen. Welch ein Irrtum![36]

Die Fehlkalkulationen der Jahreswende 58/57 beschleunigten den Untergang der Republik, aber sie verkürzten Ciceros Exil und bescherten der Senatsmehrheit wie auch Pompeius einen symbolischen Triumph. Der große Feldherr rackerte sich sogar unermüdlich für den Redner ab: Er fuhr nach Capua, wo er das Amt des örtlichen Obermagistraten bekleidete, und brachte die Gemeinde dazu, dass sie per Volksbeschluss die *lex de exsilio* als unrechtmäßig verurteilte. Dann bereiste er Italien und sprach auf den Marktplätzen der Provinz. Der Erfolg ließ nicht lange auf sich warten: Auf Antrag Spinthers beschloss der Senat am 1. Mai, die Bürger aus Italien sollten in Rom zusammenströmen und dort für die Aufhebung von Ciceros Exil demonstrieren. Viele, sehr viele kamen, und ein aufgebrachter Mob griff Clodius tätlich an, als er im Theater an der Feier der Ludi Floreales teilnehmen wollte. Wenn die stadtrömischen Massen unerschütterlich zu Clodius hielten, war die Stimmung in der *plebs rustica* eine ganz andere. Plötzlich war es Clodius, der sich bei öffentlichen Veranstaltungen verstohlen zu seinem Platz schlich, um unerkannt zu bleiben, auf der »Via Appia«, wie Cicero spottete.[37]

Immer stärker wurde der öffentliche Druck, Cicero zurückzuholen. Die Steuerpächter und etliche *collegia* machten sich für seine Rückkehr stark, und zu den vom 5. bis 13. Juli abgehaltenen Ludi Apollinares strömten mehr Italiker als je zuvor nach Rom, das vor Menschen förmlich überquoll. Clodius unternahm einen letzten, verzweifelten Versuch, die Niederlage abzuwenden: In Rom herrschte schon seit Mitte 58 eine angespannte Ernährungslage. Im Sommer 57 verschärfte sie sich zu einer veritablen Hungersnot, die auch durch die staatlichen Getreideverteilungen nicht gelindert werden konnte. Clodius nutzte die Verzweiflung der Hungernden aus, ließ die Feiern der Ludi stören und das Haus des zuständigen Prätors belagern: Lucius Caecilius Rufus war ein persönlicher Freund Ciceros und an höchster Stelle für die Getreideversorgung Roms verantwortlich. Doch wenn

Clodius geglaubt hatte, mit Straßengewalt den kollektiven Willen des Senats zu brechen, hatte er sich getäuscht. Wenige Tage nach den Unruhen kam das Gremium im Jupitertempel auf dem Kapitol zusammen und beschloss bei einer einzigen Gegenstimme – Clodius' eigener – die Rückberufung Ciceros. Den Gesetzesantrag, der im August dem Volk vorgelegt wurde, zeichneten sämtliche Magistrate mit Ausnahme der mit Clodius verbündeten Tribunen Serranus und Numerius sowie seines Bruders, des Prätors Appius Claudius Pulcher. Als die Volksversammlung am Morgen des 4. August auf dem Forum zusammenkam, versuchten die *operae Clodianae*, die Rede von Ciceros Bruder Quintus zu stören, doch diesmal gerieten sie auf ihrem ureigensten Territorium in die Defensive. Die Bewohner der italischen Landstädte waren auf Roms Straßen und Plätzen deutlich in der Überzahl. Diejenigen, die seit Monaten Gewalt gesät hatten, ernteten jetzt auch Gewalt. Genau einen Monat nach der Abstimmung, am 4. September, zog Cicero am ersten Tag der Ludi Romani triumphal in die Haupstadt ein. Clodius hatte eine Schlacht verloren, den Krieg freilich noch nicht.[38]

# FÜNFTER AKT: DER REVOLUTIONÄR

Nein, den Krieg hatte Clodius noch nicht verloren. Cicero war aus Griechenland nach Rom zurückgekehrt, die *lex Clodia de exsilio Ciceronis* war vom Senat in der Luft zerrissen und vom Volk annulliert worden, die Gegner, allen voran Pompeius und Cicero, frohlockten. Doch noch hatte der ehemalige Volkstribun einige Pfeile im Köcher. Der triumphale Einzug des Redners in die Hauptstadt hatte an der Grundkonstellation nichts geändert: hier Pompeius, dort die Optimaten, die Pompeius misstrauten und inständig hofften, der große Feldherr möge auf dem glatten politischen Parkett ausrutschen, sowie eine Volksmasse, die zu Clodius als ihrem Retter aufblickte und die er noch immer über ein höchst effektives Geflecht politischer Helfer dirigieren konnte. Im Dreieck zwischen diesen Kräften war nach wie vor Platz für Clodius, wenn er seine Karten geschickt spielte. Die Lehre, die das Tauziehen um Ciceros Rückberufung für Clodius bereithielt, lautete, dass es Fragen gab, die Roms alte Führungsschicht zusammenschweißten und dass ihm dann, wenn die Nobilität einig war, die Isolation drohte. Hatte Clodius seine Lektion gelernt?

## PRO DOMO

Cicero war wieder in Rom. Schon am Tag nach seiner Rückkehr hatte er die erste Kröte schlucken müssen. Pompeius erwartete Dankbarkeit von dem Redner und trug ihm auf, im Senat, der am 5. September auf dem Kapitol tagte, für ihn ein *imperium* zu beantragen, mit dem der große Feldherr die Getreideversorgung der Hauptstadt auf neue Füße stellen wollte. Zugleich sollte der Konsul Spinther beauftragt werden, den vor kurzem aus seinem Reich vertriebenen ägyptischen König Ptolemaios XII. Auletes wieder in seine Herrschaft einzusetzen. Hinter Ptolemaios standen römische Geschäftsleute, denen der Flötenspieler viel Geld schuldete. Auch für Spinthers *imperium* stellte Cicero den Antrag. Pompeius schüchterte die Senatoren mit einem Großaufgebot an Bewaffneten ein. Etliche Konsulare kamen überhaupt nicht auf das Kapitol, andere machten sich gleich wieder auf und davon, als sie den Aufmarsch der Pompeius-Anhänger bemerkten. Die wenigen verbliebenen Senatoren sprachen sich für das *imperium* aus. Die Maßnahme veranlasste die Volksmassen zu Freudentänzen, löste aber unter den Senatoren Kopfschütteln aus. Cicero war mit einem Mal ein Mann des Volkes geworden.[1]

Immerhin: Sein Besitz war ihm durch die Annullierung der *lex Clodia* zurückgegeben worden. Sein Grundstück auf dem Palatin, mitten in Roms vornehmster Wohngegend, war aber nach wie vor mit dem Schrein für die Göttin Libertas überbaut, den Clodius hatte errichten lassen. Ciceros Sinnen und Trachten richtete sich logischerweise auf die vollständige Wiederherstellung des Hauses, das ihm so viel bedeutete. Die Frage hatte für ihn gleich doppelt hohen Symbolwert: Denn erstens stand das Haus dafür, dass er es als *homo novus* geschafft hatte und jetzt an der Spitze der sozialen Pyramide stand. Und zweitens sah Cicero sich selbst und niemanden sonst als Vorkämpfer in Sachen Freiheit. Wenn Libertas einen Feind hatte, dann war es Clodius. Um der römischen Öffentlichkeit unmissverständlich kundzutun, wie es um ihr Verhältnis zur Freiheit stand, mussten Cicero wie Clodius um das Haus und das Libertas-Heiligtum kämpfen, obwohl, wie Cicero in seiner 56 v. Chr. gehaltenen Rede zum Gutachten der Opferschauer sehr wohl einräumt, der in die vorhandene Säulenhalle des Catulus hineingebaute Schrein nur einen geringen Teil des Grundstücks einnahm. Doch der springende Punkt war, dass die Libertas des Clodius für einen radikal anderen Freiheitsbegriff stand als Cicero: eine Freiheit, die in dem Redner ihren Feind sah. Diese Göttin als Mitbewohnerin konnte der Konsular unmöglich akzeptieren. Umgekehrt konnte Clodius das Heiligtum nicht kampflos preisgeben, wollte er nicht vor aller Welt das Gesicht verlieren.[2]

So war der nächste Streit bereits vorprogrammiert, als Cicero an den Tiber zurückkehrte. Bereits aus dem Exil hatte er sich um eine Aufhebung des Heiligtums bemüht. Der einzige Weg dahin führte über das Priesterkollegium der Pontifices. Wenn sie, die allesamt Senatoren waren, befanden, dass die Weihung mit einem Rechtsmangel behaftet war, – und nur dann – war es möglich, den Schrein zu schleifen. Ein Rechtsmangel hätte vorgelegen, wenn Clodius entweder nicht zur Weihung des Heiligtums befugt gewesen oder sonst eine Unregelmäßigkeit dabei passiert wäre. Rechtsgrundlage war die *lex Papiria*, nach der die Weihung jedes Heiligtums eine *lex* oder ein *plebis scitum* voraussetzte. Das Verfahren, nach dem jetzt zu entscheiden war, sah vor, dass die Pontifices ein Gutachten erstellten, auf dessen Grundlage der Senat zu entscheiden hatte. Offenbar hatten die Pontifices sich schon vor dem 4. September mit der Angelegenheit beschäftigt, aber erst einmal keinen Beschluss fassen können. Für den 29. September war die öffentliche Anhörung angesetzt, in der das Priesterkollegium in Anwesenheit der Hauptkontrahenten Clodius und Cicero seine Entscheidung treffen sollte. Niemand glaubte, dass für diese Entscheidung nur Rechts- und Sakralrechtsfragen den Ausschlag geben würden. Clodius' juristische Position war stark, denn die *lex Papiria* räumte ihm zweifelsfrei die Möglichkeit ein, einen Schrein zu weihen. Schwach war aber seine politische Ausgangslage, denn ihm blies der Wind der öffentlichen Meinung heftig ins Gesicht. Bei Cicero war es genau umgekehrt: Er ritt auf einer Welle der Sympathie, konnte aber kaum juristisch triftige Gründe geltend machen, um den Abriss des Schreines zu erzwingen. Beiden wurde Gelegenheit zur Stellungnahme gegeben. Zwar ist lediglich Ciceros Rede überliefert, doch lässt sich der Argumentationsgang seines Gegenspielers immerhin in groben Umrissen daraus rekonstruieren.[3]

Für Cicero war die Weihung des Schreins aus zwei Gründen unrechtmäßig. Erstens sei Clodius in seinem Gesetz nicht namentlich zur Weihung ermächtigt worden und zweitens die *lex Clodia* im Wortlaut von den Bestimmungen der *lex Papiria* abgewichen: Während hier von *dedicare* die Rede sei, sei dort der Terminus *consecrare* vorgeschrieben. Das waren Spitzfindigkeiten. Clodius ging Cicero frontal an, um dessen politischen Vorteil umzukehren. Er hielt dem Konsular vor, er habe sich erst vor wenigen Tagen, vor dem Hintergrund der sich zuspitzenden Hungersnot, zugunsten eines fünfjährigen *imperium* für Pompeius ausgesprochen. Der Antrag, den Cicero wohl auf Druck des Pompeius im Senat eingebracht hatte, löste bei den Volksmassen sogleich große Begeisterung, im Senat ebenso große Bestürzung aus. Mit einer gehörigen Portion Ironie reibt Clodius Cicero sein *populariter agere* unter die Nase, während er selbst sich als Vorkämpfer der senatorischen Sache in Positur wirft. War es wirklich der Pompeius-Akolyth Cicero, dessen Rückkehr die Senatoren so sehnlich herbeigewünscht hatten? In Anspielung auf die Senatssitzung auf dem Kapitol schleudert er dem Redner entgegen, er sei ein »kapitolinischer Feind«, *hostis Capitolinus*. Mit viel rhetorischem Geschick versucht Clodius die Sympathie aufzuweichen, die das Pontifikalkollegium Cicero entgegenbringt. Rechtlich, lautet sein Argument, stehe die Weihung des Tempels auf solidem Fundament: Er sei dazu – per Volksbeschluss, aber das erwähnt Cicero nicht – ermächtigt gewesen, und die Weihung behalte auch nach Annullierung der *lex Clodia de exsilio Ciceronis* ihre Gültigkeit. Ein Teil des Grundstückes sei nun eine *res sacra*, die Weihung irreversibel. Denn schließlich sei alles mit rechten Dingen zugegangen, und Cicero selbst habe durch die Flucht ins Exil seine Schuld in der Sache der Catilinarier eingestanden. Deshalb reklamiert Clodius für sich, auch moralisch auf der richtigen Seite gestanden zu haben. Die Weihung des Libertas-Schreins sei legitim gewesen, weil sie den Sieg über einen Tyrannen beurkundete: *dedicatio magnam habet religionem*, ruft Clodius aus. *Religio* kann »gewissenhafte Sorgfalt«, aber auch »Gottesfurcht« bedeuten. Beides ist hier gemeint: Die Weihung entsprach den religiösen Gefühlen der Römer *und* den sakralrechtlichen Normen der Republik. Gegen die von Cicero zu erwartenden Einwände führt Clodius die Rechtmäßigkeit seiner Adoption und damit seines Volkstribunates sowie das notorische Selbstmitleid seines Gegners ins Feld. Ciceros Exil sei kein Opfergang gewesen, sondern die verdiente Strafe für dessen Grausamkeit. Clodius entwirft in seiner Rede ein Cicero-Bild, das zwischen Lächer- und Bedrohlichkeit changiert. Sich selbst empfiehlt er den konservativen Senatoren als gottesfürchtigen Römer von altem Schrot und Korn.[4]

Indes: Die Erinnerung daran, wie Clodius als Volkstribun gewütet hatte, war noch frisch. Deshalb mussten solche Worte wie blanker Hohn klingen, und genau da setzte Cicero in seiner Erwiderung auch den Hebel an. Der erfahrene Gerichtsredner wusste, dass sein Rechtsstandpunkt schwach war. Wollte er als Sieger vom Platz gehen, musste er Clodius als Politiker und als Bürger vor den Standesgenossen vollständig delegitimieren. Um dieses Ziel zu erreichen, verknüpft er geschickt juristische Rabulistik mit schweren Anschuldigungen. Das Gesetz sei ungültig, weil es nicht rechtmäßig zustande gekommen und weil die Adoption, die überhaupt die Grundlage von Clodius' Volkstribunat war, nur vorgetäuscht gewesen sei – eine *simulata adoptio*. Seine eigene Flucht ins Exil rechtfertigt Cicero mit dem Terror, den Clodius über Rom gebracht habe. Indem er Rom verlassen habe, habe er der Republik nach dem Sieg über Catilina noch einen zweiten Dienst erwiesen. Zum finalen Schlag gegen Clodius holt Cicero aus, indem er ihm rundheraus die Fähigkeit zu echten religiösen Regungen abspricht: Schließlich habe doch dieser Publius Clodius die *religio* im Haus des Pontifex Maximus – also des Mannes, der dem Kollegium vorsitzt, vor dem verhandelt wird – regelrecht »herausgerissen«, *eripuit*.[5]

Rechtlich lag der Fall einigermaßen klar. Aus der Annulierung der zweiten *lex Clodia* folgte keineswegs die Annulierung der Heiligtumsdedikation, obwohl Cicero genau dies den Pontifices weismachen wollte. Wenn das Priesterkollegium sich mit seinem Gutachten trotzdem Ciceros Standpunkt anschloss, dann aus politischen, nicht aus rechtlichen Erwägungen. Clodius war zu weit gegangen. Er hatte sich als Anstifter von Krawallen und Gewaltexzessen in den Augen seiner Kollegen im Senat unmöglich gemacht. Deshalb urteilten die Pontifices, Clodius' Name tauche in dem Plebiszit nicht auf, die Beauftragung durch das Volks sei deshalb nicht erfolgt. Das war juristische Erbsenzählerei. Aber am 2. Oktober beschloss der Senat auf Antrag des designierten Konsuls Gnaeus Cornelius Lentulus Marcellinus, der vor der Weihung gegebene Zustand solle auf dem Grundstück wiederhergestellt werden. Zwar hatte der Volkstribun Serranus sein Veto dagegen eingelegt, es sich angesichts des eindeutigen Meinungsbildes in der Kurie dann aber doch anders überlegt.[6]

Eine solch krachende Niederlage konnte Clodius selbstverständlich nicht auf sich sitzen lassen. Er reagierte, wie es anders nicht von ihm zu erwarten war, und mobilisierte die *operae.* Am 3. November griffen die Schlägerbanden die Baustelle auf dem Palatin an und zerstörten die fast schon wieder in alter Form rekonstruierte Catulus-Portikus. Bei der Gelegenheit attackierten sie auch das benachbarte Haus von Ciceros Bruder Quintus mit Steinwürfen und Fackeln. Am 11. überfielen sie Cicero und sein Gefolge auf der Via Sacra. Steine flogen, Keulen wurden geschwungen. Der Redner konnte sich in das Haus eines gewissen Tettius Damio flüchten, während seine Begleiter die Angreifer abwehrten. Einen Tag später war Milos Haus das Ziel von Stein- und Fackelwürfen. Folgt man Ciceros Darstellung, dann setzte dem Spuk ein gewisser Quintus Fulvius (?) Flaccus mit »entschlossenen Männern«, *viri acres,* ein Ende: Er stürmte das Haus des einst von Cicero verteidigten Publius Cornelius Sulla, das die *operae Clodianae* zu ihrem Hauptquartier gemacht hatten, und tötete die Anführer. Clodius selbst entkam. Milos und Sestius' Beispiel hatte im Optimatenlager inzwischen Schule gemacht. Auch Cicero spazierte nur noch in Begleitung von Bodyguards durch Rom, und Senatoren wie der sonst völlig unbekannte Flaccus unterhielten Schlägerbanden, die es mit Clodius' Leuten aufnehmen konnten. Die Episode wirft ein helles Licht auf die inzwischen fortgeschrittene Militarisierung der römischen Politik. Ein Katalysator dieser Entwicklung scheint die Hungerkrise gewesen zu sein. Im allgemeinen Klima von Not und Verzweiflung richteten sich die Augen des kleinen Mannes auf Protagonisten, die Rettung aus existentieller Not versprachen. Am ehesten traute man es Pompeius zu, Rom vom Hunger zu erlösen, und er zog vermutlich auch im Hintergrund der Kämpfe um Ciceros Grundstück die Fäden. War der ominöse Flaccus sein Gefolgsmann? Das verrät uns Cicero nicht, aber die Bataillone des Pompeius waren auf den römischen Straßen Ende 57 v. Chr. offenbar stärker als die seiner Widersacher, Clodius eingeschlossen.[7]

Für Clodius hatte die unrühmliche Episode auch noch ein Nachspiel im Senat. Dort wurde nämlich diskutiert, ob man ihn angesichts der Krawalle wegen Gewaltverbrechen, *de vi*, zur Rechenschaft ziehen solle. Dafür gab es seit den Tagen Sullas einen speziellen Gerichtshof, und dort wollte der designierte Konsul Marcellinus, unterstützt von Milo und Sestius, Anklage erheben. Bevor die Sache entschieden war, sollte Clodius nicht wie geplant für die Ädilität kandidieren dürfen, für die Wahlen im November anstanden. Milo als Volkstribun verhinderte die Wahlen am 19. und 20. des Monats durch Obnuntiation. Die Versuche des Clodius und des Metellus Nepos, Milos Hinhaltetaktik durch Gewalt und List zu durchkreuzen, fruchteten nicht, weil der Volkstribun sich mit Knüppelgarden umgeben hatte, denen Clodius' Bande aus *fugitivi*, »entlaufenen Sklaven«, wie Cicero sie nennt, nicht das Wasser reichen konnte. All das berichtet Cicero Atticus in einem Brief vom 23. November. Der Redner zweifelt nicht einen Moment daran, dass Milo Clodius töten würde, stellte der sich ihm im Kampfgetümmel entgegen. Offenbar schwebte die unverhohlene Drohung längst im Raum.[8]

Doch aus dem Prozess wurde nichts. Weil Milo die Wahl

der Ädilen hintertrieb, konnten auch keine neuen Quästoren gewählt werden, die für die Berufung des Gerichts zuständig gewesen wären. Als Marcellinus im Senat versuchte, diese Hürde zu umschiffen, indem er beantragte, der für die Stadt zuständige Prätor solle die Richter bestellen, stemmte sich der Konsul Marcellinus dagegen. Cicero, der seinem Bruder Quintus den Verlauf der Sitzung schildert, erweckt hier den Eindruck, der Senat habe mehr oder weniger geschlossen hinter ihm selbst gestanden. Doch das war erkennbar nicht der Fall. Im Senat gab es für Marcellinus' Antrag, für die weitere Verschiebung der Wahlen und die Anklage gegen Clodius letztlich keine Mehrheit. In der Aussprache hatten sich nicht nur Metellus Nepos und sein Bruder Appius für Clodius eingesetzt, sondern mit Hortensius auch ein Vertreter der Optimaten. Eine Rolle dürfte gespielt haben, dass man hinter dem ganzen Manöver Pompeius wähnte, er womöglich auch tatsächlich dahintersteckte. Pompeius hatte in der Zwischenzeit versucht, selbst das schon Spinther übertragene *imperium* zur Wiedereinsetzung des Ptolemaios Auletes zu ergattern. Das weckte im Senat wieder die alten Aversionen, und Clodius davonkommen und Ädil werden zu lassen, erschien vielen als das kleinere Übel.[9]

## PROZESSE

So wurde Clodius also gewählt: Wegen der Verzögerungen erst am 20. Januar 56 v. Chr., aber er bekleidete nun wieder eine Magistratur. Die Politische Stimmung war zu Gunsten der Optimaten umgeschlagen: Mit Gnaeus Cornelius Lentulus Marcellinus und Lucius Marcius Philippus bekleideten zwei Männer den Konsulat, die unverrückbar in ihrem Lager standen. Pompeius' Position war indes weiter geschwächt worden durch das Tauziehen um das *imperium* für Ägypten, in dem sich der Kriegsheld nach außen hinter Spinther gestellt, aber im Stillen seine Gefolgsleute für eine Übertragung des Kommandos auf ihn hatte trommeln lassen. Als Anfang Januar der Blitz in eine Jupiterstatue auf dem Monte Cavo in den Albanerbergen einschlug, bezog alle Welt dieses Vorzeichen auf die Ägyptenfrage. Aber was sollte es bedeuten? Der Senat wandte sich an das Priesterkollegium der *XV viri sacris faciundis*, dem auch Clodius angehörte. Die Fünfzehn waren Aufseher über die Opferschau, befragten aber nicht die *haruspices*, wie man es hätte erwarten sollen, sondern die Sibyllinischen Bücher. Dort stießen sie auf folgenden Orakelspruch: »Wenn der König von Ägypten kommt und um Hilfe bittet, dann verweigere ihm nicht die Freundschaft und hilf ihm auch nicht mit einer großen Schar, sonst wirst du Mühsal und Gefahr leiden.« Praktischerweise hielt also die uralte Sammlung von Weissagungen einen Spruch parat, der genau auf das Problem passte, vor dem man hier stand. Das Orakel wurde so gedeutet, dass Rom kein Heer entsenden solle, um Ptolemaios XII. wieder in sein Amt einzusetzen, beantwortete aber nicht die Frage, wem der Auftrag anvertraut werden sollte: Pompeius, für den sich die Volkstribunen Gaius Porcius Cato und Lucius Caninius Gallus starkmachten und für den sich außerdem die finanzkräftigen Gläubiger des Königs aussprachen, oder Spinther, hinter dem Cicero, Hortensius, Lucullus und andere Optimaten standen. Nicht wenige Optimaten hielten Spinther allerdings für einen Strohmann des Pompeius und wollten die Aktion lieber ganz abblasen. Unterschiedliche Vorschläge machten die Runde, doch der Senat konnte sich auch nach endloser Debatte auf keine Lösung einigen. Vereint war die Mehrheit des Gremiums lediglich in ihrer Gegnerschaft Pompeius gegenüber.[10]

Anfang Februar hing die Angelegenheit noch immer in

der Schwebe. Inzwischen erregte ein politischer Prozess die Gemüter in Rom: Milo war seit Dezember wieder Privatmann und konnte deshalb gerichtlich belangt werden. Clodius ließ sich diese Gelegenheit nicht entgehen und klagte am 2. Februar Ciceros Freund wegen seiner Rolle in den Straßenkämpfen des Vorjahres *de vi* an. Des Beifalls der meisten Optimaten konnte er sich sicher sein. Sie sahen den prominenten Pompeius-Anhänger Milo nur zu gerne auf der Anklagebank sitzen. Am 7. Februar erhob sich der tapfere Feldherr höchstpersönlich, um zu Milos Gunsten zu sprechen. Über das, was nun geschah, berichtet Cicero seinem Bruder Quintus, der Caesar als Legat in Gallien diente: Die *operae Clodianae* störten Pompeius' Rede mit Buhrufen, doch der ließ sich nicht beirren und sprach stoisch weiter. Als auch Clodius das Wort ergriff, veranstaltete die Meute der Gegenseite ein noch größeres Getöse. Man skandierte Spottverse auf den Ädil und seine Schwester Clodia. Clodius geriet für einen Moment aus dem Konzept, besann sich dann aber auf sein demagogisches Talent und rief: »Wer lässt das Volk verhungern?« Sofort antwortete die Menge: »Pompeius!« Clodius darauf: »Und wen will das Volk nach Alexandreia schicken?« – »Crassus!«[11]

Niemand war so naiv anzunehmen, dass der von Clodius mobilisierte Mob hier spontan seine Anti- und Sympathien zum Besten gab. Die gesamte Vorstellung war sorgsam einstudiert worden. Als Zeichen der Verachtung spuckten die Clodius-Anhänger sogar Milos Leute vor die Füße, worauf sich wilder Tumult erhob. Clodius wurde von der Rednertribüne gerissen, seine *operae* verließen fluchtartig den Schauplatz. Noch am selben Tag wurde der Senat in die Kurie beordert, doch Cicero entzog sich der Sitzung, um dort, wie er bekennt, nicht Partei für Pompeius ergreifen zu müssen. Am 8. Februar tagte das Gremium im Apollo-Tempel. Die Eskalation vom Vortag, die als *contra rem publicam* scharf verurteilt wurde, kreidete man nicht etwa Clodius an, sondern Pompeius. Der Volkstribun Gaius Cato hielt eine Dauerrede, in der er den Feldherrn wüst beschimpfte. Clodius und die Senatsmehrheit hatten auch Crassus auf ihre Seite gebracht. Dass der Mob nach ihm gerufen hatte, war kein Zufall. Die Fliehkräfte in der Koalition waren unübersehbar geworden. Pompeius' Stellung in Rom drohte unhaltbar zu werden. Nach der Senatssitzung vertraute er Cicero an, er fürchte seine Ermordung, wieder einmal. Crassus und sein Geld steckten hinter Gaius Cato und Clodius, er finanziere die *operae* und die Führungsriege der Optimaten um Curio und Bibulus arbeite mit ihnen zusammen. Pompeius' Antwort bestand darin, dass er noch mehr Klienten aus dem ländlichen Italien und der Gallia cisalpina in Rom zusammenzog. Auch Clodius verstärkte seine Bataillone.[12]

Weder im Prozess gegen Milo noch in der Angelegenheit des Ptolemaios gab es eine Entscheidung. Spinther resignierte und begnügte sich mit seinem prokonsularischen *imperium* in Kilikien und Zypern. Das Verfahren gegen Milo wurde auf den Mai vertagt. Clodius konnte dennoch mit dem Erreichten zufrieden sein. Er hatte Pompeius in der Koalition isoliert und im Senat erst recht. Wieder paktierten namhafte Teile der optimatischen Mehrheit mit ihm, um Pompeius in die Schranken zu verweisen. Außerdem bekleidete Clodius eine Magistratur. Damit waren praktisch die Verhältnisse seines Tribunatsjahres wiederhergestellt. Am 10. Februar erhob ein gewisser Marcus Tullius – sonst völlig unbekannt und nicht verwandt mit Cicero – Klage gegen Publius Sestius, Milos Kollegen im Tribunat und ebenfalls für die Aushebung von *operae* oder, wie Cicero sie nennt, *praesidia* verantwortlich. Der erste Anklagepunkt *de ambitu* wurde bald fallengelassen, aber der zweite und wichtigere, *de vi*, wurde verhandelt. Als Zeuge der Anklage trat unter anderem Caesars Gefolgsmann Publius Vatinius auf, ein untrügliches Zeichen, dass der Prokonsul, der seit 57 v. Chr. in Gallien Krieg führte, regen Anteil an dem Prozess nahm, wenn er nicht aus der Ferne sogar selbst Regie führte. Anders als bei Milo standen die Optimaten geschlossen hinter Sestius. Die Verteidigung übernahmen Hortensius, Cicero und Calvus, der Freund des Dichters Catull. Zu ihnen gesellten sich in seltener Eintracht sogar Crassus und Pompeius. Misstrauen hatte die Koalition auseinanderdividiert. Hingegen wurde noch einmal der *omnium consensus* Realität, der Konsens unter allen auf Eintracht bedachten Senatoren, den Cicero in seiner just in diesen Jahren entstandenen Schrift *De oratore* so eindringlich beschwor. Möglicherweise dämmerte also den Optimaten, dass nicht Pompeius ihr gefährlichster Gegner war, sondern Caesar. Seit Nachrichten von dessen Siegen in Gallien die Runde machten, schwamm der Feldherr in der öffentlichen Meinung der Hauptstadt auf einer Welle der Sympathie. Caesar war der Held der Massen.[13]

Sestius war, genau wie Milo, für Clodius *inimicissimus*. Dennoch blieb der Ädil in dem Prozess merkwürdig unsichtbar. Wenn er zu den Hintermännern gehörte, dann agierte er jedenfalls aus dem Verborgenen heraus. Deshalb war der Schaden für ihn auch gering, als Sestius am 11. März den Gerichtssaal als strahlender Sieger verließ. Erfolg hatte hingegen eine dritte Anklage: Marcus Cispius, auch er einer der Volkstribunen, die sich 57 v. Chr. für Ciceros Rückkehr eingesetzt hatten, wurde *de ambitu* verurteilt. Er aber war, verglichen mit Milo und Sestius, ein kleiner Fisch. Zwar wurde auch er von Cicero verteidigt, doch der Rückhalt aus dem Optimatenlager fiel deutlich verhaltener aus als bei den vorangegangenen Prozessen. Ebenfalls im März ging Milo im gerichtlichen Kräftemessen der Lager zum Gegenangriff über. Er klagte Sextus Cloelius an, Clodius' Schreiber und einen seiner prominentesten Gefolgsleute, vermutlich *de vi.* Den Anlass könnten Hungerunruhen Ende Februar geboten haben, in deren Verlauf das Nymphenheiligtum auf dem Marsfeld zerstört wurde und deren Anstifter laut Cicero Clodius und Cloelius waren. Cloelius wurde freigesprochen, wenn auch nur um Haaresbreite. Die senatorische Bank des Gerichts stimmte fast geschlossen für Freispruch. Cicero klagte Quintus gegenüber, wieder einmal hätten die Ressentiments gegen Pompeius den Senatoren die Sinne für die politischen Realitäten vernebelt. Was immer wirklich den Ausschlag gab, Clodius hatte seinen Kredit bei den Optimaten keineswegs verspielt.[14]

Anfang April wurde Marcus Caelius Rufus von dem noch sehr jungen Lucius Sempronius Atratinus ebenfalls *de vi* angeklagt. Der Anklage vorausgegangen waren mehrere erfolglose Versuche des Caelius, Atratinus' Adoptivvater Lucius Calpurnius Bestia wegen Wahlbetrugs zu belangen. Caelius und Bestia hatten einst gemeinsam zu den Catilinariern gehört, ihre Freundschaft war dann aber zerbrochen. Caelius hatte das Handwerk des Redners bei Cicero gelernt, mit dem ihn eine enge Freundschaft verband. Diese Freundschaft wurde aber nicht nur durch Caelius' Verstrickung in die Catilinarische Verschwörung auf eine harte Probe gestellt. Auf Betreiben von Caesar und Pompeius klagte er 59 v. Chr. Antonius Hybrida an. In der Verhandlung kreuzte er die Klingen mit seinem Meister, der Hybrida verteidigte, dessen Verurteilung aber nicht verhindern konnte. Später unterhielt er eine intime Beziehung mit Clodia, die Zeitgenossen unschwer in »Lesbia« wiedererkennen konnten: dem vom lyrischen Ich des Dichters Catull angebeteten It-Girl der spätrepublikanischen Gesellschaft.[15]

Catull widmete dem Nebenbuhler Caelius ein kleines, sehr böses und sehr trauriges Gedicht:

Caelius gehört nun unsere Lesbia, jene Lesbia.
Jene Lesbia, die Catullus als Einzige
Mehr als sich und alle die Seinen geliebt hat,
Und die jetzt an Kreuzungen und Gässchen
Die großherzigen Remus-Enkel abzieht.[16]

Die Liebe ging schnell in die Brüche, und Rufus brach nicht nur mit Clodia, sondern auch mit ihrem Bruder, in dessen Haus er gewohnt hatte. In der Tat steckte auch Clodius hinter dem Prozess gegen den Ex-Liebhaber seiner Schwester: Einer seiner Freigelassenen fungierte gemeinsam mit Atratinus und dem Caesar-Gefolgsmann Lucius Herennius Balbus als Ankläger. Caelius wurde vorgeworfen, er sei für Gewalttaten an Gesandten aus Alexandreia verantwortlich gewesen. Die Männer wollten nach der Absetzung Ptolemaios' XII. nach Rom reisen, um die Wiedereinsetzung des Königs zu verhindern. Etliche der Gesandten waren nach ihrer Landung in Puteoli von Schlägern attackiert worden, ihr Anführer Dio war ermordet worden.[17]

Kaum war die Verhandlung eröffnet, rückte das dem Angeklagten eigentlich zur Last gelegte Verbrechen in den Hintergrund. Stattdessen wurde haufenweise schmutzige Wäsche gewaschen. Caelius sei ein »Ehebrecher, Lustmolch, Wahlbetrüger«, hieß es: *adulter*, *impudicus*, *sequester*. *Sequestres* war die Bezeichnung für Mittelsmänner bei Wahlbestechungsaktionen: Der *sequester* verwahrte die Gelder so lange, bis sie nach erfolgtem Wahlgang an die Empfänger ausgezahlt wurden. Die Anklage brachte Caelius hier also in den Dunstkreis von Kriminellen, die mit Stimmenkauf Geschäfte machten. Clodia wurde in den Zeugenstand gerufen und sagte aus, Rufus habe sich von ihr Geld geliehen, um damit die Mörder von Puteoli zu bezahlen. Außerdem habe er versucht sie zu vergiften. Ciceros Verteidigungsstrategie lief darauf hinaus, Clodius und vor allem Clodia zu diffamieren, ihre Glaubwürdigkeit zu unterminieren. Das erledigte der größte Redner Roms mit gewohnter Effizienz. Er malte den Lebenswandel einer Prostituierten aus, »ohne den Namen einer bestimmten Frau zu nennen.«[18]

Den Zuhörern ist auch so klar, über wen Cicero spricht, als er sich direkt an den Ankläger Herennius Balbus wendet:

> Wenn eine unverheiratete Frau ein offenes Haus für jedermanns Lust führt und ganz unverhohlen wie eine Hure lebt, wenn sie es sich zur Gewohnheit gemacht hat, an den Partys wildfremder Männer teilzunehmen, wenn sie das in Rom, in Parks, im mondänen Baiae tut, wenn sie sich schließlich nicht nur durch ihr Gebaren, sondern auch durch Kleidung und Begleitung, nicht nur durch flammende Blicke und freizügige Reden, sondern auch durch Umarmungen, Küsse und Gebärdenspiel, auf Bootspartien und Empfängen nicht bloß als Hure zu erkennen gibt, sondern als eine besonders freche und zudringliche obendrein: Wenn also ein junger Mann mit so jemandem ein Verhältnis hat, erscheint er dir dann, Lucius Herennius, als ein Ehebrecher oder als ein Liebhaber, als jemand, der die Keuschheit bezwingen oder seine Lust stillen möchte?[19]

Cicero hat schon vorher einen imaginären Appius Claudius Caecus das Sittenleben seiner entfernten Nachfahrin bilanzieren und zu einem vernichtenden Urteil gelangen lassen:

> Habe ich denn den Frieden mit Pyrrhos vereitelt, damit du [Clodia] jeden Tag die unsittlichsten Liebesbünde schließt, habe ich Wasser nach Rom geleitet, damit du es für deine Schweinereien missbrauchst, habe ich meine Straße [die Via Appia ] gebaut, damit du sie in Begleitung fremder Männer aufsuchst?[20]

In diesem seltsamen Prozess konvergierten die unterschiedlichsten Interessen: Für Bestia und seinen Sohn ging es um Rache an dem Freund, der sich ihnen entfremdet hatte. Auch für Clodius und vor allem Clodia dürften Rachemotive eine Rolle gespielt haben. Ungestraft brach man nicht mit den Claudii Pulchri! Clodius' Hass auf den Flötenspieler Ptolemaios mag ebenfalls eine gewisse Bedeutung gehabt haben. Die Anklage zielte aber womöglich in erster Linie auf Pompeius, der sich in der Angelegenheit des ägyptischen Königs weit aus dem Fenster gelehnt hatte. Nicht zuletzt für Cicero mischte sich Privates mit politischen Interessen: Er verteidigte den verlorenen und wiedergefundenen Sohn Caelius gegen seinen Erzfeind Clodius und leistete zugleich einen Freundschaftsdienst für Pompeius. Mit Erfolg übrigens: Caelius wurde freigesprochen, so wie zuvor Milo und Sestius.[21]

Während gegen Caelius verhandelt wurde, schockierte ein neuer Gewaltausbruch die Hauptstadt. Vom 4. bis 11. April fanden die Megalensia statt: Spiele für die Magna Mater vom Berg Ida, die ursprünglich aus Kleinasien importierte Göttin Kybele. Sie wurden mit Wagenrennen und Theateraufführungen begangen, für deren Ausrichtungen Clodius als Ädil zuständig war. Den Bericht darüber, was sich anlässlich der Spiele auf dem Palatin vor dem Tempel der Großen Mutter zutrug, verdanken wir abermals Cicero. Er ist daher mit Vorsicht zu genießen. Clodius soll die von ihm selbst finanzierte Theateraufführung gesprengt haben, indem er aus allen

Stadtvierteln Sklaven an zwei Spielstätten zugleich zusammenzog und randalieren ließ. Nachdem die anständigen Bürger unter Protest geflüchtet seien, hätten sich die Sklaven im Auditorium breitgemacht. »Schwärme von Sklaven« seien auf das römische Volk »losgelassen worden«. Diese Darstellung verdreht offenkundig die Tatsachen. Erstens unterstellt Cicero Clodius immer wieder, er habe mit Sklaven gemeinsame Sache gemacht. Zweitens hätte Clodius, selbst wenn es sein Ziel gewesen wäre, mit randalierenden Sklaven das Establishment in Angst und Schrecken zu versetzen, seiner eigenen Sache geschadet. Schließlich warb der Ädil seit geraumer Zeit um das Vertrauen der Senatsmehrheit. Viel wahrscheinlicher ist, dass sich in den Ausschreitungen ein weiteres Mal die Verzweiflung angesichts der noch immer wütenden Hungersnot bahnbrach. Dass Clodius seine Hand im Spiel hatte, ist nicht auszuschließen, doch dürften die Unruhen Pompeius zum Ziel gehabt haben, der mit seinem *imperium* schließlich dafür da war, die Not zu lindern.[22]

## NEUE REALITÄTEN

Die Koalition zwischen Pompeius, Caesar und Crassus war Anfang 56 v. Chr. im fortgeschrittenen Stadium der Zerrüttung. Misstrauen hatte sich der drei Männer bemächtigt. Ihre Interessen klafften meilenweit auseinander. Pompeius war auf Bestandsschutz für seine Entscheidungen im Osten und auf das Extraquantum Ehre bedacht, dass ihm als dem größten Feldherrn seiner Meinung nach zustand, Caesar auf den Erhalt und die Verlängerung seines Kommandos in Gallien. Crassus lavierte wie eh und je zwischen den Fronten. Er schmiedete fleißig Bündnisse im Senat und jenseits davon. Pompeius suchte Anerkennung bei den führenden Senatoren, die diese ihm aber hartnäckig verweigerten, Caesar war der große Abwesende der römischen Politik. Dadurch aber, dass in Rom der Eindruck herrschte, er eile in Gallien von Sieg zu Sieg, war sein Krieg Stadtgespräch, der Prokonsul populärer als je zuvor.

Dass ihr Bündnis nicht mehr funktionierte, war für die drei Männer eine politische Hypothek erster Güte. Der Grundsatz, nichts solle im Staate geschehen, was ihnen missfällt, galt schon lange nicht mehr. Andauernd passierten Dinge, die einem von ihnen gründlich gegen den Strich gingen: Pompeius wurde von der Senatsmehrheit blockiert und fürchtete zeitweise um sein Leben, Caesar drohte die Abberufung aus Gallien, wenn die Optimaten Ahenobarbus durchbrachten: ihren Kandidaten für den Konsulat des Jahres 55. Weil sie begriffen, dass sie durch eine neue Einigung mehr zu gewinnen als zu verlieren hatten, vereinbarten die drei ein Treffen, das Caesars *imperium* wegen auf dem Boden der Gallia cisalpina stattfinden musste. Anfang April traf sich Crassus in Ravenna mit Caesar, am 11. April kamen Pompeius und Caesar – sowie vermutlich auch Crassus – in Luca zusammen. In der Stadt erneuerten die drei Männer ihr Bündnis und trafen Verabredungen für die nähere Zukunft: Pompeius und Crassus sollten 55 v. Chr. gemeinsam den Konsulat bekleiden. Pompeius sollte für seinen Prokonsulat Spanien, Crassus Syrien erhalten. In beiden Provinzen waren militärische Aktionen gegen lokale Stämme, respektive gegen die Parther, zu erwarten. Caesars fünfjähriges *imperium* in Gallien sollte 54 auf weitere fünf Jahre verlängert werden. Jeder der drei Männer profitierte von diesen Regelungen: Pompeius und Crassus erhielten endlich die langersehnten Kommandos und damit auch die Chance, neue Legionen ausheben zu können, mit denen sich in Rom Politik machen ließ. Hauptprofiteur der Beschlüsse war aber Caesar: Sein Kommando in Gallien war auf viele Jahre gesichert, seinem erklärten Gegner Ahenobarbus und der Gruppe um Marcus Cato, der im Sommer aus Zypern zurückerwartet wurde, hatte die Vereinbarung einen Strich durch die Rechnung gemacht.[23]

Die Konferenz von Luca stellte die römische Politik von einem Tag auf den anderen auf eine neue Geschäftsgrundlage. Die optimatischen Schwergewichte im Senat, gestern noch obenauf, standen vor einem Scherbenhaufen. Theodor Mommsen kommentiert maliziös, sie hätten der Koalition den Krieg erklärt und ihn jetzt führen müssen: »Allein es gibt kein kläglicheres Schauspiel, als wenn feige Menschen das Unglück haben, einen mutigen Entschluß zu fassen.« Cicero ratifizierte die neuen Verhältnisse mit verblüffender Geschmeidigkeit. Er setzte im Senat durch, dass ein Dankfest, *supplicatio*, für Caesar gefeiert wurde und hielt eine Rede, in der er Caesars Leistungen in Gallien auf das emphatischste pries und für die Verlängerung seines Kommandos eintrat. Vor Gericht verteidigte er gegen seine Überzeugung Lucius Cornelius Balbus, einen in der Wolle gefärbten Caesarianer, der angeklagt war, sich das römische Bürgerrecht angemaßt zu haben. Auf Drängen von Caesar und Pompeius vertrat er noch zwei weitere Gefolgsleute der Potentaten: seinen *inimicus* Vatinius und Gabinius. Plutarch berichtet, bei der Konferenz seien 200 Senatoren und viele Magistrate zugegen gewesen. 120 Rutenbündel der Liktoren habe man zählen können. Doch sind Zweifel an dieser Darstellung begründet. Die Senatoren hatten am Zustandekommen der Beschlüsse keinen Anteil, ja, sie waren anfangs nicht einmal über sie informiert, wie ihre Reaktionen zeigen.[24]

Anwesend waren aber zwei Senatoren, die für die Pläne der Koalition besondere Bedeutung hatten: Quintus Caecilius Metellus Nepos, der Konsul des Jahres 57, und Appius

Claudius Pulcher, Clodius' älterer Bruder, der 56 als Proprätor auf Sardinien diente. Metellus Nepos war über seinen Bruder Metellus Celer, Clodias verstorbenen Gatten, mit dem Clan der Claudii Pulchri verschwägert, er hatte Clodius bei seiner Bewerbung um die Ädilität unterstützt, war aber zugleich ein Parteigänger des Pompeius. Die Präsenz dieser beiden Männer zeigt, wen die Koalitionäre als ihre künftigen Bündnispartner im Senat betrachteten: loyale Gefolgsleute mit eigenem Ehrgeiz, die im Windschatten der großen drei Karriere zu machen hofften, zugleich aber hervorragend in der Nobilität vernetzt waren. Über Appius – der den Konsulat fest im Blick hatte – saß Clodius praktisch mit am Tisch. Der jüngste der Pulcher-Brüder billierte nach wie vor in seiner Rolle als Dompteur der Massen und war deshalb für die Drei von äußerstem Interesse.[25]

Clodius fügte sich wie Cicero sogleich in die neuen Realitäten. Er begrub seine Feindschaft mit Pompeius, setzte aber seine Kampagne gegen Cicero mit unvermindertem Druck fort. Unerklärliche Ereignisse in und um Rom waren von den *haruspices* per Gutachten zu Prodigien erklärt worden, die ihre Ursache in der Entweihung heiliger Stätten hätten. Sogleich erklärte Clodius, die *pax deorum* sei gestört, weil der Libertas-Schrein profaniert und Ciceros Haus auf dem Palatin wieder aufgebaut worden war. Der Demagoge hängte sich das Mäntelchen des frommen Mannes um und stachelte auf einer spontan einberufenen *contio* die Menge an, das Haus ein weiteres Mal zu zerstören. Doch so weit kam es nicht. Cicero reagierte mit einer scharfen Erwiderung, in der er Clodius sein langes Sündenregister in Sachen *religio* vorhielt. Clodius' gesamte Biografie liest sich, folgt man der hier schon öfter zitierten Rede, wie ein einziger Religionsfrevel. Der Redner und der Demagoge stritten im Frühjahr auch über die Frage der Steuerpacht in Syrien: Gabinius hatte als Statthalter dort die Privilegien der Publikanen beschnitten. Clodius sprang ihm bei, als die Angelegenheit im Senat debattiert wurde. Cicero dagegen vertrat die Interessen der Steuerpächter und wurde von Clodius derart hart angegangen, dass die Debatte aus dem Ruder zu laufen drohte. Und noch eine dritte Episode illustriert, wie viel unversöhnlicher Hass längst im Zweikampf der beiden mitschwang. Gemeinsam mit Milo und mehreren Volkstribunen begab sich der Redner zum Iuppiter-Optimus-Maximus-Tempel auf das Kapitol, wo die in Bronze gegossenen Rechtsdokumente der Republik öffentlich ausgestellt waren, und versuchte die Tafel mit der *lex Clodia de exsilio Ciceronis* zu entfernen. Gaius Claudius Pulcher, Clodius' großer Bruder und Prätor des Jahres 56, vereitelte die Tat. Cicero kehrte jedoch mit einer Schar eigener Anhänger zurück und schraubte sämtliche Tafeln ab, die an Clodius erinnerten. Der wiederum berief den Senat ein, wo Cicero abermals die Rechtmäßigkeit der *transitio ad plebem* anzweifelte. Die Aktion trug ihm auch eine scharfe Rüge Catos ein, der inzwischen aus Zypern zurückgekehrt war und dessen *imperium* dort sich ebenfalls einer *lex Clodia* verdankte.[26]

Cato war also wieder da und hatte sich ebenfalls mit den neuen Machtverhältnissen zu arrangieren. Ungeachtet seiner Kritik an Cicero ließ sich der Frontmann der Optimaten auf einen absurden, aber gleichwohl bitteren Streit um die Frage ein, wie die Sklaven heißen sollten, die er als Beute von seiner Zypernmission nach Rom gebracht hatte. Nach dem Sprachgebrauch der Republik hießen sie »Zyprioten«, *Cyprii*. Weil Clodius aber Urheber von Catos *imperium* war, bestand er darauf, dass sie außerdem *Clodiani* heißen sollten. Cato und seine Verbündeten im Senat konterten diesen Vorstoß mit der Forderung, die Sklaven nach Catos Gentilicium *Porciani* zu nennen. Clodius wiederum reagierte, indem er von Cato

Rechenschaft über seine Amtszeit auf Zypern forderte. Die Bücher waren auf der Reise zurück nach Rom im Meer versunken, doch Clodius hatte sein Ziel erreicht: Der Lack war ab von Catos Aura der Unbestechlichkeit.[27]

Im Sommer standen die Konsulwahlen für das folgende Jahr an. Allmählich waren die Beschlüsse von Luca nach Rom durchgesickert. Bei den Wahlen bot sich den Optimaten die Gelegenheit, effektiv Widerstand gegen die Koalition zu leisten. Marcellinus weigerte sich als Konsul, die Kandidaturen von Pompeius und Crassus auch nur zuzulassen. Deshalb schickten die beiden den Volkstribun Gaius Cato mit dem Auftrag vor, die Wahlen für den gesamten Rest des Jahres zu verhindern. Die Senatoren legten wieder einmal die dunkelgraue *toga sordida* an, das Trauergewand, um gegen dieses Gebaren zu protestieren, doch ohne Erfolg. Clodius und seine *operae* unterstützten die Blockade des Volkstribunen, indem sie mit der Erstürmung der Kurie drohten und Gegner massiv einschüchterten. Auch die Gegenseite war nicht zimperlich. Clodius selbst entkam mit knapper Not einem Mob aus Rittern, die ihm vor dem Senat aufgelauert hatten. Etliche Senatoren verzichteten angesichts der Drohungen auf ihre Kandidatur. Nur Ahenobarbus, der angekündigt hatte, Caesar von seinem Kommando zu entbinden, blieb standhaft. Weil die Wahlen bis ins folgende Jahr verzögert wurden, übernahm nicht einer der schon abgetretenen Konsuln des Jahres 56, sondern ein Interrex die Wahlleitung. Der ließ im Januar die Kandidaturen von Pompeius, Crassus und Ahenobarbus zu. Den Wahlen gingen schwere Straßenschlachten zwischen den *operae* der Optimaten und der Koalition voraus, und als Pompeius und Crassus schließlich gewählt waren, setzten sich die Krawalle fort, weil nun die Wahlen für die übrigen Magistraturen anstanden. Tote und Verletzte waren zu beklagen. Am Ende setzten Pompeius und Crassus sich gegen die Optimaten durch, unter Zuhilfenahme nicht nur von Terror, sondern auch Bestechung, wie es hieß: Zwar wurde Milo zum Prätor gewählt, doch Catos Kandidatur für dasselbe Amt wurde nicht einmal zugelassen. Gewählt wurde stattdessen Publius Vatinius, Caesars Sachwalter in Rom.[28]

Einer kurzen Bemerkung zufolge, die Cicero in einem Brief an seinen Bruder fallenlässt, standen Pompeius und Crassus Clodius gegenüber in der Pflicht. Hatte der wendige Agitator ihnen im Ringen mit den Optimaten geholfen? Dafür gibt es keine Belege, aber Crassus erwähnte bei einer Unterredung mit Cicero, Clodius strebe eine »freie Gesandtschaft« an: eine *legatio libera. Legati liberi* waren Sonderbeauftragte des Senats ohne konkreten Auftrag. Wo immer die Gesandtschaft Clodius hinführen würde, er würde dort in offizieller Mission seinen privaten Geschäften nachgehen können. Die Praxis war verbreitet, aber von Cicero und anderen heftig kritisiert worden. Um Ciceros zu erwartenden Widerstand zu neutralisieren, schlug Crassus dem Konsular einen Deal vor: Er, Cicero, würde für ein eigenes – nicht näher genanntes – Vorhaben grünes Licht erhalten, wenn er darauf verzichte, Clodius Steine in den Weg zu legen. Cicero ließ sich auf den Kuhhandel ein. Clodius erhielt die einträgliche *legatio*. Geld war nicht trivial. Er konnte gar nicht über genug Reserven verfügen, um die nächste Stufe des *cursus honorum* zu erklimmen: die Prätur, die er spätestens für 52 v. Chr. anvisierte.[29]

Der Hunger hatte die Hauptstadt auch 55 v. Chr. noch fest im Griff. Die Gewalt auf den Straßen ebbte nicht ab. Verschärfend wirkte möglicherweise die Selbstbedienung der großen drei mit langfristigen *imperia*. Jedenfalls war die Popularität von Pompeius und Crassus bald wieder im Sinkflug begriffen. Eine aufgebrachte Menge ging so weit, Pompeius-Statuen von ihren Sockeln zu stürzen. Ein Teil der Forschung sieht hinter dem erneuten Gewaltausbruch niemand anderen als Clodius, der so auch Stimmung gegen ein Gesetz des Crassus habe schüren wollen. Die *lex Licinia de sodaliciis* verhängte Strafen gegen Kandidaten, die durch die Aktivität von *sodalicia* oder *sodalitates* in ihr Amt gewählt worden waren. Solche Vereine tauchen zum ersten Mal 56 v. Chr. im Zusammenhang mit einem *senatus consultum* auf, das ihre Auflösung verfügt und Zwangsmaßnahmen angeregt hatte. Traditionell gelten die *sodalicia* in der Forschung als »Wahlvereine«, die gewerbsmäßig Stimmenkauf betrieben hätten. Clodius sei gegen das Gesetz gewesen, weil es seiner Methode einen Riegel habe vorschieben wollen, Wahlen durch Gewalt und Bestechung zu manipulieren. An dieser Interpretation sind aber Zweifel angebracht. Die römische Wahlbestechungsmaschine lief, wie immer wieder zu sehen war, auch ohne das angeblich neue Element von Wahlvereinen buchstäblich wie geschmiert. Die *divisores* und *sequestres* erledigten ihre Arbeit derart effizient, dass es keiner weiteren Akteure in diesem zwielichtigen Geschäft bedurfte. Deshalb hat der Altphilologe Wilfried Stroh in einer gründlichen Studie mit der Chimäre der Wahlvereine aufgeräumt und eine andere Deutung vorgeschlagen: *Sodalicia* seien schlicht Wahlabsprachen zwischen offiziell rivalisierenden Kandidaten gewesen. Akzeptiert man Strohs Interpretation, dann entbehrt die Annahme jeder Grundlage, Clodius habe sich gewaltsam gegen das Gesetz des Crassus aufgelehnt.[30]

Wenn Clodius sich das gesamte Jahr 55 über irgendwo befand, dann dort, wo die größten Chancen auf weiteres politisches Fortkommen bestanden: fest und unverrückbar im Lager von Pompeius, Crassus und Caesar. Im folgenden Jahr, in dem sein Bruder Appius gemeinsam mit Ahenobarbus Konsul war, verlegte er sich offenbar aufs Prozessieren.

Er verteidigte den ehemaligen Volkstribunen Gaius Cato und klagte einen gewissen Lucius Procilius an, von dem sonst nichts bekannt ist. Sollte der Prozess gegen Procilius einen politischen Hintergrund gehabt haben, so verzichtete Cicero in einem Brief, den er im Mai 54 an Atticus schrieb, darauf, ihn zu erhellen. Dass die politische Landschaft in Unruhe geraten war, dokumentiert aber ein Abkommen, das die beiden Konsuln des Jahres 54 mit zwei der vier Kandidaten für den Konsulat des Folgejahres schlossen: Ahenobarbus und Appius Claudius sicherten Gnaeus Domitius Calvinus und Gaius Memmius ihre Unterstützung zu. Für den Fall ihrer Wahl sollten die neuen Konsuln dafür sorgen, dass die alten sich ihre Provinzen nach Belieben aussuchen konnten. Dieser Pakt war, wenn Strohs Vermutung zutrifft, ein eklatanter Fall von *sodalicium*, doch nicht nur das: In ihm fanden erstmals Gegner (Ahenobarbus, Calvinus) und Gefolgsleute (Appius Claudius, Memmius) der Koalition zusammen. Der Ruf aller vier Männer war sogleich ruiniert. Cicero kommentiert bissig: *consules flagrant infamia*, sie »lodern vor Schmach«.[31]

Selbst Clodius und Cicero standen auf einmal auf derselben Seite: Beide verteidigten Marcus Aemilius Scaurus, der 53 ebenfalls Konsul werden wollte, aber wegen einer seine Amtsführung als Statthalter auf Sardinien betreffenden Repetundenangelegenheit von Appius Claudius angeklagt worden war. Appius hatte gehofft, Scaurus so als Kandidaten für den Konsulat aus dem Verkehr zu ziehen. Den Prozess leitete Marcus Cato als Prätor. Nicht nur Clodius und Cicero kamen dem Angeklagten zu Hilfe. Zu Scaurus' Verteidigung marschierte auf, was im Senat Rang und Namen hatte: Hortensius ergriff das Wort, und Pompeius trat in den Zeugenstand, um sich für Scaurus zu verbürgen. Der Angeklagte wurde freigesprochen, nachdem die gesamte Nobilität sich gegen

Appius Claudius solidarisiert hatte. Die Konsulwahlen versanken in einem Sumpf aus Korruption und mussten abermals verschoben werden: am Ende gar bis in den Sommer des folgenden Jahres. Alle vier Kandidaten – außer Scaurus, Calvinus und Memmius noch Hortensius' Schwiegersohn Marcus Valerius Messalla Rufus – wurden wegen Wahlbestechung angezeigt. Wenn die Geschichte eine Moral hat, dann diese: Auch bei den Claudii Pulchri hatte Familiensolidarität ihre Grenzen. Appius hatte sich mit dem anrüchigen Pakt soweit ins Abseits manövriert, dass selbst Clodius sich gegen ihn stellte. Wenn es noch eines Beweises für die politische Wendigkeit des jüngsten Pulcher-Bruders bedurft hätte, dann lieferte er ihn auf eindrucksvolle Weise der Prozess gegen Scaurus.[32]

Dass die Koalition, mächtig wie sie war, keineswegs die Politik nach Gutdünken beherrschte, zeigte sich im Herbst 54, als Gabinius nach dreijährigem *imperium* als Prokonsul in Syrien nach Rom zurückkehrte. Der Empfang fiel frostig aus, als er am 7. Oktober erstmals wieder an einer Senatssitzung teilnahm. Cicero griff ihn scharf an, bemerkt aber in einem Brief an Quintus, er habe sich doch gewundert, dass Appius so weit ging, Gabinius des Hochverrats nach dem sullanischen Gesetz *de maiestate* zu beschuldigen: Der Vorwurf lautete, er habe während seiner Amtszeit als Prokonsul die Provinz unerlaubt verlassen und sei erpresserisch tätig gewesen. Andere Senatoren stimmten in den Chor der Anschuldigungen ein. Auch ein hundertfünfzigprozentiger Parteigänger des Pompeius war also nicht unangreifbar. Immerhin: Pompeius konnte, wohl mit einer Mischung aus gutem Zureden und Drohungen, Cicero davon abhalten, höchstpersönlich Anklage zu erheben.[33]

Gabinius' Nachfolger in Syrien wurde Crassus, der dort den großen Krieg gegen die Parther vorbereitete. Davon erhoffte er sich, in puncto Kriegsruhm mit Caesar und Pompeius gleichzuziehen. Es wurde ein Aufbruch ohne Wiederkehr. Das Heer erlitt im Frühjahr 53 v. Chr. bei Karrhai in Mesopotamien eine vernichtende Niederlage gegen die Parther. Nur 10 000 von 40 000 Mann kehrten zurück, und verloren waren, Gipfel der Schande, auch die Feldzeichen, die erst Augustus 19 v. Chr. von den Parthern zurückerhalten sollte.[34]

Unterdessen – die Konsuln für das Jahr 53 waren noch immer nicht gewählt – liefen sich bereits die Kandidaten für 52 warm. Drei Kandidaten kämpften um den Konsulat: Milo, Publius Plautius Hpysaeus, der schon im Orient als Quästor unter Pompeius gedient hatte, und Quintus Caecilius Metellus Pius Scipio Nasica, trotz seines großen Namens ein weitgehend unbeschriebenes Blatt. Milo genoss große Sympathien, nicht nur im Senat bei der Gruppe um Cato, sondern auch auf der Straße, doch Pompeius ließ keinen Zweifel daran, dass er den Durchmarsch seines einstigen Bundesgenossen unter allen Umständen verhindern wollte. Im Wahlkampf, in dem Clodius auch selbst den Hut für die Prätur in den Ring warf, lief der große Agitator zu Hochform auf. Clodius organisierte eine groß angelegte Stimmenkaufkampagne für Plautius und Metellus Scipio. Während Clodius Milo im Senat der Überschuldung bezichtigte, kämpften draußen die *operae* der beiden Männer um die Macht auf der Straße. Nachdem im Sommer gerade erst die Konsuln für 53 – Calvinus und Messalla Rufus – ihr Amt angetreten hatten, mussten die Wahlen für das Folgejahr wegen der überkochenden Gewalt und allenthalben laut werdender Bestechungsvorwürfe erneut auf Januar vertagt werden. Clodius versprach, sollte er zum Prätor gewählt werden, mit der diskriminierenden Praxis aufzuräumen, die Freigelassenen lediglich in die vier städtischen Tribus einzuschreiben, auch dann, wenn sie auf dem Land wohnten. Indem er den *liberti* ein höheres Stimmengewicht versprach, bezog er unzweideutig eine populare Wahlplattform. Das Manöver war nicht ohne Risiko, weil Prätoren eigentlich gar keine Gesetzesinitiative besaßen, aber jemandem wie ihm traute der kleine Mann es zu, die überfällige Reform des Wahlrechts anzupacken. Schließlich hatte sich kein Geringerer als sein Urahn Appius Claudius Caecus bereits für die Belange der Freigelassenen eingesetzt. Der Schachzug signalisiert, dass Clodius fest entschlossen war, sein Ahnenkapital für die Wahl in die Waagschale zu werfen.[35]

Seinem Ansehen bei den Standesgenossen tat das kühne Manöver jedenfalls keinen Abbruch. Cicero behauptet, Clodius habe noch ein weiteres Gesetz angekündigt: eine *lex nova*, durch die »unsere Sklaven«, *servi nostri*, in »seine Freigelassenen«, *libertos suos*, verwandelt worden wären. Möglicherweise zielte der Vorschlag darauf ab, Sklaven, die von ihren Herren ohne die Formalitäten der *manumissio* freigelassen wurden, rechtlich mit den regulär Freigelassenen gleichzustellen. Ein solches Gesetz hätte eine Rechtslücke geschlossen, aber auch die Zahl derjenigen vergrößert, die Clodius zu Dank verpflichtet waren.[36]

Der Wahlkampf zog sich bis ins neue Jahr hinein, weil Pompeius die Wahl eines Interrex hintertrieb: ein untrügliches Zeichen, dass Milo realistische Chancen hatte, die Wahl zu gewinnen. Am 17. Januar verließ Clodius mitsamt seinem Gefolge Rom, um vor den Ratsherren des knapp 25 Kilometer südöstlich von Rom an der Via Appia gelegenen Städtchens Aricia am Fuß der Albanerberge zu sprechen. Einen

Tag später machte er sich schon wieder auf den Heimweg nach Rom, weil ein Freund, der Architekt Cyrus, gestorben war. Kurz nach Mittag passierte der Zug den Ort Bovillae. Clodius ritt zu Pferde, in seinem Gefolge befanden sich etwa dreißig kampfbereite Sklaven.[37]

Unweit von Bovillae befand sich ein Schrein der *gens Iulia,* der Gaius Julius Caesar entstammte. Das Geschlecht der Julier war älter als Rom selbst. Das jedenfalls behaupteten seine prominenten Vertreter: Auf niemand Geringeren als Aeneas führte sich Caesars Familie zurück. Der Flüchtling aus Troia war der Sohn der Göttin Venus und zehn Jahre durch das Mittelmeer geirrt, bevor er in Mittelitalien Roms Vorgängersiedlung Alba Longa gegründet hatte. Vielleicht waren die Julier aus Alba Longa nach Bovillae übersiedelt, nachdem der römische König Tullus Hostilius angeblich 685 v. Chr. ihre Stadt zerstört hatte. Aber wer konnte das schon so genau wissen? Die Überlieferung zur römischen Frühzeit hatte sich, als Clodius und Caesar lebten, längst zu einer von wild wachsenden Legenden überwucherten Fährte verflüchtigt. Ebenfalls in Bovillae stand ein kleines Heiligtum der Bona Dea, auch sie Protagonistin eines fantasievollen Mythos. Clodius ritt also an diesem 18. Januar die Via Appia entlang. Ganz in der Nähe eines Landgutes, das seiner Familie hier gehörte, sollte sich sein Schicksal erfüllen: auf der Straße, die sein Urahn errichtet hatte, unweit des Schreins für die Göttin, die er mit seinem Besuch in Caesars Haus befleckt hatte, und an einem Ort, der eng mit der Geschichte von Caesars Clan verknüpft war.[38]

Bei Bovillae war zur selben Zeit auch ein anderer Reisender unterwegs. In der Kutsche saß mit Gattin und Gepäck Clodius' Standesgenosse und Intimfeind Milo. Milo wollte nach Lanuvium, seine Geburtsstadt in den Ausläufern der Albanerberge südöstlich von Rom. Er bekleidete dort das

Amt des Diktators, das für ihn kaum mehr als symbolische Bedeutung hatte. Dennoch wollte er sich in der Stadt einfinden, um dort einen Opferpriester für das junge Jahr einzusetzen. So jedenfalls schildert es Cicero in der publizierten Fassung seiner Verteidigungsrede für Milo. Vor dem Landgut des Clodius hätten sich auf einmal, von einer Anhöhe herab, Bewaffnete auf den ahnungslosen Milo gestürzt. Es soll die elfte Stunde gewesen sein »oder nicht viel später«, schreibt Cicero: gegen 16 Uhr. Es war Winter und die Dämmerung setzte bereits ein. Clodius habe sein Landgut um diese späte Stunde einzig zu dem Zweck verlassen, um Milo zu überfallen, deutet Cicero an. Clodius' Männer hätten den Kutscher getötet, worauf Milo sich tapfer, *acri animo*, verteidigt habe. Clodius' Sklaven seien mit gezückten Schwertern auf Milo zugerannt und hätten dessen Sklaven getötet. In dem Glauben, Milo sei bereits tot, hätten seine Sklaven das getan, »was jeder von seinen Sklaven in einer solchen Situation erwartet«. Mit anderen Worten: Sie hätten ohne Milos Wissen den Mann erschlagen, der ihren Herrn hinterrücks angegriffen hatte.[39]

War es so, wie Cicero es hier schildert? Wäre wirklich der völlig ahnungslose Milo beinahe das Opfer eines heimtückischen Anschlags geworden? Glücklicherweise besitzen wir für die Ereignisse des 18. Januar nicht nur Ciceros diesmal besonders parteiisches Zeugnis, sondern auch den Bericht seines im 1. Jahrhundert n. Chr. schreibenden Kommentators Asconius, der sich die Mühe machte, die Prozessakten aus den Archiven herauszuklauben. Was Asconius zu berichten hat, weicht in allen wichtigen Punkten von Ciceros Version ab: Glaubt man den Zeugenvernehmungen, dann reisten Milo und seine Frau mit großem Gefolge. Mit ihnen waren rund 300 Schwerbewaffnete unterwegs. Der harte Kern von Milos Garde bestand aus Gladiatoren, darunter die stadtbekannten Raufbolde Eudamus und Birria. Folgt man Asconius' Bericht weiter, dann ereignete sich der Zusammenstoß nicht um die elfte, sondern bereits um die neunte Stunde, und nicht Clodius' Handlanger lauerten Milo auf, sondern die beiden Milos Nachhut bildenden Schläger fingen, während die Kolonnen auf der Appia aneinander vorbeimarschierten, Streit mit Clodius‹ Männern an. Die Fahrbahn war so breit, dass dort zwei Gespanne bequem aneinander vorbeifahren konnten. Aber sie war nicht breit genug für die beiden Intimfeinde und ihre Personenschützer. Clodius, der schon vorbeigeritten war, wandte sich wegen des Lärms um und wurde von Birria mit einem Wurfschwert an der Schulter getroffen. Weil Milos Leibwächter den Weg zu dem nahen Gut versperrten, in das Clodius sich flüchten wollte, brachte man den Verwundeten in eine nahe Schenke. Milo hatte nicht die Absicht, Clodius am Leben zu lassen. Er stürmte mit seinen Bewaffneten das Haus. Die Männer von Clodius' Eskorte hatten sich, sofern sie noch am Leben waren, auf und davon gemacht. Der Sklave Marcus Saufeius, der Milos Schlägern voranstürmte, führte den ersten Hieb gegen den Wehrlosen. Wenig später war Clodius tot. Den Leichnam warf man achtlos auf die Straße, wo er liegenblieb, bis ihn der zufällig des Weges kommende Senator Sextus Teidius aufheben und in seiner Sänfte nach Rom schaffen ließ. Soweit die in den Prozessakten vermerkte Version bei Asconius. Folgt man ihr, dann war es Milo, der Clodius in einen Hinterhalt gelockt und ihn kaltblütig hatte ermorden lassen. Wenn der Angriff um 14 und nicht um 16 Uhr erfolgte, dann kann Clodius sich durchaus auf dem Weg nach Rom befunden haben. In diesem Fall wäre er, nicht Milo, ahnungslos in die Falle getappt.[40]

Welches Motiv hatte Milo, den Mord an Clodius zu planen? Die beiden waren seit vielen Jahren unversöhnliche

Feinde, *inimici*, einander in herzlicher Abneigung verbunden. Das aber waren viele Senatoren, ohne dass es deshalb zu Mord und Totschlag kommen musste. Und nicht ganz ohne Recht merkt Cicero an, Clodius' Tod habe seinem Mandanten unter dem Strich mehr geschadet als genützt: Gerade der ehemalige Volkstribun als Gegner habe doch Milos Wahlchancen steigen lassen. Anders hätten die Dinge freilich gelegen, wenn mächtige Männer Milo den Konsulat für den Fall in die Hand versprochen hätten, dass es ihm gelänge, Clodius aus dem Weg zu räumen. Mehrere Schwergewichte der Politik kommen als Hintermänner eines Mordkomplottes infrage: Pompeius, der von den Turbulenzen, in die Clodius' Tod Rom stürzte, unmittelbar profitierte, und natürlich Cicero selbst, der förmlich besessen war von dem Gedanken, an dem Mann Rache zu nehmen, der ihn ins Exil geschickt hatte.[41]

*Die Via Appia verbindet glorreiche Anfänge mit dem infamen Niedergang der* gens Claudia: *Appius Claudius Caecus, Zensor und Erbauer der Straße, und Publius Clodius, der niedergeknüppelte Volkstribun.*

# EPILOG: DER UNTERGANG DER RÖMISCHEN REPUBLIK

Zehn Jahre nach dem Mord auf der Via Appia steckte die römische Welt mitten im Bürgerkrieg. Wieder einmal. Caesar war tot, ebenso Cicero. Der eine war von Männern ermordet worden, denen die Allmacht eines Einzelnen unerträglich war, der andere den Proskriptionen zum Opfer gefallen, die jene veranlasst hatten, die genau nach dieser Allmacht strebten. Antonius und Caesars Adoptivsohn Gaius Octavius, der mit der Adoption den Namen Cäsar annahm, waren die starken Männer in einer neuen Koalition, die gegen die Caesarmörder Brutus und Cassius kämpfte und sie 42 v. Chr. bei Philippi besiegte. Pompeius war bereits im ersten Bürgerkrieg 48 v. Chr. umgekommen. Zwanzig Jahre nach Clodius' Tod steuerte die römische Welt auf einen dritten Bürgerkrieg zu: Der junge Caesar und Antonius rüsteten zum Kräftemessen um den großen Preis, um den seit Marius und Sulla alle großen Männer gestritten hatten: die Alleinherrschaft. Der junge Caesar setzte sich 31 v. Chr. in der Seeschlacht bei Actium und 30 v. Chr. beim finalen Showdown in Ägypten durch. Am 13. Januar 27 v. Chr. betrat er als Gewaltherrscher die Kurie auf dem Forum und verließ sie als einfacher Konsul. Er war dort von allen außerordentlichen Befugnissen zurückgetreten, die ihm verliehen worden waren. Drei Tage später betrat er als Konsul abermals die Kurie, um sie diesmal als »Erhabener« wieder zu verlassen: *Augustus*. Jahrzehnte später schrieb er, er habe seit diesem Tag keinen seiner Kollegen an Amtsgewalt überragt, aber alle an Autorität. Alle wussten es und keiner sprach es aus: Die Republik war an diesem Tag auch symbolisch zu Grabe getragen, das römische Imperium eine Monarchie geworden.[1]

## NACHSPIEL AUF DEM GERICHT

Doch am Abend des 18. Januar traf erst einmal die Sänfte des Senators Teidius mit Clodius' Leichnam in Rom ein. Er wurde im Atrium seines Hauses auf dem Palatin unter reger Anteilnahme unzähliger Anhänger aufgebahrt. Freigelassene und Sklaven, Handwerker, Ladenbesitzer, viele kleine Leute bildeten Fackelzüge und marschierten quer durch die Stadt zum Haus des Clodius, wo Fulvia, die Witwe, ihnen den von Wunden übersäten Toten zeigte. Die ganze Nacht harrte die Menge auf dem Palatin aus. Die Optimaten verbarrikadierten sich in ihren Häusern oder verließen fluchtartig die Stadt. Ein Senator kam zu Tode. Revolution lag in der Luft.

Im Morgengrauen sammelte sich ein endloser Trauerzug und schob sich Richtung Forum vorwärts. Dort sprachen die Volkstribunen Titus Munatius Plancus Bursa und Quintus Pompeius Rufus, ein Enkel Sullas. Milo und Cicero wurden für Clodius' Tod verantwortlich gemacht. Sextus Cloelius feuerte den zornigen Mob an, den Leichnam in die Kurie zu schaffen und dort zu verbrennen. Aus dem Mobiliar des Senatssitzungssaales wurde ein Scheiterhaufen errichtet. Mit der Leiche gingen die Kurie und angrenzende Gebäude lichterloh in Flammen auf. Die Menge stürmte sogar den Castor-

Tempel auf dem Forum, wo Waffen gelagert wurden. Auf dem Forum wurde ein Leichenschmaus gehalten, dann zog der harte Kern der Zornigen zum Haus Milos, das sie anzünden wollten. Der Plan misslang, weil das Anwesen von Bewaffneten verteidigt wurde. Schließlich belagerten die Anhänger des Clodius das Haus des Interrex Marcus Aemilius Lepidus, um schnelle Wahlen zu erzwingen, von denen Milo ausgeschlossen werden sollte. Auch diese Rechnung ging nicht auf, weil der Interrex ohne Abhaltung der Auspizien nicht befugt war, Wahlen zu veranlassen. Andere zogen zum Hain der Totengöttin Libitina und stahlen die dort für Leichenbegängnisse aufbewahrten Fasces. Sie marschierten damit zu den Häusern der Kandidaten für den Konsulat, Scipio und Hypsaeus, um den beiden ihre Unterstützung auszudrücken. All dies geschah am 18. Januar und in den Morgenstunden des 19.[2]

Das politische Rom hatte sich buchstäblich über Nacht in einen Hexenkessel verwandelt. Die Volkstribunen Munatius Plancus, Pompeius Rufus und Gaius Sallustius Crispus, der nachmalige Geschichtsschreiber, alles Parteigänger der Koalition, peitschten die Massen in *contiones* auf, während Milo – wohl am 22. Januar – versuchte, eine Audienz bei Pompeius zu erhalten – vergeblich. Pompeius sah offensichtlich die Sache des alten Weggefährten bereits als verloren an. Er möge ihn doch bitte künftig aus dem Spiel lassen, lautete der Rat des Großfeldherrn. Einen Tag später, am 23., streute der Volkstribun Pompeius Rufus in einer *contio* das Gerücht, Milo trachte Pompeius nach dem Leben. Und wieder ein paar Tage später, um den 27. Januar, berief auch Milos Freund, der Volkstribun Caelius Rufus, eine *contio* ein. Er trat dort gemeinsam mit Milo sowie Cicero auf und behauptete, Clodius habe vorgehabt, Milo umzubringen. Die erzürnten Anhänger stürmten die Rednertribüne. Milo und Caelius blieb nichts anders übrig, als fluchtartig den Ort des Geschehens zu verlassen: als Sklaven verkleidet, wie Appian berichtet. Der Geschichtsschreiber behauptet auch, die Clodianer hätten unter den Anhängern Milos ein großes Blutbad veranstaltet. Der Mob habe kein Verbrechen ausgelassen, sei in Häuser eingedrungen und habe, unter dem Vorwand, Milos Leute zu suchen, mitgenommen, was nicht niet- und nagelfest war: »Mehrere Tage lang diente Milo ihnen als Vorwand für Brandschatzung, Steinigungen und andere Schandtaten.« Ciceros Kommentator Asconius hingegen berichtet nur von Tumulten, derentwegen der Senat Anfang Februar das *senatus consultum ultimum* verhängt und den Interrex, die Volkstribunen sowie den *ad urbem* amtierenden Prokonsul Pompeius nach der traditionellen Formel angewiesen habe, »dafür zu sorgen, dass das Gemeinwesen keinen Schaden nehme«. Pompeius verließ die Stadt, um Truppen für seinen geplanten Spanienfeldzug auszuheben.[3]

Der Feldherr kehrte Ende Februar nach Rom zurück und behauptete, er fürchte sich vor Milo. Wenig später forderten zwei *adulescentuli*, Neffen des Toten und beide mit Namen Appius Claudius, Milo und seine Frau mögen ihre Sklaven zwecks Befragung durch Pompeius herausgeben. Ein Milo-Vertrauter verlangte im Gegenzug, auch die Sklaven des Clodius mögen zum Verhör einbestellt werden. Bei der Anhörung, die irgendwann Anfang des nach dem noch geltenden vorjulianischen Kalender alle vier Jahre nach dem 23. Februar eingeschobenen Schaltmonats Mercedonius stattfand, verwendeten sich etliche prominente Optimaten für Milo: Hortensius, Cicero, Marcus Calidius (der sich mit Milo 57 für Ciceros Rückkehr eingesetzt hatte), Cato, ein Marcus Claudius Marcellus (vermutlich der Konsul des Jahres 51, ein in der Wolle gefärbter Gegner Caesars) und Faustus Cornelius Sulla, der Sohn des Diktators. Währenddessen machten Gerüchte die Runde, man werde mitten in der Regierungskrise entweder Caesar oder Pompeius die Diktatur antragen.[4]

Darüber allerdings konnte im Senat keine Einigung erzielt werden. Stattdessen wurde beschlossen, Pompeius zum alleinigen Konsul, *consul sine collega*, zu machen und ihm die Möglichkeit zu geben, nach zwei Monaten einen Kollegen zu bestimmen. Die Unruhen, die er im Hintergrund selbst angefacht hatte, begannen sich für den großen Mann also auszuzahlen. Am 26. Mercedonius stellte er im Senat zwei Gesetze zur Diskussion, die Sondergerichte, kürzere Verfahren und strengere Strafen für Vergehen *de vi* und *de ambitu* vorsehen. Diesen Vorstoß bezog Milo völlig zurecht auf sich selbst. Im Senat schlug Hortensius mit Ciceros Unterstützung am 27. vor, die Tötung des Clodius, die Brandstiftung in der Kurie und die Belagerung von Lepidus' Haus unterschiedslos als gegen die Republik gerichtete Taten zu verurteilen. In der zweiten Märzhälfte stritt der Senat über Milo: Pompeius hatte am Vortag eine Sitzung aufgelöst und wieder einmal zu Protokoll gegeben, er fürchte die Ermordung durch seinen ehemaligen Bundesgenossen. Der Senator Publius Cornificius beschuldigte Milo, er trage eine Waffe, worauf Cicero entgegnete, die Vorwürfe gegen den Kollegen seien alle frei erfunden. Die Volkstribunen Munatius Plancus, Pompeius Rufus und Publius Sallustius Crispus erhöhten unterdessen weiter den Druck, indem sie eine *contio* nach der anderen veranstalteten. Auf jeder dieser Veranstaltungen wurden Milo und Cicero scharf attackiert. Am 26. März verabschiedete die Volksversammlung Pompeius' Gesetze, und ohne Zeitverzug wurde von den beiden Neffen des Clodius Anklage gegen Milo erhoben: *de vi* und *de ambitu*.[5]

Der Prozess begann am 4. April vor dem Untersuchungsrichter Aulus Manlius Torquatus, wurde aber sogleich vertagt. Am 5. und 6. wurden Zeugen vernommen, am frühen

Morgen wohl des 7. April die Geschworenen gelost. Später am Vormittag hielt Cicero sein von Sprechchören der Clodianer unterbrochenes Plädoyer für Milo, dessen stark veränderte Fassung er später publizierte und von dem Milo behauptete, er sei froh, dass sein Freund es nicht so wie veröffentlicht gehalten habe, weil ihm sonst der Genuss der vortrefflichen Seebarben an seinem Exilort Massilia entgangen wäre. Milo musste Rom am 13. April verlassen, nachdem die Geschworenen ihn mit 38 zu 13 Stimmen im Anklagepunkt *de vi* schuldig gesprochen hatten. Dieser Verurteilung folgte kurze Zeit später noch ein Schuldspruch *de ambitu*. Mit diesen Urteilen war die juristische Aufarbeitung von Clodius' Ermordung noch nicht ganz beendet. Auch Saufeius, der Clodius mit eigener Hand getötet hatte, wurde angeklagt, jedoch freigesprochen. Verurteilt wurde hingegen Clodius' enger Gefolgsmann Sextus Cloelius, auch er *de vi*. Der Freispruch für Saufeius und das Urteil gegen Cloelius zeigen, dass sich die Stimmung allmählich wieder zu drehen begann. Den Clodiani, die nun ihren Helden verloren hatten, gelang es nicht, den Druck auf der Straße auf unbestimmte Zeit aufrechtzuerhalten. Die Akte Clodius konnte mit den Prozessen im April geschlossen werden.

## ACTA EST FABULA

Hier also könnte man die Geschichte enden lassen. Sie war aber noch nicht zu Ende, denn bald, sehr bald, trugen sich Dinge zu, die so groß waren, dass sie die Ereignisse um Clodius scheinbar zur Nebenhandlung degradierten. Erst einmal kehrte die Ruhe vor dem Sturm ein. Milo war das Bauernopfer, das man für die Wiedergewinnung der Ordnung hatte bringen müssen. Pompeius näherte sich im Jahr seines zweiten Konsulats der Senatsmehrheit um Cato an. Er sorgte dafür, dass die Kämpfe auf Roms Straßen ein baldiges Ende fanden. Und er empfahl sich als Alliierter gegen Caesar, dessen zu erwartende Rückkehr aus Gallien 52 v. Chr. bereits ihre Schatten vorauswarf. Dennoch schwankte Pompeius zunächst.

Im Jahr 50 würde Caesars zweites prokonsularisches *imperium* ablaufen, der Feldherr trotz aller Rückschläge, die sich zwischendurch auch eingestellt hatten, als Eroberer Galliens in die Hauptstadt einziehen. Den entscheidenden Sieg errang Caesar im September 52 bei Alesia, wo er Vercingetorix, den Anführer des gallischen Aufstandes, besiegte und gefangen nahm. Dass der Prokonsul nach dem Krieg die römische Politik dominieren und die Senatsmehrheit nicht mehr viel zu melden haben würde, fürchteten viele und hofften einige. Der Kreis um Cato ließ deshalb nichts unversucht, um eine triumphale Rückkehr Caesars zu verhindern. Marcus Claudius Marcellus, ein eingefleischter Gegner Caesars, stellte als Konsul 51 v. Chr. den Antrag, Caesars Kommando vorzeitig aufzuheben und einen Nachfolger nach Gallien zu senden. Der Senat verhielt sich längere Zeit abwartend, beschloss dann aber, am 1. März des Folgejahres eine Entscheidung in der Angelegenheit zu fällen. Pompeius stellte sich diesen Manövern halbherzig entgegen, doch der Bruch zwischen den beiden führenden Männern der Republik war längst offensichtlich und nicht mehr zu heilen. Marcellus' Kollege Servius Sulpicius Rufus warnte schon 51 immer wieder vor dem Bürgerkrieg, auf den nun tatsächlich alles zutrieb.

Der Krieg begann, nachdem der Senat Caesars Antrag zurückgewiesen hatte, sich in Abwesenheit um den Konsulat des Jahres 48 bewerben zu können. Der Prokonsul solle stattdessen sein Heer entlassen, andernfalls werde er zum Staatsfeind erklärt. Ein Ultimatum wie dieses konnte Caesar unmöglich akzeptieren. Wie der Senat mit ihm umging, war mit seinem Begriff von *dignitas* unvereinbar. Am 10. Januar 49 v. Chr. überschritt er den Rubico und drang mit seinen Legionen in Italien ein.

Der Bürgerkrieg war da und begrub die Reste der Republik unter sich. Die Logik des Militärs hatte über die Logik der Politik triumphiert. Im Rückblick stand das Geschehen in Rom während des gesamten Dezenniums von 60 bis 50 v. Chr. im Schatten des Krieges, den Caesar in Gallien führte. Dass sich dieser Krieg früher oder später nach innen wenden würde, gegen die Republik, war ausgemachte Sache. Schon die Konferenz von Luca zeigte, bei wem die Macht wirklich lag. Die Ereigniskette von Alesia über den Rubico bis Pharsalos, wo Caesar Pompeius 48 v. Chr. besiegte, mündete zwangsläufig in die Diktatur Caesars, sie wiederum in eine neue Phase des Bürgerkrieges und der dann zielsicher in den augusteischen Prinzipat. Alles musste so kommen. Oder etwa nicht?

Wenn alles so hatte kommen müssen, waren dann nicht Ciceros Fehde mit Clodius, der Kampf der Senatsmehrheit gegen Pompeius, die Schlachten, die sich der Mob in den Straßen Roms lieferte, die Senatsreden und Prozesse, die Schmähungen und Freundschaftsbekundungen, die Zerstörung von Ciceros Haus und sein Wiederaufbau – waren diese Episoden nicht lediglich die Szenen eines zweitklassigen Theaterstücks, das in Rom aufgeführt wurde, während draußen, jenseits von Italien, am Rande des Imperiums, die wirkliche Politik gemacht wurde?

Weil Historiker dazu neigen, Geschichte von ihrem Ende her aufzuzäumen, galt Caesar im Dezennium zwischen seinem Konsulat und dem Ausbruch des Bürgerkrieges lange als übermächtiger Schatten über Rom: die Figur, die alle Politik am Tiber dominierte, obwohl er hunderte Meilen entfernt einen blutigen, verlustreichen Krieg führte und es ihm kraft Gesetzes verwehrt war, Italien überhaupt nur zu betreten. Die Protagonisten in Rom, von Pompeius über Crassus, Cicero und Cato bis hin zu Clodius und Milo, wurden demgegenüber als Akteure der zweiten Reihe betrachtet, als entbehrliche, aber dekorative Charaktere, für das Drama der großen Politik nicht eminent wichtig. Im Fall des Clodius fiel eine vorurteilsfreie Beurteilung stets besonders schwer, weil die Quellenlage von den Schriften des Mannes beherrscht ist, für den der Spross des großen Clans der Claudii die verkörperte Nemesis war: Theodor Mommsen, der in Caesar den einsamen Fluchtpunkt der römischen Geschichte sah, entwirft Clodius als »lockeren und wüsten, aber gescheiten und vor allem dreisten« Aristokraten, der unter Caesars Regie »als Demagog eine Rolle« habe spielen können, als »Caesars Affe«. Für den liberalen Historiker war Clodius nicht mehr als der »Protagonist« auf einem »politischen Lumpentheater«.[6]

Auch noch dem jungen Christian Meier galt Clodius ganz als Kreatur Caesars. Der Konsul des Jahres 59 war der große Mann im Hintergrund, der in Clodius' Konsulatsjahr Rom verließ, aber von Italien und Gallien aus »den ihm ergebenen Volkstribunen P. Clodius« unterstützte. Meier sah in Clodius kaum mehr als den Rammbock, mit dem Caesar die Nobilitätsherrschaft zertrümmerte und dafür sorgte, dass in Rom gegen ihn keine Politik gemacht werden konnte. Der Althistoriker beschreibt den jüngsten der Pulcher-Brüder als »abgründige[n] Charakter«: ein »anarchisches Temperament«, immer »aus der Negation heraus« agierend, ohne eigene Ziele, mit Ehrgeiz und Hass als wesentlichen Triebkräften. Auch als er Cicero aus dem Weg räumt, ist Clodius Caesars Helfer, das ahnungslose Instrument in einem diabolischen

Plan des Prokonsuls, der »Rom ruhig sich selbst überlassen kann«, weil der Volkstribun dort Anarchie walten lässt.[7]

Dass Clodius ein Akteur aus eigenem Recht war, weder willentlich noch unwissentlich Caesars Werkzeug, hat eine Reihe von Untersuchungen inzwischen zweifelsfrei erwiesen. Der wichtigste Platz gebührt hier der eingehenden Studie von Herbert Benner, der das autonome, von eigenen Zielen beherrschte Handeln des zum Plebejer gewendeten Patriziers auch mit Hilfe einer kleinschrittigen prosopographischen Untersuchung seiner Anhängerschaft aus den Quellen herausgearbeitet hat. Benner urteilt fair und abgewogen über Clodius: Ihm habe zweifellos die Gloriole des Feldherrn und der Glanz des genialen Staatsmannes gefehlt, er habe aber als virtuoser Spieler auf der Klaviatur der Volksbefindlichkeiten ein eigenständiges Element zur politischen Kultur der späten Republik beigesteuert: »Auf dem Gebiet der Massenführung und auf dem Feld der politischen Demagogie« sei Clodius »zu seinen Lebzeiten unbesiegbar« gewesen.[8]

Dieses Bild hat wiederum W. Jeffrey Tatum in seiner umfassenden Clodius-Biografie weiter differenziert: Tatum relativiert die Außeralltäglichkeit seines Protagonisten und präsentiert dem Leser einen Clodius, der viel stärker innerhalb der Parameter typisch senatorischer Politik agierte, als die Forschung es wahrhaben wollte. Freilich: Clodius habe in sich »all the strengths, and all the weakness« gebündelt, die in der Mobilisierung der römischen Volksmassen für politische Zwecke gelegen hätten. Die historische Wirkung des »patrizischen Tribunen« sei deshalb begrenzt gewesen: Ja, er habe der römischen Unterschicht ein Gefühl politischer Identität und auch für berechtigte politische Ansprüche gegeben, doch nein, Clodius habe keinen dauerhaften persönlichen Fußabdruck in der römischen Geschichte hinterlassen. Dem habe die »distinctive narrowness« seiner Karriere im Weg gestanden, letztlich auch das Fehlen einer politischen Vision mit Zielen, die jenseits des mit persönlichem Ehrgeiz Erreichbaren lagen.[9]

Tatums Perspektive auf Clodius ist wie diejenige Mommsens letztlich vom Ende her gedacht. Dass dieser Blickwinkel, bei aller ihm auf den ersten Blick innewohnenden Plausibilität, die Geschichte verzerrt, hat Erich Gruen in einem epochemachenden Porträt der späten Republik eindrucksvoll demonstriert. »Die letzte Generation der römischen Republik« habe nicht als Folge historischer Zwangsläufigkeit am Ende vor einem Scherbenhaufen gestanden, sondern aufgrund vieler, in ihrer Summe völlig kontingenter, individueller Entscheidungen. Gruen macht Clodius in diesem verwirrenden Labyrinth als flexiblen, gnadenlos die Schwächen seiner Konkurrenten ausnutzenden Politiker aus, dessen politisches Pfund die selbstzerstörerische Rivalität innerhalb der Nobilität gewesen sei. Sie habe er mit gezielten Aktionen befeuert und daraus seine Stärke bezogen. Dieser Clodius ist kein Werkzeug, kein Getriebener, sondern ein, wenn nicht der wichtigste treibende Faktor der römischen Politik im Jahrzehnt zwischen Caesars Konsulat und dem Bürgerkrieg. Clodius, urteilt Gruen, sei »fascinating in his own right«, zugleich sei sein Erfolg ein Symptom für das Auseinanderdriften der Nobilität, für die Fragmentierung der die politische Klasse teilenden, aber eben auch stabilisierenden Allianzen, kurz: für die kurzatmige Volatilität, die dem politischen Leben dieser Zeit den Takt schlug.[10]

Bleibt die Frage, welchen Anteil Clodius am Scheitern der Republik hatte. Die Nobilitätsherrschaft steckte 60 v. Chr. bereits seit Jahrzehnten in der Krise. Wäre sie auch ohne den irrlichternden Patrizier kollabiert? Welche Rolle spielte der Terror, den er auf Roms Straßen trug? Hätte die Nobilität sich am eigenen Schopf aus dem Sumpf ziehen können, wenn

Clodius nicht planmäßig Zwietracht gesät hätte? Damit steht noch eine zweite Frage im Raum: Hätten der doppelte Bürgerkrieg, die Diktatur Caesars und die Begründung der Alleinherrschaft durch Augustus verhindert werden können, wenn wichtige Weichen im letzten Jahrzehnt der Republik anders gestellt worden wären? Musste die Krise der Republik sich zur Agonie auswachsen, die Agonie zur faktischen Militärdiktatur? Historiker tun sich schwer mit kontrafaktischen Betrachtungen, und das mit gutem Grund. Wer Geschichte im Irrealis schreibt, der verlässt den sicheren Boden der Quellen und begibt sich auf das dünne Eis der Spekulation. Dennoch ist das Gedankenexperiment einer nicht untergehenden Republik zu reizvoll, als dass sich ihm einfach ausweichen ließe.

Unumstößliche Tatsachen, an denen Mitte des 1. Jahrhunderts niemand vorbeikommen konnte, waren der Wandel der Klientel, der schleichende Legitimitätsverlust der Nobilitätsherrschaft, die Zuspitzung der sozialen Frage und die Politisierung des Militärs. Sie waren langfristig wirksam und hingen alle miteinander zusammen. Zum Akutwerden der beiden ersten Faktoren leistete Clodius in den 50er Jahren einen Beitrag, der dritte Faktor war entscheidend für seinen Aufstieg, mit dem vierten hatte er nichts zu tun. Das Obsoletwerden der alten Klientel befeuerte niemand so effizient wie Clodius. Dadurch, dass er sich mit den Respektspersonen in den Zellen von *vici*, *collegia* und *tribus* vernetzte und die Massen durch direkte Ansprache politisierte, neutralisierte er die disziplinierende, den sozialen Frieden sichernde Energie des traditionellen Bindungswesens. Die chronische, situationsunabhängige Gewalt, die er entfesselte, war die Frucht dieser zielstrebigen Wühlarbeit.

Die Gewalt verurteilte die Nobilität für einen entscheidenden Moment zu völliger Passivität: In Clodius' Tribunatsjahr hatte sie dessen Gesetzgebungsinitiative nichts entgegenzusetzen und musste, Höhepunkt der Erniedrigung, die Exilierung ihrer Gallionsfigur Cicero hinnehmen. Neutralisiert war sie, weil ihre führenden Vertreter sich kaum noch aus dem Haus trauten. Es war nur eine Frage der Zeit, bis die Gegenseite den Terror mit Terror beantwortete. Der Wendepunkt war zum Jahreswechsel 58/57 am Ende von Clodius' Volkstribunat erreicht, als Milo und Sestius die Gewalt mit eigenen Schlägertrupps konterten. Damit allerdings gaben sie den Anspruch auf, dass im politischen Raum Gewaltlosigkeit herrschen müsse. Sie opferten auf diese Weise das Fundament der Nobilitätsherrschaft: dass politische Entscheidungen im Senat fielen und nirgendwo sonst.

Dass Clodius mit seiner Strategie des Terrors Erfolg hatte, hatte er im Übrigen auch den Protagonisten des Optimatenlagers zu verdanken, allen voran Cato. Ihnen waren Demütigung und Demontage des politischen Scheinriesen Pompeius allemal wichtiger als die Möglichkeit, dem politischen Gewaltunternehmer sein Geschäftsmodell zu ruinieren. Dass sie den Teufel mit dem Beelzebub auszutreiben versuchten, war ihnen nicht bewusst. Cicero nahm die Bedrohungslage hellsichtiger war. Möglicherweise lag das nicht nur daran, dass er eine persönliche Fehde mit Clodius austrug. Cicero drang, hierin liegt seine Tragik, mit den Kassandrarufen nicht durch. Die Konstellation, die Cato und seine Freunde mit ihrer Politik schufen, erlaubte es dem Außenseiter Clodius, eine bequeme Mittelposition in dem Dreieck einzunehmen, dessen Eckpunkte Pompeius, die Senatsmehrheit und die Volksmassen bildeten. Weil die stadtrömische Plebs mehrheitlich zu ihm hielt, konnte er die beiden Lager nach Belieben gegeneinander ausspielen. Ihre Unfähigkeit, die Eskalationslogik der Gewalt umzukehren, Ordnung wieder herzustellen und soziale Probleme wie die grassierende

Hungersnot in den Griff zu bekommen, kostete die Nobilität den letzten Rest ihres politischen Kapitals. Sie bezog ihre Legitimität daraus, dass sie Roms Herrschaft nach außen beständig erweitert und nach innen für Gerechtigkeit und Eintracht gesorgt hatte. Die Nobilität war eine Leistungselite, die sich ständig bewähren musste. Gegen Clodius hatte sie sich nicht bewährt, sondern ihre Unfähigkeit offenbart, auf die Fragen des römischen Volkes überzeugende Antworten zu finden. Der Kipppunkt war erreicht, die Nobilitätsherrschaft rutschte in die Illegitimität ab. Der Leviathan war erledigt.

Clodius war nicht der einzige Akteur, der die Gewaltspirale anheizte und so die Zerrüttung der alten Ordnung vorantrieb. Er war nicht einmal der Erste gewesen. Caesars Gefolgsmann Vatinius hatte bereits 59 v. Chr. den Präzedenzfall für den Terror geschaffen, als er das Startsignal für den Shitstorm gegen den Konsul Bibulus gegeben hatte. Vatinius hatte zur Jagd auf den Leviathan geblasen, doch Clodius brachte ihn mit seiner Taktik des Terrors durch wohldosierte, chronische Gewalt zur Strecke. Freilich: In Gallien stand Caesars Heer, und viele rechneten damit, dass es früher oder später der wichtigste Faktor in der römischen Politik werden würde. War alles, was zwischen Clodius' Volkstribunat und seiner Ermordung in der Hauptstadt geschah, doch nur Theaterdonner, unmaßgeblich für die spätere Entwicklung? Das ganz sicher nicht, denn Clodius planierte in Rom sozusagen den Boden für Caesar, für den Moment, da er den Rubico überschritt. Auch Caesars Soldaten waren römische Bürger. Wären sie ihrem Feldherrn in den Bürgerkrieg gefolgt, wenn die Nobilität noch einen Rest ihrer alten Autorität besessen hätte? Die Frage lässt sich kaum sicher beantworten. Die Bindekräfte zwischen den Soldaten und dem Oberkommandierenden waren ganz sicher mächtig, schließlich war er der einzige Garant dafür, dass sich ihr Mut und ihre Mühen am Ende wirtschaftlich auszahlen würden. Ebenso stark aber war die Verwurzelung römischer Bürger im *mos maiorum*. Eines ist sicher: Clodius hat es Caesar leichter gemacht, den Bürgerkrieg zu entfesseln.

Noch eine letzte Frage lohnt sich gegen den Strom der Geschichte zu stellen: Was wäre geschehen, wenn Clodius jenen 18. Januar überlebt hätte? Gewiss wäre aus ihm kein Caesar geworden. Dazu fehlte ihm die Gloriole des Kriegshelden. Wäre er also in die Mitte der Nobilität zurückgekehrt, um nach der Prätur noch den Konsulat zu absolvieren und dann wieder ins Glied des senatorischen Herrschaftskollektives zu treten? Bedenkt man die Persönlichkeitsstruktur des Ausnahmepolitikers Clodius, dann erscheint dieses Szenario wenig plausibel. Mainstreampolitiker oder Tod: Ein dritter möglicher Weg hätte für Clodius darin bestanden, an die Stelle der illegitim gewordenen Nobilitätsherrschaft eine neue legitime Ordnung zu setzen. Hätte also aus ihm ein Lenin werden können, der an der Spitze der Revolution die Nobilitätsherrschaft beiseitegefegt hätte?

Gewiss trug Clodius Züge des Revolutionärs in sich: Er gab mit seiner Rhetorik nicht nur den kleinen Leuten mit ihren Nöten und Beschwernissen eine Stimme. Das hatten Popularen immer wieder getan. Schon Tiberius Gracchus hatte den Armen gesagt, wie schlecht es ihnen ging, und er hatte ihnen versprochen, alles dafür zu tun, damit es ihnen besser ging. Clodius ging einen entscheidenden Schritt weiter. Er versprach viel mehr als Land und Getreide. Clodius erklärte den Römern, dass die Freiheit der Republik eine Freiheit der Wenigen war. Sie, die Armen Roms, seien in Wahrheit nicht frei, sondern unfrei, weil ihnen die Möglichkeiten zu einem wirklich selbstbestimmten Leben fehlten. Erst seine, die neue Freiheit würde eine Freiheit der Vielen sein. Er schuf einen positiven *libertas*-Begriff, der radikal brach mit dem negativen, sich nur auf die Abwesenheit von Gewalt- und Alleinherrschaft beziehenden und in Kategorien von *auctoritas* und *dignitas* eingereihte Freiheitsverständnis der Republik. Die Weihung des Libertas-Schreines auf dem Palatin und der Kampf um dieses Heiligtum hatten solche Symbolkraft, dass sie zum Identitätskern einer Republik hätten werden können, deren Politiker, anders als Cicero, das Wort Volkssouveränität popular ausbuchstabiert hätten. Clodius demonstrierte mit der *lex de rege Deiotaro et Brogitaro*, dass das römische Volk Könige machen und entmachten konnte. Mehr Souveränität ging nicht.

Aber wollte Clodius überhaupt eine andere Republik? War die positive Freiheit, die er predigte, sein Ziel oder waren das alles nur schöne Reden eines Demagogen, der in Wahrheit nichts als sein eigenes Fortkommen im Sinn hatte? Tatsächlich war Clodius ein Verkleidungskünstler, der sich mehrfach in seiner voltenreichen Karriere häutete. Die Massen konnten in ihm genauso einen Alliierten gegen die Reichen und Mächtigen sehen wie die Reichen und Mächtigen im Senat ihn für einen Bundesgenossen gegen Pompeius oder Caesar hielten. Caesar, Cato und Pompeius: Sie alle mochten glauben, dass sie den Agitator domestizieren und vor ihren Karren spannen konnten. Doch Clodius war ein politisches Chamäleon, ein Rollenspieler und in der Wolle gefärbter Opportunist. Wenn er einem Ziel alles unterordnete, dann dem, in Sachen *dignitas* und *honores* mit seinen Ahnen gleichziehen zu können: einem Appius Claudius Caecus, der die Via Appia und die Aqua Appia gebaut, oder einem anderen von den vielen Claudii, die den Konsulat bekleidet hatten. Um der Ehre willen wechselte der politische Verkleidungskünstler ständig seine Rollen, war Patrizier und wurde Aufrührer, Transvestit, Dompteur der Massen und schließlich Revolutionär. Nie wusste man so recht, woran man bei ihm war.

Dass ihm die Nöte der Armen nahe gingen, mag man einem Mann, der im Grunde seines Herzens sein Leben lang Patrizier geblieben war, nicht so recht glauben. Doch wer nimmt dasselbe einem Mirabeau oder Lenin ab?

Wenn die andere Republik keine Chance auf Verwirklichung hatte, dann lag das nicht daran, dass Clodius ein Machtpolitiker ohne Moral war. Schuld daran war, dass das alte Bindungswesen der Klientel zwar in Trümmern lag, aber im Lauf der Jahrzehnte neue Formen der Abhängigkeit an seine Stelle getreten waren: die zwischen Feldherrn und Soldaten und die zwischen den Demagogen und der Masse. Auch Clodius selbst organisierte seine Anhängerschaft wie eine Klientel, mit Bindekräften und Ritualen, die nicht umsonst an das alte *patrocinium* erinnerten. In der autoritätsfixierten, am *mos maiorum* festhaltenden römischen Gesellschaft gab es für einen Demos aus bindungslosen Bürgern wie in Athen keinen Platz. Clodius sprach mit seiner Politik vermutlich die Mehrheit, zumindest aber die aktivsten Elemente der stadtrömischen Volksmassen an. Unerreichbar indes war für ihn die zahlenmäßig viel stärkere *plebs rustica* aus Italien. Sie aber war für die Optimaten und für Pompeius über traditionelle Loyalitäten leicht zu mobilisieren, wie sich im Tauziehen um Ciceros Rückberufung aus dem Exil zeigte. Einer echten Demokratisierung der Republik stand also schon ihre schiere Größe entgegen. Öffentlichkeit ließ sich, wenn überhaupt, dann nur in der Hauptstadt herstellen. Für die Mehrheit der Bürger war die politische Willensbildung nach athenischem Modell allein aus praktischen Gründen keine Option.

Möglicherweise wäre den Römern aber auch mit Clodius der Bürgerkrieg erspart geblieben, in den Caesar und seine Gegenspieler um Pompeius und Cato ihre Welt 49 v. Chr. stürzten. Wäre der patrizische Tribun am Leben geblieben, hätte er weiter einen Keil zwischen Pompeius und die Optimaten getrieben. Die stadtrömische Politik hätte sich nach wie vor im Kreis gedreht, die Gewalt auf der Straße die Konzentration der Kräfte gegen Caesar, wie sie sich ab 52 abzeichnete, effektiv verhindert. Cato und sein Kreis hätten andere Prioritäten setzen müssen, als dem Prokonsul sein Kommando in Gallien abzuerkennen und einen zweiten Konsulat des Siegers von Alesia zu verhindern. Pfadabhängigkeiten, die das gesamte Mittelmeerbecken in den Bürgerkrieg gleiten ließen, wären so gar nicht erst entstanden, oder der Druck auf die optimatische Senatsmehrheit, einen Kompromiss mit Caesar zu schließen, wäre doch sehr viel größer geworden. Möglicherweise trug also Clodius' Tod mehr zur militärischen Eskalation der die Nobilität spaltenden Konflikte bei als der Demagoge das vermocht hätte, wenn er weitergewirkt hätte. Ein Virtuose der Gewalt, der den Frieden rettet, das nennt man wohl ein Paradox.

Was würde Clodius selbst von solchen Versuchen halten, die Geschichte der untergehenden Republik gegen den Strich zu bürsten? Nach allem, was wir wissen, war er nicht nur mit allen Wassern des Politikbetriebes gewaschener Machtmensch, sondern auch ein literarisch ambitionierter Feingeist, begabt mit Humor und Ironie. Clodius hätte vermutlich über alle Bemühungen, seinem Leben eine tiefere politische Ideenlehre überzustülpen, schallend gelacht: »Das Stück ist zu Ende, klatscht nun Beifall«, *acta est fabula, plaudite*!

# DANKSAGUNG

Die Geschichte des Publius Clodius zu lesen, erfordert starke Nerven. Dafür, dass sie mir die Gelegenheit gegeben haben, sie zu erzählen, danke ich dem Klett-Cotta-Verlag, dessen Verlegerischem Geschäftsführer Tom Kraushaar und vor allem Christoph Selzer und Julian Hermann, die das Lektorat mit gewohnter Umsicht und nie versiegender Geduld besorgt haben. Für anregende Diskussionen, die mich immer auch andere Seiten der Geschichte haben sehen lassen, bin ich meinen Oldenburger Studenten, meinen dortigen Mitarbeitern Antonietta Castiello, Caroline Thongsan, Peter von Danckelman und Georg Müller, außerdem meinen Kollegen Charlotte Schubert und Jörg Baberowski sowie vor allem meiner Frau verpflichtet, die mich etliche Monate mit Publius Clodius hat teilen müssen.

Wem widmet man ein Buch über die schillerndste Figur der moribunden römischen Republik? So mancher Widmungsträger könnte die Ehrung als Affront missverstehen. Ich überlasse es deshalb der geneigten Leserschaft, zu welchen Personen des realen Lebens sie selbstverständlich rein zufällige Ähnlichkeiten beobachten möchte.

# ANMERKUNGEN

## VORWORT

1 Plut. Pomp. 48.1.

## PROLOG: DIE VERFÜHRUNG DER MASSEN

1 Zitiert nach Assmann 1984, 8. Weber 1981, 89.
2 Popitz 1999: Aktionsmacht (43–78), instrumentelle Macht (79–103), autoritative Macht (104–131).
3 Aristot. pol. III 1275 a.
4 Arendt 1987, 67.
5 »Abkömmlich«: Weber 1992, 170 f.
6 Xen. Ath. pol. 5.
7 Aristoph. Equ.
8 Finley 1962, 19, Weber 1992, 197. Vgl. auch Mann 2007, 21–23.
9 Paradox der Attischen Demokratie und *rule of law*: Cohen 1995, 185–187, Cohen 1995. USA: Madison, Federalist Paper No. 10.
10 Pol. VI 11.11.
11 Zu den Ständekämpfen siehe unten, S. 30–32.
12 Mommsen 1887, Bd. 3, 462–465. Auf die bahnbrechende disziplinengeschichtliche Bedeutung von Mommsens Überlegungen zur Nobilität haben Heuß 1956, 86 und jetzt wieder Strauß 2017, 87 hingewiesen.
13 »Ahnenkapital«: Walter 2004, 86 f.
14 Hierarchie im Senat: Flaig 2013, 327–280, Walter 2017, 188. Der Einzelne und das Kollektiv der Nobilität: Meier 1966, 181 f.
15 »Nie durch Gesetz«: Mommsen 1887, Bd. 3, 464. »Der Mächtigste«: Gelzer 1962, 134.

16 Millar 1984, 18 (»a strictly constitutional concept«). Zitat: 2. Den Gedanken, dass das politische System der Republik auf Überzeugungsarbeit gründet, arbeitet Millar weiter aus in: Millar 1986.

17 Hölkeskamp 1987, 256.

18 Q. Cic. comm. pet. 17.

19 Liv. XXXI 5. Flaig 2003, 181–187 stellt das Vertrauen als wichtige Ressource heraus. Die Plebs habe sich normalerweise dem Machtkampf mit der Nobilität nicht gestellt, weil ihr nicht an dem Recht gelegen habe »mit ›Nein‹ zu stimmen« (187). Zur Bedeutung des »Ahnenkapitals« siehe unten, S. 41.

20 Die Bedeutung der öffentlichen Meinung für die Politik habe vor allem darin bestanden, dass sie die Partizipationsmöglichkeiten für breite Schichten erweitert habe, konstatiert Rosillo López 2019, 223–225. Vgl. auch Vanderbroeck 1987, 104–112, mit einer in der Aporie endenden Erörterung der Frage, wie viele der Adressaten lesen konnten (ebd., 110). Dort auch eine Diskussion der Bedeutung von Katastrophen (ebd., 120 f.)

21 Zitat: Walter 2017, 19.

22 Mommsen 1887, Bd. 2, 281.

23 Vgl. ebd., 288–306; Lintott 2004, 120–125. »Basilisk«: Ortega y Gasset 1955, 57.

24 Ebd., 58.

25 Zu Gracchus siehe unten, S. 45–52. »Mythos« des Volkstribunats: Bleicken 1975, 88.

26 Christ 2019, 218.

27 *Populariter agere*: Cic. Verr. II 1.151.

28 DeNardo 1985, 43–46.

29 Ebd., 188–191. Zur Entwicklung popularer Politik in Rom die unpublizierte Habilitationsschrift Martin 1965 und Vanderbroeck 1987, 25–30. Dort (ebd., 146–153) auch Überlegungen zu Funktion und Erfolgsaussichten von Gewalt im Zusammenhang mit popularer Politik: Gewalt kam immer wieder vor am Rande von Volksversammlungen, *contiones* und Prozessen. Sie richtete sich überwiegend gegen Menschen, seltener gegen Objekte oder Symbole. Zu ihr wurde meist von Rädelsführern angestiftet. Kleine Gruppen initiierten die Gewalt, bevor auch die breite Masse an ihr teilnahm. Gewalt führte oftmals zum Ziel, aber proportional weniger häufig als gewaltlose Aktionen. Die Ausnahme bildeten gewaltsame Hungerproteste, die stets erfolgreich waren.

## ERSTER AKT: DER PATRIZIER

1 Die Literatur zur bei Pol. VI 53f. beschriebenen *pompa funebris* ist inzwischen unübersichtlich. Zur Orientierung: Beck 2005, Degelmann 2018, 156–175, Flaig 2003, 49–68, Walter 2004, 89–108.

2 Errungenschaften der *gens Claudia*: Suet. Tib. 1.2.

3 Vergebliche Bewerbung um die Ädilität: Cic. Planc. 51; Prätur: Cic. Arch. 9.

4 Vorgänge in Kampanien: Liv. ep. LXXIX; Streichung aus der Senatsliste: Cic. dom. 83f. Zu Sulla und seinem Marsch auf Rom: Badian 1970, Christ 2002, Dahlheim 1993, Keaveney 1982, Letzner 2000, Levick 1982, Seager 1994, Volkmann 1958.

5 Konsulat des Claudius 79 v. Chr.: Fasti Cap.; Cic. Cael. 33; Oros. V 22.1; App. civ. I 103.

6 Prokonsulat in Makedonien: Sall. hist. I 77 Kr. = I 127 Maur.; Liv. ep. XCI; Flor. II 39.6; Eutrop. VI 2.1; Oros. V 23.19; Fest. IX 2; Amm. XXVII 4.10. Laut Varro rust. III 16.2 gab es in der Familie nach dem Tod des Vaters keinen Honig zu essen, weil sie zu arm war. Einer der Gesprächspartner in dem Dialog ist Appius Claudius, der zweitälteste Bruder des Clodius. Varro war ein älterer Zeitgenosse, mit Pompeius befreundet und natürlich mit den Claudii Pulchri bekannt. Der Wahrheitsgehalt dieser Notiz ist dennoch schwer zu abzuschätzen. Vgl. Münzer 1899.

7 Zu Scipio Aemilianus: Astin 1967, Zahrnt 2000. Zu den Kriegen in Spanien: Luik 2005, Richardson 2011, Simon 1962. Zu Pergamon und dem Königreich der Attaliden: Hansen 1971, Zimmermann 2011. Zum System der Steuerpacht: Badian 1997.

8 Zu Tiberius Gracchus: Bernstein 1978, Bringmann 1985, Münzer 1923, Rich 2007.

9 Zur Agrarkrise jetzt die umfassende historisch-archäologische Dokumentation von Maschek 2018, mit detaillierten Untersuchungen zur Landflucht (110–144) und zur sich wandelnden Grundbesitzstruktur in Italien (145–152).

10 Konsulat 143: Fasti Cap.; Cic. Cael. 33. Gescheiterte Wahl zum Zensor 141: Plut. Aem. Paull. 28.3f.; Cic. rep. I 31. Zensur 136: Cass. Dio frg. 80; Plut. Ti. Gracch. 4.1. *Princeps senatus*: Ebd. 4.2. Vgl. Münzer 1899. Ryan 2004 hält Plutarchs Angabe, der Konsul von 143 sei *princeps senatus* geworden, für unhistorisch.

11 Salasser: Liv. per. LIII; Cass. Dio fr. 74.1; Oros. V 4.7. Triumphzug: Ebd.

12 Angehörige des Reformerkreises: Plut. Ti. Gracch. 9.1. Vgl. Astin 1967, 191 f.

13 Ehe zwischen Claudia und Tiberius Gracchus: Plut. 4.2–4. Ryan 2004, 4 f. hält auch diese Angabe für unhistorisch.

14 Die Mitgliedschaft des Appius Claudius Pulcher in der Dreimännerkommission ist durch erhaltene Grenzsteine nachgewiesen: CIL X 289; X 3760; X 3861, außerdem durch: Plut. Ti. Gracch. 13.1; Vell. II 2.3; Liv. per. LVIII; App. civ. I 13. Vgl. Münzer 1899.

15 Plut. Ti. Gracch. 20.1.

16 Giftmischerinnen: Liv. XL 37.1. Konsulat: Pol. XXV 4.1; Liv. XLI 8–12; Fasti Cap. Prokonsulat: Liv. XLI 9.9–12. Zensur: Fasti Cap.; Liv. XLIII 14–16. Vgl. Münzer 1899.

17 Zum Zweiten Punischen Krieg und zu Hannibal: Barceló 2004, Hoyos 2015, 97–226, Schmitt 1991, Seibert 1993, Seibert 1997, Sommer 2021, 155–210. Zur Rolle der Claudii im östlichen Expansionsgeschehen des 2. Jahrhunderts v. Chr. Rawson 1973.

18 Schlacht von Cannae: Liv. XXII 53.2; LIV 5. Prätur: Ebd., XXIII 24.4; XXX 18; XXXI 4–6; XXXII 2. Bomilkar, Lokroi und Hieronymos: Ebd., XXIII 41.10–12; XXIV 6 f. Unter dem Oberbefehl des Marcellus: Pol. VIII 1–7; Liv. XXIV 27–36; Plut. Marc. 13 f. Konsulat: Liv. XXV 2 f. Capua: Pol. IX 3, 7; Liv., XXV 14.12, 18.1, 20.1, 22.5, 41.10–13, XXVI 5 f., 8.8 f.; App. Hann. 37. Milde gegenüber Capua: Liv. XXVI 15. Tod: Ebd., XXVI 16, XXXIII 4. Vgl. Münzer 1899.

19 Konsulat: Fasti Cap. Angriff auf Drepana: Pol. I 49.3–5; Diod. XXIV 1.5. Vgl. Münzer 1899

20 Religionsfrevel durch Claudius: Cic. nat. II 7.

21 Pol. I 52.1 f.

22 Vgl. zum »Sturz« der Scipionen: Gruen 1995. *Appietas*: Cic. fam. III 8.5. Vgl. Gruen 1995, 97, Meister 2021, 166–168.

23 CIL XI 1827. Vgl. zur Inschrift: Forsythe 2005, 340.

24 Außer dem Elogium belegen die Bauaktivität des Appius Claudius als Zensor im Einzelnen: Cic. Cael. 34; Liv. IX 29.6; Diod. XX 36.2. Frontin. aqu. I 5; Aur. Vict. vir. ill. 34.7 f.; Eutr. II 9.3. Finanzierung: Diod. XX 36.1. Vgl. zur Aqua Appia: de Kleijn 2001, 10–12. Zur Via Appia: Klee 2010, 26 f. Vgl. zu Caecus allgemein: Cornell 1995, 373–377, Linke 2000, Münzer 1899, Raaflaub et al. 1992.

25 Vgl. zur Zensur: Baltrusch 1988, Lintott 2004, 115–120, Mommsen 1887, Bd. 2, 319–461, Walter 2017, 179 f.

26 *Lectio Senatus*: Liv. IX 29.7, 46.10; Diod. XX 36.3; Suet. Claud. 24;

Aur. Vict. vir. ill. 34.1. Aufnahme der Besitzlosen: Liv. IX 46.11; Diod. XX 36.4; Plut. Popl. 7.7.

27 Flavius: Diod. XX 36.6; Plin. nat. XXXIII 17.

28 Cic. Brut. 61, Cato 16; Sen. ep. XIX 5.13. Eine möglicherweise wörtliche Wiedergabe der Senatsrede bei Plut. Pyrrh. 19.

29 Vgl. Champion 2016, Klynne 2016.

30 Caecus als Großvater des Pulcher: Plin. nat. XV 2. Als Vater: Cic. div. I 29; Diod. XXIV 1.5; Suet. Tib. 3.

31 Appius Claudius cos. 349: Liv. VII 6.12. Decemvir Appius Claudius: Ebd., III 31–33; Dion. Hal. X 52–56. Verginia: Liv. III 49–58; Dion. Hal. XI 38–46.

## ZWEITER AKT: DER AUFRÜHRER

1 Vgl. zu Mithradates und zum Folgenden: Desideri 1990, Hind 1994, Magie 1950, 199–350, Mastrocinque 1999, McGing 1986, Reinach 1895, Sherwin-White 1984.

2 App. Mithr. 22.

3 Ebd., 23.

4 Cic. ac. II 2. Vgl. zu Lucullus: Gelzer 1926, Keaveney 1992.

5 Cethegus: Ps.-Ascon. in Verr. II 2.8; Plut. Luc. 5–6; Cic. Cluent. 84–86, parad. 5.40. Praecia-Episode: Plut. Luc. 6.

6 Salluvius Naso: CIL $I^2$ 743. Valerius Triarius: App. Mithr. 88; Cass. Dio XXXVI 10; OGIS 447; Ascon. in Scaur. 18 f.; Phlegon. Thrall. 12 = FHG III 606. Mamercus: Oros. VI 2.16–18. Censorinus: Memnon 53 = FrGrH III B 364 f. Barba: App. Mithr. 77; Memnon 41 = FrGrH III B,35. Sornatius: Plut. Luc. 17.1, 24.1, 30.3. Sextilius/Secilius: Ebd., 25.4–6; App. Mithr. 84 f.; Cass. Dio XXXVI 3.2 f. Fabius Hadrianus: Plut. Luc. 17.1.24.1; Phlegon Trall. fr. 12 = FHG III 60. Marcus Pompeius: Memnon 45 = FrGrH III B 360.

7 Varro rust. III 16.2: »Als armer Mann mit zwei Brüdern und zwei Schwestern wurde ich zurückgelassen – von den letzteren gab ich eine ohne Mitgift an Lucullus, als er mir zum ersten Mal ein Erbe gewährte.« Dass der Satz bei Varro ironisch geäußert wird, hat Tatum 1999, 36 plausibel gemacht.

8 Ps.-Ascon. div. in Caec. 193 f., St. Vgl. Münzer 1934.

9 »Nehmerqualitäten«: Scholz 2011, 262 f. Vgl. zu Jugend und Erziehung: Bormann 2006, Bormann 2006, Veyne 1989, 27–17, Vössing 2006.

10 Auf den persuasiven Charakter der römischen Politik hat zu Recht Fergus Millar (Millar 1986, Millar 1998) hingewiesen.

11 Karneades-Gesandtschaft: Plut. Cato 20.3–5. Vgl. Drecoll 2004, Gruen 1984, 257 f. Vgl. zum Bildungsweg Ciceros: Pina Polo 2011, 38–41.

12 Vgl. zur Jugendkultur: Veyne 1989, 36 f.

13 Vgl. Rosenstein 2007, 136–138. Die zentrale Bedeutung, die der Militärdienst und militärische *virtus* für die Heranzüchtung der jeweils nächsten Generation von Senatoren hatte, betont, vielleicht teilweise überzeichnend, Harris 1991, 10–15.

14 Vgl. zum Perserreich: Briant 2002. Zum Hellenismus allgemein: Bichler 1983, Canfora 1995, Chamoux 1981, Droysen 1877–78, Gehrke 1995, Meißner 2007, Rostovtzeff 1941, Walbank 1994. Zum Seleukidenreich: Kosmin 2014, Mehl 1986, Sherwin-White und Kuhrt 1993, van der Spek 2007, Wolski 1999. Zum Auftreten Roms im hellenistischen Osten: Eckstein 2008, Gruen 1984, Sommer 2002.

15 Vgl. zu Kleinasien im Hellenismus: Bryce 2013, Marek 2010, Mileta 2008.

16 Vgl. zum Euergetismus im Hellenismus: Colpaert 2014, Stephan 2002. Zum Euergetismus speziell der kleinasiatischen Dynasten: Michels 2009, Michels 2010. Grundlegend für den antiken Euergetismus allgemein ist Veyne 1976.

17 Vgl. Michels 2009, 80–83.

18 Der herrschaftssoziologischen Deutung hat in Anlehnung an Weber 1956 Gehrke 1982 Plastizität gegeben. Dagegen hat Koehn 2007, 77–88 die Bedeutung machtpolitischer Faktoren hervorgehoben. Die Perspektiven sind eher komplementär als einander ausschließend.

19 Vgl. zum Folgenden: Keaveney 1992, 75–128, Sampson 2021, 45–124, Sherwin-White 1994.

20 Plut. Luc. 21.6.

21 App. Mithr. 88.

22 Verhandlungen mit Phraates: Plut. Luc. 30.1 f.

23 Lucullus und die Publikanen: Ebd., 20.1–3. Asia: Cass. Dio XXXVI 2.1 f. Quinctius und Lucullus: Plut. Luc. 5.4.

24 Plut. Luc. 30.4. Weigerung des Heeres in Pontos, sich Lucullus anzuschließen: Ebd., 30.3.

25 Marsch durch Armenien: Ebd., 31.1f.

26 Ebd., 32.2.

27 Plut. Luc. 32; Cass. Dio XXXVI 6 f.; Sall. Hist. IV 79 f.; Eutrop. VI

9.1; Oros. VI 3.7. Die Chronologie ist nicht über jeden Zweifel erhaben. Zur Meuterei der Fimbria-Legionen im Sommer 68 v. Chr.: Flaig 2003, 110–113.

28 Tigranes: App. Mithr. 88; Cass. Dio XXXVI 8. Mithradates und die Schlacht von Komana: Plut. Luc. 34; App. Mithr. 88; Cass. Dio XXXVI 9–11.

29 *Lex Gabinia* und Ernennung Glabrios: Cic. Manil. 5, 26; Sall. Hist. V 13; Cass. Dio XXXVI 14.4, 17.1. Inkompetenz Glabrios: Cic. Manil. 5. Vgl. zu den Absichten des Pompeius: Keaveney 1992, 120 f., Seager 2002, 43.

30 Cass. Dio XXXVI 14.4. Pläne des Lucullus: Eutr. VI 9. Vgl. zur Deutung Sherwin-White 1984, 183. Clodius als Aufrührer: Cic. har. resp. 42: *post exercitu L. Luculli sollicitato per nefandum scelus fugit illim.*

31 Plut. Luc. 34.1 f.

32 Ebd., 34.3 f.

33 Vgl. als grundlegende Studie zu Reden in der antiken Historiographie am Beispiel von Herodot und Thukydides: Scardino 2007. Darin (ebd., 754–769) auch eine Würdigung des Wandels, für den Polybios mit seinem historischen Werk steht. Der Historiker aus Megalopolis unterschied drei Arten, Reden für das historische Narrativ zu nutzen: (1.) die wörtliche Widergabe, (2.) die Paraphrase, (3.) die Erfindung von Reden. Während Polybios die Varianten 1 und 2 für legitim hält, ist die Erfindung von Reden für ihn die Methode des schlechten Historikers (Pol. XII 25).

34 Vgl. zu Meutereien im römischen Heer: Brice 2020, Messer 1920.

35 *Lex Manilia*: Plut. Pomp. 30.1 (dort inkorrekt statt Manilius »Manlius«); Cic. Manil. 69.

36 Als »a very personal affair« mit gekränkter Eitelkeit als Hauptmotiv sieht die Meuterei Tatum 1999, 48.

37 Schlacht bei Zela: Cass. Dio XXXVI 12 f.; App. Mithr. 89; Plut. Luc. 35.1.

38 Cass. Dio. XXXVI 14 f.; Plut. Luc. 35.1–6.

39 Plünderung von Pontos durch Lucullus 67 v. Chr.: App. Mithr. 97.

40 Plut. Luc. 35.7–36.6, Pomp. 31.

41 App. Mithr. 114; Plut. Pomp. 38 f. Vgl. Marek 2010, 364–368, Sartre 2005, 37–44, Seager 2002, 53–62.

42 Lucullus und die Kirsche: Plin. hist. nat. XV 25.

43 Vell. Pat. II 42.2 f.; Plut. Caes. 2; Suet. div. Iul. 4.

44 Dolabella: Cic. Verr. II 1.56.

45 Cass. Dio XXXVI 17.2.

46 Cic. har. resp. 42: *deinde iam robustus provinciae se ac rei militari dedit, atque ibi piratarum contumelias perpessus etiam Cilicum libidines barbarorumque satiavit.*
47 Geiz des Ptolemaios: Cass. Dio XXXVIII 30.5; App. civ. II 23. Furcht vor Pompeius als Motiv für die Freilassung: Cass. Dio XXXVI 17.3.
48 Cass. Dio XXXVI 17.3.
49 Diod. XL 1.
50 Ebd. Vgl. Ehling 2008, 261.
51 Sartre 2005, 38. Die Sesshaftwerdung der Emesener unter Sampsigeramos beschreibt kurz Strab. XVI 2.10. Vgl. Konrad 2014, Konrad 2022.
52 Zu den Ereignissen: Ehling 2008, 262 f. Die Chronologie ist schwer zu rekonstruieren. Downey 1963, 71 sowie Tatum 1999, 51 f. und 266 f. Anm. 117, meinen, Clodius sei erst nach Marcius Rex in Antiocheia eingetroffen. Doch spielten in der Schlussphase des Konflikts zwischen Philipp und Antiochos die Stämme keine entscheidende Rolle mehr. Gegen welche *Arabioi* hätte er die Antiochener unterstützen sollen? Der Konflikt zwischen der Stadt und den Stämmen spielte sich bereits 67 v. Chr. ab. Auch von weiteren Unruhen ist in den Quellen keine Rede. Die *stasis* in Antiocheia, in die Clodius geriet, muss die Rebellion gegen Antiochos ebenfalls 67 v. Chr. gewesen sein, Clodius muss daher Antiocheia vor Marcius Rex besucht haben.

## DRITTER AKT: DER TRANSVESTIT

1 Zu Catilina: Heider 2000.
2 Einzige Quellen für den Prozess 73 v. Chr. gegen Fabia sind Ascon. in Sen. c. Pis. 10 (*Fabia virgo Vestalia causam incesti dixerat, cum ei Catilina obiceretur, eratque absoluta*) und der sehr viel spätere Oros. VI 3.1 (*eodem anno apud Romam Catilina incesti accusatus, quod cum Fabia virgine Vestali commisisse arguebatur, Catuli gratia fultus evasit*). Beide Quellen nennen Clodius nicht als Ankläger. Lediglich davon, dass Clodius die Vestalinnen »verleumdet« (διαβάλλοντι) habe, berichtet Plut. Cat. 19.3. Über die Frauengeschichten Catilinas Sall. Cat. 15.1. Den Bericht über den Prozess hält für stichhaltig Gruen 1995, 42 und 271. Dagegen, mit guten Argumenten, Moreau 1982, 234–238, ähnlich Tatum 1999, 44.
3 Zu Cicero und Verres: Bounas 2010, Fuhrmann 1997.

4 Cic. har. res. 42. Votum der Ritter und Aerartribunen: Ascon. in Sen. c. Pis. 17.

5 Ebd. Zum Gegenstand der Rede, dem Streit um die Auslegung von Opferschau-Gutachten, siehe unten, S. 242 f.

6 Cic. Att. I 11.1. Pina Polo 2011, 77, argumentiert überzeugend, bei Cicero habe sich schließlich die Einsicht durchgesetzt, das Bündnis mit Catilina würde ihm in der öffentlichen Meinung mehr schaden als nützen.

7 Cic. har. res. 42.

8 Murena senior und Lucullus: Keaveney 1992, 29. Wenig spricht für die von Tatum 1999, 55 f. geäußerte Vermutung, Murena hätte sich mit Lucullus überworfen.

9 Plut. Cic. 29.4; Cic. har. res. 42.

10 Unterschlagung: Cic. Mur. 54. Recht spekulativ zur weiteren Rolle des Clodius: Tatum 1999, 59 f. *Divisores*: Vanderbroeck 1987, 62–64.

11 Zur Verschwörung und ihrem Nachspiel: Dahlheim 1990, Phillips 1976, Ungern-Sternberg 1997.

12 Natta: Cic. Mur. 73, dom. 134. Fulvia: Cic. Phil. II 90, III 16; Sempronia Tuditana: Sall. Cat. 25, 40.

13 Plut. Cato 27–29, Cic. 23; Suet. div. Iul. 16.1; Schol. Bob. 134, St. Vgl. Gruen 1995, 79–81, Seager 2002, 72–74, Tatum 1999, 62 f.

14 Cic. Att. I 12.3. Zum Bona-Dea-Skandal und zum Prozess: Balsdon 1966, Benner 1987, 38 f., Epstein 1986, Fezzi 2008, 34–44, Martin 1965, 69–72, Mastrocinque 2011, Tatum 1990, Tatum 1999, 62–86.

15 Macr. Sat. I 12.20–29. Vgl. Brouwer 1989, 356.

16 Cic. Att. I 13.3.

17 Ebd.

18 Schol. Bob. 89, St. (Cic. in Clodium et Curionem): *patres conscripti decreverunt, <ut> de ea re non aliter quam de incestu quaereretur.* Vgl. Moreau 1982, 83–89, Tatum 1999, 75.

19 Cic. Att., I 14.5.

20 Will 1991, 62–66.

21 Cic. Att. I 14.5.

22 Ebd., I 16.1.

23 Ebd., I 16.3. Die Teilung des Gesetzes auf Fufius' Intervention hin: Ascon. in Mil. 44 f.: Cic.: *invenimus Fufium, qui diceret: divide; reliquae parti sententiae ego et Sallustius intercessimus.* Ascon.: *haec contio, ut puto, explicat et quid senatus decernere voluerit, et quis divisionem postulaverit, et quis intercesserit et cur. illud vos meminisse non dubito per Q. Fufium illo quoque tempore quo de incesto P. Clodi*

*actum est factum ne a senatu asperius decerneretur.* Vgl. Balsdon 1966, 70.

24 Ebd., I 16.5.

25 Alibi: Plut. Cic. 29.1. Identität des Calvus: Lange hielt man Crassus für den großen Strippenzieher im Hintergrund. So noch Spielvogel 1997, 61. Diese Deutung gilt aber mittlerweile als unwahrscheinlich, weil Clodius über genügend eigene Geldmittel verfügt hätte, um die Richter zu bestechen und auf Crassus nicht angewiesen war. Vgl. Gruen 1995, 275, Anm. 58, Tatum 1999, 83–85.

26 Ebd., I 16.10. Gegen Clodius und seinen Rechtsbeistand verfasste Cicero später die Schmähschrift *In Clodium et Curium*, die verloren, aber aus dem Kommentar der Scholia Bobiensia zu rekonstruieren ist (Schol. Bob. 95–91, St.) Vgl. Münzer 1921, 865 f.

27 Sicher lassen sich Hortensius, Lucullus, Gaius Calpurnius Piso, Catulus, der Caesar bei der Wahl zum Pontifex Maximus unterlegen war und im Zusammenhang mit dem Prozess von Cicero eher en passant genannt wird, und der junge Marcus Favonius diesem Kreis zurechnen, allerdings erst ab der dritten Phase der Krise. Als Hauptankläger fungiert Lucius Cornelius Lentulus Crus. Gaius Claudius Marcellus und zwei weitere Angehörige des Clans der Cornelii Lentuli unterzeichnen die Anklage. Ankläger und Unterzeichner der Anklage: Schol. Bob. 89, St.

28 Zum Zerwürfnis zwischen Piso und Pompeius Cic. Att. I 14.6.

29 »Apotheose«: Ebd., I 16.13.

30 Weigerung, als Zeuge zu erscheinen: App. civ. II 14; Plut. Caes. 10.8.

31 Plut. Cic. 29.3 f.

32 Gegen private Motive am entschiedensten Tatum 1990. Für eine persönliche Feindschaft zwischen Cicero und Clodius als Folge der angeblichen *incestum*-Anklage gegen die Vestalin Fabia dagegen Epstein 1986, 233–235.

33 Cic. Att. I 16.2. Dafür, dass politische Motive für Cicero den Ausschlag gaben, überzeugend auch Habicht 1990, 57 f. Für Cicero als »Moralapostel« Pina Polo 2011, 137. Zu Ciceros Verhältnis zu *religio* und Tradition vor allem Cic. div. II 148–150. Zu den *contiones*: Flaig 2003, 155 (»Informationsversammlungen, auf denen die einberufenden Versammlungsleiter Gesetzesentwürfe vorstellten oder politische Fragen erörtern ließen, meist von senatorischen Rednern, die sie selbst bestimmten«); Mouritsen 2001, 38–62, bes. 38 (»The only official setting for political leaders to meet the people«).

34 Cic. Att. I 16.1.

35 Plut. Cic. 28.2. Ähnlich auch Schol. Bob 88, St. (*illum patronum libidinis suae*) und Cic. Mil. 72 (*nefandum adulterium*). Als Teil von Clodius' »carrière amoureuse« sieht Moreau 1982, 24, die Episode. »Rein persönlich[e] Motive« unterstellt auch Martin 1965, 69.

36 So scheint es Tatum 1999, 85 f. zu sehen.

37 Ähnlich Benner 1987, 38–40, der von einer gezielten »Brüskierung« der Optimaten spricht.

38 Cic. Att. I 16.1 f.; Schol. Bob. 86, St. (dort auch die Zitate).

39 Cic. Att. I 18.4. Veto gegen Herennius Ebd., 19.5. Stimmung im Senat und Wende des Metellus Celer: Cic. har. res. 45. Zur *transitio ad plebem*: Kübler 1936.

40 Cic. Att. II 1.5. Ädilität: Lintott 2004, 129 f., Mommsen 1887, Bd. 2, 482.

41 So durchaus überzeugend Tatum 1999, 99.

42 Cic. Att. II 1.5.

43 Cass. Dio XXXVII 51.1 f.

44 Cic. Att. II 1.5. Zur Kritik der Dio-Passage ausführlich: Tatum 1999, 99–102.

45 Die Merkwürdigkeiten der Adoption listet Cic. dom. 34 f. auf. Die Rolle Caesars beim Zustandekommen der Adoption beleuchtet Cic. Sest. 15 f. und prov. 45 f. Vgl. Benner 1987, 42, Tatum 1999, 104–108.

46 Cic. dom. 41. Die Bedeutung Ciceros und des Hybrida-Prozesses betont Tatum 1999, 103 f. u. 108. Dagegen mit guten Gründen Will 1991, 60 f.

47 *Ne quid ageretur*: Suet. div. Iul. 19. Zum Charakter des Bündnisses: Meier 1966, 280. Das gleichnamige Pamphlet Varros ist bezeugt bei App. civ. II 33.

48 Zu Caesars Karriere bis 60: Gelzer 1983, 23–58, Gruen 1995, 75–81, Meier 1986, 99–263.

49 Zitat: Mommsen 1902–04, Bd. 3, 305.

50 Cic. Att. I 18.5.

51 Cicero war für das Gesetz, redigierte es aber selbst so, dass es für die Besitzenden keine Nachteile brachte: Ebd., I 19.4. Vgl. Pina Polo 2011, 48.

52 Cass. Dio XXXVII 49 f. Vgl. Gruen 1995, 285–287, Meier 1966, 272. Zitat: Mommsen 1902–04, Bd. 3, 209.

53 Zitat: Cic. Att. II 1.8. Steuerpächter: Ebd., I 17.9, 18.7, II 1.8. Zu Cato: Drogula 2019, Fehrle 1983, Gruen 1995, 53–57, Jehne 1999, Meier 1966, 273–276.

54 Dies ist die überzeugende Interpretation von Meier 1966, 274 f. Zu

Crassus allgemein: Burckhardt 2000, Gruen 1995, 66–74, Marshall 1976.

55 Suet. div. Iul. 19.2.

56 Cic. Att. II 3.3.

57 Zitat: Mommsen 1902–04, Bd. 3, 210.

58 Gesetzgebung durch Caesar bzw. Vatinius: Cass. Dio XXXVIII 2–7. Reaktion des Bibulus: Suet. div. Iul. XX 1; Cass. Dio XXXVIII 6.6, 8.2; Vell. II 44.5; Plut. Pomp. 48, Caes. 14. Das Jauche-Attentat ist nur bei Plutarch überliefert. Zu Caesars Konsulat: Gelzer 1983, 59–84, Gruen 1995, 90–97, Meier 1986, 281–305, Seager 2002, 86–100.

59 Zu Datierung und Inhalt der *lex Vatinia*: Meier 1961, 83–88.

60 Dass Clodius den drei Kartell-Politikern zu unwichtig war, meint Tatum 1999, 103: »Clodius, by contrast, had little to offer, even in a junior capacity, except obedience«. Zu *vici*, *collegia* und *tribus* als organisatorischen Zellen: Vanderbroeck 1987, 112–114.

61 Popitz 1999, bes. 53–78. Zitate: 48, 44, 47, 58, 133.

62 Ebd., Zitate: 58, 63; Arendt 1987, 85 f., Zitat: 85.

63 Baberowski 2021, 28–43. Zitate: 39, 31.

64 Ebd., 42.

65 Politische Gewalt in der Republik: Berthelet 2016, Gruen 1995, 405–448.

66 Gruen 1995, 358–365.

67 Volk als Schiedsrichter im Konkurrenzkampf der Nobilität: Hölkeskamp 2004, 85–92.

68 Cic. Att. II 7.3.

69 Ebd., II 12.2, II 15.2.

70 Ebd., II 24.2–4. Vgl. Gruen 1995, 95 f., Meier 1961, 88–96, Meyer 1922, 84–87, Taylor 1950.

71 Dies die überzeugende Rekonstruktion von Meier 1961, 86–88. Dass Clodius die Strippen hinter Vettius gezogen haben soll, wie Seager 1965 meint, ist hingegen wenig wahrscheinlich.

72 Cic. Q. fr. I 2.16.

73 Bizarrerweise rettete ausgerechnet Bibulus Caesar durch die Verschiebung der Wahlen seine Karriere, denn so wurde erst nach der Vettius-Affäre und unter deren Eindruck gewählt. Caesar nutzte die Zeit effektiv, um Gegner zu diskreditieren und manövrierte Bundesgenossen in entscheidende Ämter, womit er verhinderte, dass seine *acta* widerrufen wurden. Vgl. Meier 1961, 94. Zu den Amtsträgern: Broughton 1952, 193–199. Konsuln: Cic. Q. fr. 1,2,16.

74 Broughton 1952, 193–199.
75 Cic. Q. fr. I 2.16, Att. II 25.2.

## VIERTER AKT: DER DOMPTEUR

1 Zu *collegia* als Transmissionsriemen sozialer Integration: Flambard 1977, 117 f., Mommsen 1843. Allgemein: Kornemann 1900. Cicero über die *collegia* als *coetus factiosorum hominum*: Ascon. in Corn. 67. Über die *collegia nova*: Cic. Pis. 4. Nachbarschaftsvereine: Q. Cic. pet. 8. Zur *lex de collegiis*: Gruen 1995, 386 f., Tatum 1999, 117–119, Will 1991, 72. Zur Politisierung der stadtrömischen Plebs durch die *lex*: Mouritsen 2001, 142 f.
2 Zur *lex frumentaria*: Gruen 1995, 386, Tatum 1999, 119–125, Will 1991, 39–41. Die zunehmende Abhängigkeit der stadtrömischen Plebs von Getreideverteilungen, Speisungen und sonstigen Spenden unterstreicht Vanderbroeck 1987, 93–103.
3 Cic. har. resp. 58. Vgl. Cic. Pis. 4, Sest. 55, prov. 46. Zur *lex de censoria notione*: Gruen 1995, 386, Tatum 1999, 133–135, Will 1991, 72 f.
4 Cic. p. red. in sen. 11, Sest. 33, har. resp. 58, Vat. 18–23, prov. 45 f., Pis. 9 f. Zur *lex de agendo cum populo*: Gruen 1995, 255–257, Mitchell 1986, Tatum 1990, 189 f., Tatum 1999, 125–133, Will 1991, 72 f.
5 Ziel, Clodius populär bei der Plebs, den Rittern und den senatorischen Hinterbänklern zu machen: Cass. Dio XXXVIII 12.8. Dagegen, dass Clodius mit den Gesetzen noch weitere Ziele verfolgte, argumentiert Tatum 1999, 114–117. Für Benner 1987, 58–61 zielte vor allem die *lex frumentaria* darauf ab, ein »Patronat« des Clodius über die *plebs u*rbana zu begründen. Dagegen und für die Verfolgung weitergespannter Ziele durch Clodius auch Łoposzko und Kowalski 1990, 201 f.
6 Cic. Pis. 4; Ascon. in Pis. 7.; Cass. Dio XXXVIII 14.1. Zur Chronologie Flambard 1977, 119–122, Russell 2016, 194 f.
7 In diesem Sinn überzeugend Tatum 1990, 190–192, Tatum 1999, 136 f.
8 Cass. Dio XXXVIII 14.2. Dass er Caesar und Pompeius nicht traue, hatte Cicero bereits im November 59 seinem Bruder Quintus gegenüber brieflich zu Protokoll gegeben: Cic. Q. fr. I 2.16. Dass Cato und Hortensius Cicero überredeten, auf den Handel mit Clodius einzugehen, vermutet Tatum 1990, 192 f., Tatum 1999, 137 f.
9 Cic. Sest. 135, Vat. 33 f.; Quint. inst. VI 3.60; Tac. dial. 21.2, 34.7; Schol. Bob. 140, 150, St. Vgl. Alexander 1990, 126 f.

10 Zu den weiteren Bemühungen der Optimaten: Suet. div. Iul. 23.1. Vgl. Gruen 1995, 292, Tatum 1999, 140 f.

11 Cic. Att. IV 3.3 (*latrocinium*), Pis. 4 (*faex*) und 10 (*reliquae*).

12 Schließung der *tabernae* durch Clodius: Cic. dom. 54 (*cum edictis tuis tabernas claudi iubebas, non vim imperitae multitudinis, sed hominum honestorum modestiam prudentiamque quaerebas*) und 89 (*quem tu tamen populum nisi tabernis clausis frequentare non poteras*). *Dominus regium* etc.: Ebd., 90. Zur Deutung der Cicero-Passagen: Russell 2016, bes. 188–191. Dort (203–205) auch die gut begründete These, dass Clodius sich mit der Schließung auf das *iustitium* bezog. Vgl. Vanderbroeck 1987, 86 f.

13 *Populus* des Clodius: Russell 2016, 205–208. Zur sozialen Zusammensetzung seiner Anhängerschaft: Benner 1987, 75–80.

14 Decimus als *dissignator*: Cic. Att. IV 3.2. Cloelius als *dux operarum*: Cic. Cael. 78; *consiliarius* und *scriptor legum*: Cic. Mil. 33. Vgl. Benner 1987, 156–159, Flambard 1977, 126–131, Nippel 1995, 70–75, Nippel 1997, 243, Vanderbroeck 1987, 54–56.

15 Sklaven und Freigelassene: Cic. Mil. 54 (*in tribunali Aurelio conscribebas palam non modo liberos sed etiam servos*). Vgl. Eckhardt 2021, 21 f., Tatum 1999, 142–148. Die Unterschiede zwischen Catilinas Umsturzversuch und dem Vorgehen des Clodius arbeiten systematisch heraus Łoposzko und Kowalski 1990, bes. 207 u. 210. Seltsamerweise hält Nippel 1997, 243 die Bedeutung der Agitation durch die direkte Ansprache der Menge im Vergleich zur Wirksamkeit der Netzwerke für gering.

16 Momigliano 1940, 79: »The clientships of the old days had been the strength of the senatorial aristocracy«. Q. Cic. comm. pet. 17. Vgl. auch Vanderbroeck 1987, 81–86.

17 Mommsen 1902–04, Bd. 3, 307.

18 Vgl. Seager 2002, 103 f.

19 Cic. dom. 129, har. resp. 28 f., Pis. 16.6, 58, Sest. 56 f., Mil. 73. Vgl. Seager 2002, 102 f., Tatum 1999, 153

20 Cic. Att. III 15.5, Sest. 10.25 (*promulgantur uno eodemque tempore rogationes ab eodem tribuno de mea pernicie et de provinciis consulum nominatim*); App. civ. II 15; Cass. Dio XXXVIII 13–17; Liv. per. CIII (*M. Cicero lege a P. Clodio tr. pl. lata quod indemnatos cives necavisset in exilium missus est*); Vell. Pat. II 45 (*legem in tribunatu tulit, qui civem Romanum indemnatum interemisset, ei aqua et igni interdiceretur*). Vgl. Gruen 1995, 244, Habicht 1990, 62 f., Kelly 2009, 110–125 u. 226–228, Moreau 1987, Pina Polo 2011, 145–147, Will 1991, 74–77.

21 Cic. dom. 20, 52 f., 65, 129, Sest. 57, 59, 62, 84, har. resp. 58; Vell. Pat. II 45.4 f.; Plut. Cato 34; Cass. Dio XXXVIII 30.5. Vgl. Drogula 2019, 155–162, Gelzer 1963, 275, Seager 2002, 102 f., Tatum 1999, 155.

22 Cic. Q. fr. II 4.4, auch Att. III 15.4. Verrat durch die politischen Weggefährten der *boni*: Cic. Att. III 9.2, 15.2, Q. fr. I 3.8, fam. I 10.13 f., har. resp. 38.

23 Cic. dom. 47 (*velitis iubeatis ut M. Tullio aqua et igni interdictum sit*), 50 (*quod M. Tullius falsum senatus consultum rettulerit*). Brand des Hauses: Ebd., 62, p. red. in sen. 17 f., Sest. 54. Spurius Vecellinus: Liv. II 41. Spurius Maelius: Ebd., IV 13–15; Dion. Hal. XII 1–4; Cass. Dio VI 20. Marcus Manlius: Cic. dom. 101. Laut Plut. Cic. 33.1 war Clodius selbst der Urheber der Zerstörung (ὁ δὲ Κλώδιος ἐξελάσας τὸν Κικέρων κατέπρησε μὲν αὐτοῦ τὰς ἐπαύλεις, κατέπρησε δὲ τὴν οἰκίαν). Vgl. Moreau 1987, 476, Pina Polo 2011, 147 f., Stroh 2004.

24 Cic. dom. 101–103. Zur Portikus ebd., 114, 116, 121 (*ambulatio*). Vgl. Berg 1997, Tatum 1999, 163–166. Ciceros Freiheitsbegriff: Kennedy 2014, 492 f. »Positive Freiheit«: Berlin 1993, 749. Arendt 1963, 163: »the ideal of a free will, independent from others and eventually prevailing against them«. Zum popularen Freiheitsbegriff: Vanderbroeck 1987, 106 f.

25 Cic. dom. 116. Vgl. Tatum 1999, 159–162.

26 Cic. Att. III 8.3, dom. 129, har. resp. 28 f., 58, Sest. 56 f., Mil. 73. Vgl. Benner 1987, 61 f., Marek 2010, 365 f., Seager 2002, 103, Tatum 1999, 168 f.

27 Cic. dom. 66, Mil. 37; Ascon. in Mil. 47; Plut. Pomp. 48; Cass. Dio XXXVIII 30.1 f.; Schol. Bob. 118 f. St. Vgl. Seager 2002, 101–194, Tatum 1999, 169 f.

28 Cic. p. red. ad. Quir. 14, dom. 66, 124, Pis. 27 f.; Cass. Dio XXXVIII 30.2. Vgl. Tatum 1999, 170–174.

29 Ninnius weiht Clodius' Besitz: Cic. dom. 125. Veto des Aelius Ligus: Cic. Sest. 68 f., 94, dom. 49, har. resp. resp. 5. Piso: Cic. p. red. in sen. 38, p. red. ad Quir. 7, Sest. 54, 68, fam. XIV 1.4, 2.2 f., 3 f., 4. Reaktion des Clodius: Cic. Att. III 12.1.

30 Pompeius und Caesar: Cic. Att. III 18.1. Clodius gegen Caesar: Cic. dom. 40, har. resp. 48, 50. Cic. prov. cons. 46 (*praesertim cum ab illis aliquotiens condicio C. Caesari lata sit, ut easdem res alio modo ferret, qua condicione auspicia requirebant, leges comprobabant*) berichtet, Caesar gegenüber sei mehrfach der Vorschlag gemacht worden, er solle seine Gesetze erneut einbringen, damit sie sakralrechts- und rechtskonform seien. Tatum 1999, 172 f. und Seager 2002, 104 f. vermuten, Ciceros Anhänger hätten Caesar dazu gedrängt, seine *acta*

mit Ausnahme von Clodius' *transitio ad plebem* zu erneuern, um so dessen Volkstribunat die Legitimität zu entziehen. Beweisen lässt sich diese Hypothese nicht.

31 Magistratswahlen: Broughton 1952, 200–202. Vermeintlicher Mordanschlag auf Pompeius und die Folgen: Cic. dom. 67, 110, 129, red. Sen. 4.29, red. Quir. 14, Sest. 69, 84, har. resp. 48–50, 58, Pis. 16, 28 f., Mil. 18 f., 73; Ascon. in Mil. 46 f. Vgl. Tatum 1999, 174 f.

32 Senatssitzung am 1. Januar und Antrag des Serranus: Cic. p. red. ad Quir. 12, Sest. 72, 77, har. resp. 32, Pis. 35, Att. IV 2.4; Ascon. in Pis. 11; Schol. Bob. 122, St. Hierzu und zum Folgenden: Tatum 1999, 176–185.

33 Cic. Sest. 76.

34 Ereignisse des 23. Januar: Cic. Sest. 77 f. Angriff aus Sestius: Ebd., 78–80. Datierung: Cic. Q. fr. II 3.6.

35 Scheitern Milos: Cic. Sest. 89. *Operae* von Sestius und Milo: Cic. Sest. 90, p. red. in sen. 19 f., 22, 30, p. red. in Quir. 14 f., Mil. 38, Q. fr. II 5.3; Ascon. in Mil. 31. Vgl. Benner 1987, 81, Nippel 1995, 78 f.

36 *Latrones*: Cic. Sest. 2, 76; *egestate et scelere perditi*: Ebd., 2; *facinorosissimi sicarii*: Ebd., 76; *praesidia*: Ebd., 90.

37 Capua: Cic. fam. I 9.9, 12, 14, Pis. 80; Cass. Dio XXXIX 10.1. Italien: Cic. p. red. in sen. 29, Mil. 39. Ludi Floreales: Cic. Sest. 116–123; Schol. Bob. 136; 166, St.; »Via Appia«: Cic. Sest. 126. Zur politischen Partizipation der *plebs rustica*: Vanderbroeck 1987, 67–76.

38 Die Ernährungslage und die steigenden Preise schildert Cicero eindringlich in dom. 10–18. Wachsender Druck für die Rückholung Ciceros: Ebd. 47, Pis. 41, Q. fr. I 4.4. Ludi Apollinares und Rufus: Cic. Mil. 38; Ascon. in Mil. 48. Senatssitzung auf dem Kapitol: Cic. p. red. in sen. 25 f., 31, dom. 30, Sest. 129 f., Mil. 39. Volksversammlung: Cic. dom. 90; Plut. Cic. 33.3; Pomp. 49.3.

## FÜNFTER AKT: DER REVOLUTIONÄR

1 Cic. dom., 4. Vgl. Will 1991, 86.

2 Zu den Baulichkeiten: Cic. har. resp. 33. Vgl. Stroh 2004, 319–321.

3 Zur *lex Papiria de dedicationibus* Mommsen 1887, Bd. 3, 1050, Stroh 2004, 324–329, Tatum 1993.

4 Argumente Ciceros: Cic. dom. 127 f.; *hostis Capitolinus*: Ebd., 7. Befolgung der sakralrechtlichen Normen durch Clodius: Ebd., 117–121; Irreversibilität der Weihung: Ebd., 127; *dedicatio magnam habet religionem*: Ebd., 127. Vgl. Stroh 2004, 338–346.

5 *Simulata adoptio*: Cic. dom. 36; Exil als Dienst an der Republik: Ebd., 99; »Herausreißen« der *religio*: Ebd., 104. Vgl. Stroh 2004, 346–369, Tatum 1999, 190–193.

6 Inhalt des Gutachtens: Cic. Att. IV 2.3; Serranus: Ebd., 2.4. Vgl. Tatum 1999, 192.

7 Cic. Att. IV 3.2. Vgl. Nippel 1995, 76, Tatum 1999, 193 f.

8 Cic. Att. IV 3.3 f. Vgl. Pina Polo 2011, 187 f., Tatum 1999, 196 f.

9 Cic. Q. fr. II 1.3. Vgl. Gruen 1995, 296–298, Tatum 1999, 197 f.

10 Gutachten der *XV viri* und Orakel: Cass. Dio XXXIX15. Bewertung: Cic. fam. I 1.1. Vgl. Seager 2002, 112 f., Tatum 1999, 200 f.

11 Cic. Q. fr. II 3.2, fam. I 6.1. Vgl. Gruen 1995, 296–299, Seager 2002, 114 f., Tatum 1999, 202 f.

12 Cic. Q. fr. II 3.3. Vgl. Tatum 1999, 203. Gruen 1995, 299 meint dagegen, der Senatsbeschluss, die Vorkommnisse des 8. Februar seien *contra rem publicam* gewesen, habe sich gegen Clodius gerichtet, doch gibt der Fortgang von Ciceros Bericht Aufschluss darüber, wie sehr der Wind im Senat Pompeius ins Gesicht blies.

13 Klage gegen Sestius: Wichtigste Quelle ist Ciceros Rede *Pro Sestio*. Siehe auch Cic. Vatin., Att. III 17.1, 19.2, 23.4, IV 3.3, fam. I 9.7, II 3.5, 4.1, Q. fr. XI 1.73; Plut. Cic. 25.4. *Consensus omium*: Cic. de orat. III 3, 21. Vgl. Gruen 1995, 301–304, Tatum 1999, 205–208.

14 Dass Clodius in der Anklage gegen Sestius im Hintergrund die Fäden zog, glaubt Gruen 1995, 302. Die Indizienlage für diese Annahme ist jedoch dünn. Dafür spricht allein, dass der exzentrische Playboy Lucius Gellius Poplicola, ein enger Weggefährte des Clodius, zu den Anklägern gehörte (Cic. Sest. 110–112, Vatin. 4; Schol. Bob. 135, St.). Cispius: Cic. Planc. 75 f.; Schol Bob. 165, St. Die Datierung ist nicht hundertprozentig sicher, doch spricht viel dafür, dass Cispius ebenfalls direkt nach Ablauf seines Tribunats angeklagt wurde. Cloelius: Cic. Q. fr. II 4.6, Cael. 78. Vgl. Gruen 1995, 304 f., Tatum 1999, 208 f. Nymphenheiligtum: Plut. Pomp. 48; Cass. Dio XXXIX 19.1 f. Vgl. Tatum 1999, 211.

15 Quelle hierfür und für das Folgende ist Cic. Cael. Vgl. Gruen 1995, 304 f., Tatum 1999, 208 f., Wiseman 1985, 54–90

16 Catull. 58.

17 Cic. Cael. 23 f.

18 Ebd., 30, 48. Vgl. zur an die lateinische Komödie angelehnten literarischen Form der Rede Leigh 2004.

19 Cic. Cael. 49.

20 Ebd. 34.

21 Dafür, dass mit dem Prozess eigentlich Pompeius getroffen werden sollte, überzeugend Gruen 1995, 306 f., dagegen Tatum 1999, 210.

22 Cic. har. resp. 22–26. Vgl. Tatum 1999, 211 f.

23 Cic. fam. I 9; Plut. Caes. 21.2 f., Crass. 15.1–5, Pomp. 51.3; App. civ. II 17; Suet. div. Iul. 24. Vgl. Gruen 1995, 100 f., Lazenby 1959, Luibheid 1970, Meier 1986, 329–333, Mommsen 1902–04, Bd. 3, 319–321, Pina Polo 2011, 190 f., Tatum 1999, 214 f. Seager 2002, 123 hält die Frage der Provinzvergabe für vorerst unentschieden.

24 Mommsen 1902–04, Bd. 3, 322 f. Vgl. Habicht 1990, 68–72, Pina Polo 2011, 190 f. 200 Senatoren, 120 Liktoren: Plut. Caes. 21.2; Plut. Pomp. 51.3. Vgl. Tatum 1999, 214 f.

25 Plut. Caes. 21.5.

26 Denunziationen Ciceros: Cic. har. resp. 42 und passim. Steuerpächter: Cic. Pis. 87, prov. cons. 11–18. Gesetze des Clodius: Cass. Dio XXXIX 21.1–4; Plut. Cic. 34. Vgl. Badian 1997, 148 f., Pina Polo 2011, 194 f., Tatum 1999, 215–221. Zur Archivierung von Rechtsdokumenten auf Bronzetafeln: Williamson 1987. Zum *imperium* Catos siehe oben, S. 214 f.

27 Cass. Dio XXXIX 22 f. Vgl. Tatum 1999, 221 f.

28 Cic. Att. IV 8 a.1 f., Q. fr. II 7.2; Vell. II 46; Plut. Crass. 15, Pomp. 51.4–52.2, Cat. min. 41 f., Caes. 21.3 f.; App. civ. II 17; Cass. Dio XXXIX 27–31. Vgl. Broughton 1952, 214–216, Gruen 1995, 146 f., Seager 2002, 120–123, Tatum 1999, 222–225, Will 1991, 92.

29 Cic. Q. fr. II 9 (8).2. Vgl. Tatum 1999, 225 f. Lenaghan 1969, 133 und Benner 1987, 122 u. 145 meinen, Clodius habe die *legatio* nicht angetreten. Cic. Mil. 24 f. gibt an, Clodius habe seine Kandidatur für 53 anmelden wollen, sie aber zurückgezogen, weil die Amtszeit wegen abermals verspätet stattfindender Wahlen kein volles Jahr betragen habe. Das ist wenig wahrscheinlich. Sicher steckte Clodius aber 55 bereits in den Vorbereitungen für die Kandidatur. Vgl. Badian 1964, 150, Tatum 1999, 226 f. Zur *legatio libera*: Kunkel und Wittmann 1995, 122, Mommsen 1887, Bd. 2, 690 f.

30 Statuen: Plut. Cat. min. 43.4. Clodius als Urheber der Gewalt: Benner 1987, 126 f., Will 1991, 92. *Senatus consultum* gegen die *sodalitates*: Cic. Q. fr. II 3.5. Zur *lex Licinia de sodaliciis*, mit einer traditionellen Deutung als Wahlvereine: Karataş 2019, 60–103. Plausibel hat diese Deutung Stroh 2017 zurückgewiesen. Für überstrapaziert hält das Argument der *sodalicia* auch Tatum 1999, 225 f.

31 Procilius: Cic. Att. IV 17 (16).5. Pakt der Konsuln mit den Kandidaten: Cic. Att. IV 19 (17).2. Vgl. Q. fr. III 1.16.

32 Anklage wegen *ambitus*: Ebd., 2.3. Vgl. Tatum 1999, 231–233.

33 Cic. Att. IV 18.3 f., 19.1, Q. fr. III 1.15, 24; 2.1, 4.1, 5.5, 7.1; App. civ. II 24. Vgl. Tatum 1999, 233 f.

34 Partherkrieg: Strab. XVI 1.23; Cass. Dio XL 12.1; Plut. Crass. 31. Vgl. Arnaud 1998, Mattern-Parkes 2003, Timpe 1962.

35 Kandidaten: Liv. ep. CVII; Ascon. in Mil. 30; Schol. Bob. 281, St.; Plut. Cato min. 47.1; Cass. Dio XL 53.1. Straßenkämpfe: Ascon. in Mil. 30. Clodius: Cic. Mil. 87; Schol. Bob. 173, St. Vgl. Tatum 1999, 234–238 mit dem Gedanken, dass die Politik zugunsten der Freigelassenen in der claudischen Familientradition wurzelte.

36 Freilassungsgesetz: Cic. Mil. 89. Vgl. Vgl. Łoposzko 1987–89, Tatum 1999, 238 f.

37 Zum Hergang: Ascon. in Mil. 31 f.; App. civ. II 21; Cass. Dio XL 48.1. Vgl. Tatum 1999, 239 f., Will 1991, 93–98.

38 Bovillae: Badian 2009, 14 f. Dazu die archaisierende Inschrift ILLRP 270 mit einer Weihung für Vediovis (Apollo), den ursprünglichen Familiengott der Julier.

39 Cic. Mil. 29.

40 Zur Chronologie: Ruebel 1979, 232 f.

41 Cic. Mil. 35. Zu den möglichen Hintermännern: Will 1991, 101–102.

## EPILOG: DER UNTERGANG DER RÖMISCHEN REPUBLIK

1 R. Gest. div. Aug. 34.

2 Ascon. in Mil. 32 f., App. civ. II 21 f.; Cass. Dio XL 48.2 f. Zur Chronologie: Ruebel 1979, 234–236.

3 Ascon. in Mil. 34; App. civ. II 22; Cass. Dio XL 48.4 f. Vgl. Lintott 1974, 70 f., Ruebel 1979, 236–238, Will 1991, 102 f.

4 Ascon. in Mil. 35; App. civ. II 23. Vgl. Lintott 1974, 71, Ruebel 1979, 238 f.

5 Ascon. in Mil. 36 f.; App. civ. II 24. Vgl. Lintott 1974, 72 f., Ruebel 1979, 240–244.

6 Mommsen 1902–04, Bd. 4, 218, 299 u. 308.

7 »Ergebener Volkstribun«: Meier 1966, 285. »Abgründiger Charakter«: Meier 1986, 267. »Rom sich selbst überlassen«: Ebd., 285.

8 Benner 1987, 154.

9 Tatum 1999, 244 f.

10 Gruen 1995, 98 f. Ähnlich auch Fezzi 2008, 111.

# LITERATUR


Alexander, Michael C., *Trials in the late Roman Republic, 149 BC to 50 BC*, Toronto 1990.

Arendt, Hannah, »What is freedom?«, in: Hannah Arendt (Hg.), *Between past and future. Six exercises in political thought*, Cleveland, Oh. 1963, 142–169.

—, *Macht und Gewalt*, München 1987.

Arnaud, Pascal, »Les guerres parthiques de Gabinius et de Crassus et la politique occidentale des Parthes Arsacides entre 70 et 53 av. J.-C.«, in: *Electrum* 2 (1998), 13–34.

Assmann, Jan, »Politik zwischen Ritual und Dogma. Spielräume politischen Handelns im pharaonischen Ägypten«, in: *Saeculum* 35 (1984), 97–114.

Astin, Alan Edgar, *Scipio Aemilianus*, Oxford 1967.

Baberowski, Jörg, *Der bedrohte Leviathan. Staat und Revolution in Rußland*, (Carl-Schmitt-Vorlesungen, Bd. 3), Berlin 2021.

Badian, Ernest, *Lucius Sulla. The deadly reformer*, Sydney 1970.

Badian, Ernst, *Studies in Greek and Roman history*, Oxford 1964.

—, *Zöllner und Sünder. Unternehmer im Dienst der römischen Republik*, Darmstadt 1997.

—, »From the Iulii to Caesar«, in: Miriam T. Griffin (Hg.), *A companion to Julius Caesar*, Oxford 2009, 11–22.

Balsdon, J. P. V. D., »Fabula Clodiana«, in: *Historia* 15 (1966), 65–73.

Baltrusch, Ernst, *Regimen morum. Die Reglementierung des Privatlebens der Senatoren und Ritter in der römischen Republik und frühen Kaiserzeit*, München 1988.

Barceló, Pedro A., *Hannibal. Stratege und Staatsmann*, Stuttgart 2004.

Beck, Hans, »Züge in die Ewigkeit. Prozessionen durch das republikanische Rom«, in: *Göttinger Forum für Altertumswissenschaft* 8 (2005), 73–104.

Benner, Herbert, *Die Politik des P. Clodius Pulcher. Untersuchungen zur Denaturierung des Clientelwesens in der ausgehenden römischen Republik,* (Historia Einzelschriften, Bd. 50), Stuttgart 1987.

Berg, Beverly, »Cicero's Palatine home and Clodius' shrine of Liberty. Alternative emblems of the Republic in Cicero's *De domo sua*«, in: Carl Deroux (Hg.), *Studies in Latin literature and Roman history,* Bd. 8), Brüssel 1997, 122–143.

Berlin, Isaiah, »Zwei Freiheitsbegriffe«, in: *Deutsche Zeitschrift für Philosophie* 41 (1993), 741–775.

Bernstein, Alvin H., *Tiberius Sempronius Gracchus. Tradition and apostasy*, Ithaca (N. Y.) 1978.

Berthelet, Yann, »Violence, obstruction augurale et crise de la République romaine«, in: Lennart Gilhaus, Stephanie Kirsch, Isabelle Mossong, Franziska Reich und Sebastian Wirz (Hg.), *Elite und Krise in antiken Gesellschaften – Élites et crises dans les sociétés antiques*, (Kollegium Beatus Rhenanus, Bd. 5), Stuttgart 2016, 83–95.

Bichler, Reinhold, *»Hellenismus«. Geschichte und Problematik eines Epochenbegriffs,* (Impulse der Forschung, Bd. 41), Darmstadt 1983.

Bleicken, Jochen, *Die Verfassung der römischen Republik. Grundlagen und Entwicklung*, Paderborn 1975.

Bormann, Diana, »Jugend. Rom – Republik und Kaiserzeit«, in: Johannes Christes, Richard Klein und Christoph Lüth (Hg.), *Handbuch der Erziehung und Bildung in der Antike*, Darmstadt 2006, 72–78.

—, »Schule. Rom – Republik und Kaiserzeit«, in: Johannes Christes, Richard Klein und Christoph Lüth (Hg.), *Handbuch der Erziehung und Bildung in der Antike*, Darmstadt 2006, 101–110.

Bounas, Thomas, »Cicero und Verres. Die römische Provinzialverwaltung zwischen Fürsorge und Ausbeutung«, in: David Engels, Lioba Geis und Michael Kleu (Hg.), *Zwischen Ideal und Wirklichkeit. Herrschaft auf Sizilien von der Antike bis zum Spätmittelalter*, Stuttgart 2010, 137–158.

Briant, Pierre, *From Cyrus to Alexander. A History of the Persian Empire*, Winona Lake, Ind 2002.

Brice, Lee L., »Indiscipline in the Roman army of the late republic and principate«, in: Lee L. Brice (Hg.), *New approaches to Greek and Roman warfare*, Hoboken, NJ 2020

Bringmann, Klaus, *Die Agrarreform des Tiberius Gracchus. Legende und Wirklichkeit,* (Frankfurter historische Vorträge, Bd. 10), Stuttgart 1985.

Broughton, T. Robert S., *The magistrates of the Roman Republic. Volume II,* (Philological monographs, Bd. 15), New York 1952.

Brouwer, H. H. J., *Bona Dea. The sources and a description of the cult,* (Etudes préliminaires aux religions orientales dans l'Empire romain, Bd. 110), Leiden 1989.

Bryce, Trevor, »Anatolian states«, in: Peter F. Bang und Walter Scheidel (Hg.), *The Oxford handbook of the state in the Ancient Near East and Mediterranean,* Oxford 2013, 161–179.

Burckhardt, Leonhard, »Marcus Licinius Crassus – oder: Geld allein macht nicht glücklich«, in: Karl-Joachim Hölkeskamp und Elke Stein-Hölkeskamp (Hg.), *Von Romulus zu Augustus. Große Gestalten der römischen Republik,* München 2000, 199–218.

Canfora, Luciano, *Ellenismo,* (Biblioteca universale Laterza, Bd. 442), Roma 1995.

Chamoux, François, *La civilisation hellénistique,* Paris 1981.

Champion, Jeff, *Pyrrhus of Epirus,* Barnsley, South Yorkshire 2016.

Christ, Karl, *Sulla. Eine römische Karriere,* München 2002.

—, *Krise und Untergang der römischen Republik,* Darmstadt 2019.

Cohen, David, *Law, violence and community in classical Athens,* Cambridge 1995.

—, »The rule of law and democatic ideology in classical Athens«, in: Walter Eder (Hg.), *Die athenische Demokratie im 4. Jahrhundert v. Chr.,* Stuttgart 1995, 227–244.

Colpaert, Sabien, »Euergetism and the gift«, in: Filippo Carlà und Maja Gori (Hg.), *Gift giving and the ›embedded‹ economy in the ancient world,* Heidelberg 2014, 181–201.

Cornell, Timothy J., *The beginnings of Rome. Italy and Rome from the Bronze Age to the Punic Wars (c.1000–264 BC),* London 1995.

Dahlheim, Werner, »Die Not des Staates und das Recht des Bürgers. Die Verschwörung des Catilina (63/62 v. Chr.)«, in: Alexander Demandt (Hg.), *Macht und Recht. Große Prozesse in der Geschichte,* München 1990, 27–37.

—, »Der Staatsstreich des Konsuls Sulla und die römische Italienpolitik der achtziger Jahre«, in: Jochen Bleicken und Klaus Bringmann (Hg.), *Colloquium aus Anlass des 80. Geburtstages von Alfred Heuss,* Kallmünz in der Oberpfalz 1993, 97–116.

de Kleijn, Gerda, *The water supply of ancient Rome. City area, water, and population,* (Dutch monographs on ancient history and archaeology, Bd. 22), Amsterdam 2001.

Degelmann, Christopher, *Squalor. Symbolisches Trauern in der Politischen Kommunikation der Römischen Republik und Frühen Kaiserzeit,* Stuttgart 2018.

DeNardo, James, *Power in numbers. The political strategy of protest and rebellion*, Princeton 1985.

Desideri, Paolo, »Mitridate e Roma«, in: Guido Clemente, Filippo Coarelli und Emilio Gabba (Hg.), *L'impero mediterraneo. 1: La repubblica imperiale*, (Storia di Roma, Bd. 2), Torino 1990, 725–736.

Downey, Glanville, *Ancient Antioch*, Princeton N. J. 1963.

Drecoll, Carsten, »Die Karneadesgesandtschaft und ihre Auswirkungen in Rom«, in: *Hermes* 132 (2004), 82–91.

Drogula, Fred K., *Cato the Younger*, New York 2019.

Droysen, Johann Gustav, *Geschichte des Hellenismus*, Bde. 1–3, Gotha 1877–78.

Eckhardt, Benedikt, *Romanisierung und Verbrüderung. Das Vereinswesen im römischen Reich,* (Klio. Beihefte. Neue Folge, Bd. 34), Berlin 2021.

Eckstein, Arthur M., *Rome enters the Greek East. From anarchy to hierarchy in the Hellenistic Mediterranean, 230–170 B.C*, Oxford 2008.

Ehling, Kay, *Untersuchungen zur Geschichte der späten Seleukiden (164–63 v. Chr.). Vom Tode des Antiochos IV. bis zur Einrichtung der Provinz Syria unter Pompeius,* (Historia Einzelschriften, Bd. 196), Stuttgart 2008.

Epstein, David F., »Cicero's testimony at the Bona Dea trial«, in: *Classical Philology* 81 (1986), 229–235.

Fehrle, Rudolf, *Cato Uticensis,* (Impulse der Forschung, Bd. 43), Darmstadt 1983.

Fezzi, Luca, *Il tribuno Clodio*, Roma 2008.

Finley, Moses I., »Athenian demagogues«, in: *Past and Present* 21 (1962), 3–24.

Flaig, Egon, *Ritualisierte Politik. Zeichen, Gesten und Herrschaft im Alten Rom*, Göttingen 2003.

—, *Die Mehrheitsentscheidung. Entstehung und kulturelle Dynamik*, Paderborn 2013.

Flambard, J. M., »Clodius, les collèges, la plèbe et les esclaves. Recherches sur la politique populaire au milieu du 1er siècle«, in: *Mélanges de l'École française de Rome. Antiquité* 89 (1977), 115–156.

Forsythe, Gary, *A critical history of early Rome. From prehistory to the First Punic War*, Berkeley 2005.

Fuhrmann, Manfred, »Gerichtswesen und Prozeßformen in Rom. Der Prozeß gegen Verres«, in: *Ianus* 18 (1997), 7–17.

Gehrke, Hans-Joachim, »Der siegreiche König. Überlegungen zur hellenistischen Monarchie«, in: *Archiv für Kulturgeschichte* 64 (1982), 247–277.

—, *Geschichte des Hellenismus*, München 1995.

Gelzer, Matthias, »Licinius 104«, in: *RE* 13,1 (1926), 376–414.

—, »Die Nobilität der römischen Republik«, in: *Kleine Schriften*, Bd. 1, Wiesbaden 1962, 17–135.

—, »Cato Uticensis«, in: Hermann Strasburger und Christian Meier (Hg.), *Matthias Gelzer. Kleine Schriften*, Bd. 2, Wiesbaden 1963, 257–285.

—, *Caesar. Der Politiker und Staatsmann*, Wiesbaden 1983.

Gruen, Erich S., *The Hellenistic world and the coming of Rome*, Berkeley 1984.

—, »The »Fall« of the Scipios«, in: Irad Malkin und Wolfgang Zeev Rubinsohn (Hg.), *Leaders and masses in the Roman world. Studies in honour of Zvi Yavetz*, Leiden 1995, 59–90.

—, *The last generation of the Roman Republic*, Berkeley 1995.

Habicht, Christian, *Cicero der Politiker*, München 1990.

Hansen, Esther Violet, *The Attalids of Pergamon*, (Cornell studies in classical philology, Bd. 36), Ithaca 1971.

Harris, William V., *War and imperialism in republican Rome. 327–70 B.C*, Oxford 1991.

Heider, Ulrich, »Lucius Sergius Catilina. Ein Verbrecher aus verlorener Ehre?«, in: Karl-Joachim Hölkeskamp und Elke Stein-Hölkeskamp (Hg.), *Von Romulus zu Augustus. Große Gestalten der römischen Republik*, München 2000, 268–278.

Heuß, Alfred, *Theodor Mommsen und das 19. Jahrhundert*, (Veröffentlichungen der Schleswig-Holsteinischen Universitätsgesellschaft. Neue Folge, Bd. 19), Kiel 1956.

Hind, John G. F., »Mithridates«, in: John A. Crook, Andrew W. Lintott und Elizabeth Rawson (Hg.), *The last age of the Roman Republic, 146–43 B. C.*, Bd. 9), Cambridge 1994, 129–164.

Hölkeskamp, Karl-Joachim, *Die Entstehung der Nobilität. Studien zur sozialen und politischen Geschichte der Römischen Republik im 4. Jhdt. v. Chr.*, Stuttgart 1987.

—, *Rekonstruktionen einer Republik. Die politische Kultur des antiken Rom und die Forschung der letzten Jahrzehnte*, München 2004.

Hoyos, Dexter, *Mastering the West. Rome and Carthage at war*, Oxford 2015.

Jehne, Martin, »Cato und die Bewahrung der traditionellen *res publica*«, in: Gregor Vogt-Spira und Bettina Rommel (Hg.), *Rezeption und Identität*, Stuttgart 1999, 115–134.

Karataş, Sema, *Zwischen Bitten und Bestechen. Ambitus in der politischen Kultur der römischen Republik. Der Fall des Cn. Plancius*, (Hermes Einzelschriften, Bd. 115), Stuttgart 2019.

Keaveney, Arthur, *Sulla. The last republican*, London 1982.
—, *Lucullus. A life*, London 1992.
Kelly, Gordon P., *A history of exile in the Roman Republic*, Cambridge 2009.
Kennedy, Geoff, »Cicero, Roman republicanism and the contested meaning of *libertas*«, in: *Political Studies* 62 (2014), 488–501.
Klee, Margot, *Lebensadern des Imperiums. Straßen im Römischen Reich*, Darmstadt 2010.
Klynne, Allan, *Pyrrhos. Segraren som förlorade*, Stockholm 2016.
Koehn, Clemens, *Krieg – Diplomatie – Ideologie. Zur Außenpolitik hellenistischer Mittelstaaten*, (Historia Einzelschriften, Bd. 195), Stuttgart 2007.
Konrad, Michaela, *Emesa zwischen Klientelreich und Provinz. Identität und Identitätswandel einer lokalen Fürstendynastie im Spiegel der archäologischen Quellen*, (Orient-Archäologie, Bd. 34), Rahden, Westf. 2014.
—, »Die Klientelkönige von Emesa. Identität und identitärer Wandel im Spiegel der materiellen Quellen«, in: Udo Hartmann, Frank Schleicher und Timo Stickler (Hg.), *Imperia sine fine? Der römisch-parthische Grenzraum als Konflikt- und Kontaktzone*, Stuttgart 2022, 173–220.
Kornemann, Ernst, »Collegium«, in: *RE* IV,1 (1900), 380–480.
Kosmin, Paul J., *The land of the elephant kings. Space, territory, and ideology in the Seleucid Empire*, Cambridge, Mass. 2014.
Kübler, Bernhard, »Transitio ad plebem«, in: *RE* VI A,1 (1936), 2154.
Kunkel, Wolfgang und Roland Wittmann, *Staatsordnung und Staatspraxis der Römischen Republik*, München 1995.
Lazenby, J. F., »The conference of Luca and the Gallic War. A study on Roman politics«, in: *Latomus* 18 (1959), 67–76.
Leigh, Matthew, »The *Pro Caelio* and comedy«, in: *Classical Philology* 99 (2004), 300–335.
Lenaghan, John O., *A commentary on Cicero's oration De haruspicum responso*, (Studies in classical literature, Bd. 5), Den Haag 1969.
Letzner, Wolfram, *Lucius Cornelius Sulla. Versuch einer Biographie*, (Schriften zur Geschichte des Altertums, Bd. 1), Münster 2000.
Levick, Barbara, »Sulla's march on Rome in 88 B. C.«, in: *Historia* 31 (1982), 503–508.
Linke, Bernhard, »Appius Claudius Caecus – ein Leben in Zeiten des Umbruchs«, in: Karl-Joachim Hölkeskamp und Elke Stein-Hölkeskamp (Hg.), *Von Romulus zu Augustus. Große Gestalten der römischen Republik*, München 2000, 69–78.

Lintott, Andrew W., »Cicero and Milo«, in: *Journal of Roman Studies* 64 (1974), 62–78.

—, *The constitution of the Roman Republic*, Oxford 2004.

Łoposzko, Tadeusz, »Gesetzentwürfe betreffs der Sklaven im Jahre 53 v. u. Z.«, in: *Index* 8 (1987–89), 158–166.

Łoposzko, Tadeusz und Henryk Kowalski, »Catilina und Clodius. Analogien und Differenzen«, in: *Klio* 72 (1990), 199–210.

Luibheid, Colm, »The Luca conference«, in: *Classical Philology* 65 (1970), 88–94.

Luik, Martin, *Der schwierige Weg zur Weltmacht. Roms Eroberung der iberischen Halbinsel 218–19 v. Chr.*, Mainz am Rhein 2005.

Magie, David, *Roman rule in Asia Minor. To the end of the third century after Christ*, Bde. 1–2, New York 1950.

Mann, Christian, *Die Demagogen und das Volk. Zur politischen Kommunikation im Athen des 5. Jahrhunderts v. Chr.*, (Klio. Beihefte. Neue Folge, Bd. 13), Berlin 2007.

Marek, Christian, *Geschichte Kleinasiens in der Antike*, München 2010.

Marshall, Bruce A., *Crassus. A political biography*, Amsterdam 1976.

Martin, Jochen, *Die Popularen in der Geschichte der späten Republik*, Freiburg 1965.

Maschek, Dominik, *Die römischen Bürgerkriege. Archäologie und Geschichte einer Krisenzeit*, Darmstadt 2018.

Mastrocinque, Attilio, *Studi sulle guerre Mitridatiche*, (Historia Einzelschriften, Bd. 124), Stuttgart 1999.

—, »Religione e politica. Il caso di Bona Dea«, in: Giovanni Alberto Cecconi (Hg.), *Politiche religiose nel mondo antico e tardoantico. Poteri e indirizzi, forme del controllo, idee e prassi di tolleranza. Atti del convegno internazionale di studi, Firenze, 24–26 settembre 2009*, Bari 2011, 165–172.

Mattern-Parkes, Susan P., »The defeat of Crassus and the just war«, in: *The Classical World* 96 (2003), 387–396.

McGing, Brian C., *The foreign policy of Mithridates VI Eupator, King of Pontus*, Leiden 1986.

Mehl, Andreas, *Seleukos Nikator und sein Reich*, (Studia Hellenistica, Bd. 28), Leuven 1986.

Meier, Christian, »Zur Chronologie und Politik in Caesars erstem Konsulat«, in: *Historia* 10 (1961), 68–91.

—, *Res publica amissa. Eine Studie zu Verfassung und Geschichte der späten römischen Republik*, Wiesbaden 1966.

—, *Caesar*, München 1986.

Meißner, Burkhard, *Hellenismus*, Darmstadt 2007.

Meister, Jan B., »Aristokratischer Habitus als Modus der Differenzierung? Cicero und die römische Aristokratie«, in: Thomas Späth (Hg.), *Ciceros Korrespondenz und die Sozialgeschichte. La correspondence de Cicéron et l'histoire sociale*, (Collegium Beatus Rhenanus, Bd. 9), Stuttgart 2021, 162–178.

Messer, William Stuart, »Mutiny in the Roman army. The republic«, in: *Classical Philology* 15 (1920), 158–175.

Meyer, Eduard, *Caesars Monarchie und das Principat des Pompejus. Innere Geschichte Roms von 66 bis 44 v. Chr.*, Stuttgart 1922.

Michels, Christoph, *Kulturtransfer und monarchischer »Philhellenismus«. Bithynien, Pontos und Kappadokien in hellenistischer Zeit*, (Schriften zur politischen Kommunikation, Bd. 4), Göttingen 2009.

—, »Begrenzte Integration. Der Euergetismus der Könige von Bithynien Pontos und Kappadokien in der griechischen Welt«, in: Christina Antenhofer, Lisa Regazzoni und Astrid von Schlachta (Hg.), *Werkstatt Politische Kommunikation*, (Schriften zur politischen Kommunikation, Göttingen 2010, 189–204.

Mileta, Christian, *Der König und sein Land. Untersuchungen zur Herrschaft der hellenistischen Monarchen über das königliche Gebiet Kleinasiens und seine Bevölkerung*, (Klio Beihefte. Neue Folge, Bd. 14), Berlin 2008.

Millar, Fergus, »The political character of the classical Roman Republic, 200–151 B. C.«, in: *Journal of Roman Studies* 74 (1984), 1–19.

—, »Politics, persuasion, and the people before the Social War (150–90 B. C.)«, in: *Journal of Roman Studies* 76 (1986), 1–11.

—, *The crowd in Rome in the late Republic*, Ann Arbor 1998.

Mitchell, T. N., »The *leges Clodiae* and *obnuntiatio*«, in: *Classical Quarterly* 36 (1986), 172–176.

Momigliano, Arnaldo, »Rec. Ronald Syme: The Roman revolution«, in: *Journal of Roman Studies* 30 (1940), 75–80.

Mommsen, Theodor, *De collegiis et sodaliciis Romanorum*, Kiel 1843.

—, *Römisches Staatsrecht*, Leipzig 1887.

—, *Römische Geschichte*, Bde. 1–5, Berlin 1902–04.

Moreau, Philippe, *Clodiana religio. Un procès politique en 61 av. J.-C.*, (Collection d'études anciennes, Bd. 17), Paris 1982.

—, »La Lex Clodia sur le bannissement de Cicéron«, in: *Athenaeum* 65 (1987), 465–492.

Mouritsen, Henrik, *»Plebs« and politics in the late Roman Republic*, Cambridge 2001.

Münzer, Friedrich, »Claudius 91«, in: *RE* III 2 (1899), 2681–2685.
—, »Claudius 293«, in: *RE* III 2 (1899), 2846–2847.
—, »Claudius 295«, in: *RE* III 2 (1899), 2848.
—, »Claudius 296«, in: *RE* III,2 (1899), 2848–2849.
—, »Claudius 300«, in: *RE* III 2 (1899), 2855–2856.
—, »Claudius 304«, in: *RE* III 2 (1899), 2857–2858.
—, »Scribonius 10«, in: *RE* II A 1 (1921), 862–867.
—, »Ti. Sempronius Gracchus«, in: *RE* II A 2 (1923), 1409–1426.
—, »Terentius 82«, in: *RE* V A 1 (1934), 678–680.
Nippel, Wilfried, *Public order in ancient Rome*, Cambridge 1995.
—, »Die *plebs urbana* und die politische Gewalt in der späten Republik im Spiegel der jüngeren französischen und deutschen Forschung«, in: *Publications de l'École Française de Rome* 235 (1997), 237–252.
Ortega y Gasset, José, *Über das römische Imperium*, Stuttgart 1955.
Phillips, Edward, J., »Catiline's conspiracy«, in: *Historia* 25 (1976), 441–448.
Pina Polo, Francisco, *Rom, das bin ich. Marcus Tullius Cicero. Ein Leben*, Stuttgart 2011.
Popitz, Heinrich, *Phänomene der Macht*, Tübingen 1999.
Raaflaub, Kurt, Julian D. Richards und Loren J. Samons, »Appius Claudius Caecus, Rome, and Italy before the Pyrrhic war«, in: Tony Hackens, Nancy D. Holloway und Robert Ross Holloway (Hg.), *The age of Pyrrhus*, Louvain 1992, 13–50.
Rawson, Elizabeth, »The Eastern Clientelae of Clodius and the Claudii«, in: *Historia* 22 (1973), 103–124.
Reinach, Théodore, *Mithradates Eupator. König von Pontos*, Leipzig 1895.
Rich, John, »Tiberius Gracchus, land and manpower«, in: Olivier Hekster, Gerda de Kleijn und Daniëlle Slootjes (Hg.), *Crises and the Roman Empire. Proceedings of the seventh workshop of the international network Impact of Empire (Nijmegen, June 20–24, 2006)*, Leiden 2007, 155–166.
Richardson, John, »Spain, Africa, and Rome after Carthage«, in: Dexter Hoyos (Hg.), *A companion to the Punic Wars*, Malden, MA 2011, 467–482.
Rosenstein, Nathan, »Military command, political power, and the republican elite«, in: Paul Erdkamp (Hg.), *A companion to the Roman army*, Oxford 2007, 132–147.
Rosillo López, Cristina, *Communicating public opinion in the Roman Republic*, (Historia Einzelschriften, Bd. 256), Stuttgart 2019.

Rostovtzeff, Michael, *The social and economic history of the Hellenistic world*, Bde. 1–3, Oxford 1941.

Ruebel, James S., »The trial of Milo in 52 B. C. A chronological study«, in: *Transactions of the American Philological Association* 109 (1979), 231–249.

Russell, Amy, »Why did Clodius shut the shops? The rhetoric of mobilizing a crowd in the Late Republic«, in: *Historia* 2016 (2016), 186–210.

Ryan, Francis X., »Das Haupt des Appius«, in: *Studia Humaniora Tartuensia* 5 (2004), 1–16.

Sampson, Gareth C., *Rome's great eastern war. Lucullus, Pompey and the conquest of the East, 74–62 BC*, Barnsley 2021.

Sartre, Maurice, *The Middle East under Rome*, Cambridge, Mass. 2005.

Scardino, Carlo, *Gestaltung und Funktion der Reden bei Herodot und Thukydides,* (Beiträge zur Altertumskunde, Bd. 250), Berlin 2007.

Schmitt, Tassilo., *Hannibals Siegeszug. Historiographische und historische Studien vor allem zu Polybios und Livius,* (Quellen und Forschungen zur antiken Welt, Bd. 10), München 1991.

Scholz, Peter, *Den Vätern folgen. Sozialisation und Erziehung der republikanischen Senatsaristokratie,* (Studien zur alten Geschichte, Bd. 13), Berlin 2011.

Seager, Robin, »Clodius, Pompeius and the exile of Cicero«, in: *Latomus* 24 (1965), 519–531.

—, »Sulla«, in: John A. Crook, Andrew W. Lintott und Elizabeth Rawson (Hg.), *The last age of the Roman Republic, 146–43 B. C.*, (Cambridge Ancient History, Bd. 9), Cambridge 1994, 165–207.

—, *Pompey the Great. A political biography*, Oxford 2002.

Seibert, Jakob, *Hannibal*, Darmstadt 1993.

—, *Hannibal. Feldherr und Staatsmann*, Mainz 1997.

Sherwin-White, Adrian N., *Roman foreign policy in the East. 168 B. C. to A. D. 1*, London 1984.

—, »Lucullus, Pompey and the East«, in: John A. Crook, Andrew W. Lintott und Elizabeth Rawson (Hg.), *The last age of the Roman Republic. 146–43 B. C.*, Bd. 9), Cambridge 1994, 229–273.

Sherwin-White, Susan M. und Amélie Kuhrt, *From Samarkhand to Sardis. A new approach to the Seleucid empire*, London 1993.

Simon, Helmut, *Roms Kriege in Spanien 154–133 v. Chr.,* (Frankfurter wissenschaftliche Beiträge. Kulturwissenschaftliche Reihe, Bd. 11), Frankfurt a. M. 1962.

Sommer, Michael, »»Sie ergreifen das Szepter über Land und Meer …«

Römische Herrschaft im hellenistischen Osten als Paradigma der Macht«, in: *Zeitschrift für Geschichtswissenschaft* 50 (2002), 505–526.

—, *Schwarze Tage. Roms Kriege gegen Karthago*, München 2021.

Spielvogel, Jörg, »P. Clodius Pulcher. Eine Politische Ausnahme-Erscheinung der Späten Republik?«, in: *Hermes* 125 (1997), 56–74.

Stephan, Eckhard, *Honoratioren, Griechen, Polisbürger. Kollektive Identitäten innerhalb der Oberschicht des kaiserzeitlichen Kleinasien*, Göttingen 2002.

Strauß, Simon, *Von Mommsen zu Gelzer? Die Konzeption römisch-republikanischer Gesellschaft in »Staatsrecht« und »Nobilität«*, (Historia Einzelschriften, Bd. 248), Stuttgart 2017.

Stroh, Wilfried, »*De domo sua*. Legal problem and structure«, in: Jonathan F. Powell und Jeremy Paterson (Hg.), *Cicero the advocate*, Oxford 2004, 313–370.

—, »Die *Lex Licinia de sodaliciis* im Lichte von Ciceros Rede Pro Plancio, oder: Eine Studie zum Phantom der römischen Wahlvereine«, in: Ulrike Babusieaux, Peter Nobel und Johannes Platschek (Hg.), *Der Bürge einst und jetzt. Festschrift für Alfons Bürge*, Zürich 2017

Tatum, W. Jeffrey, »Cicero and the Bona Dea scandal«, in: *Classical Philology* 85 (1990), 229–235.

—, »Cicero's opposition to the *lex Clodia de collegiis*«, in: *Classical Quarterly* 40 (1990), 187–194.

—, »The *lex Papiria de dedicationibus*«, in: *Classical Philology* 88 (1993), 319–328.

—, *The patrician tribune. Publius Clodius Pulcher*, Chapel Hill 1999.

Taylor, Lily Ross, »The date and the meaning of the Vettius affair«, in: *Historia* 1 (1950), 45–51.

Timpe, Dieter, »Die Bedeutung der Schlacht von Carrhae«, in: *Museum Helveticum* 19 (1962), 104–129.

Ungern-Sternberg, Jürgen von, »Das Verfahren gegen die Catilinarier oder: Der vermiedene Prozeß«, in: Ulrich Manthe und Jürgen von Ungern-Sternberg (Hg.), *Große Prozesse der römischen Antike*, München 1997, 85–99.

van der Spek, Robartus J., »The Hellenistic Near East«, in: Walter Scheidel, Ian Morris und Richard Saller (Hg.), *The Cambridge economic history of the Greco-Roman world*, Cambridge 2007, 409–433.

Vanderbroeck, Paul J. J., *Popular leadership and collective behavior in the late Roman Republic (ca. 80–50 B. C.)*, (Dutch monographs on ancient history and archaeology, Bd. 3), Amsterdam 1987.

Veyne, Paul, *Le pain et le cirque. Sociologie historique d'un pluralisme politique*, Paris 1976.

—, »Das Römische Reich«, in: Paul Veyne (Hg.), *Vom Römischen Imperium zum Byzantinischen Reich*, (Geschichte des privaten Lebens, Bd. 1), Frankfurt am Main 1989, 19–228.

Volkmann, Hans, *Sullas Marsch auf Rom. Der Verfall der römischen Republik*, (Janus-Bücher, Bd. 9), München 1958.

Vössing, Konrad, »Studium. Rom – Republik und Kaiserzeit«, in: Johannes Christes, Richard Klein und Christoph Lüth (Hg.), *Handbuch der Erziehung und Bildung in der Antike*, Darmstadt 2006, 136–145.

Walbank, Frank William, *Die hellenistische Welt*, München 1994.

Walter, Uwe, *»Memoria« und »res publica«. Zur Geschichtskultur im republikanischen Rom*, Frankfurt am Main 2004.

—, *Politische Ordnung in der römischen Republik*, (Enzyklopädie der griechisch-römischen Antike, Bd. 6), Berlin 2017.

Weber, Max, »Die drei reinen Typen der legitimen Herrschaft«, in: *Weltgeschichtliche Analysen, Politik*, Stuttgart 1956, 151–166.

—, *Soziologische Grundbegriffe*, Tübingen 1981.

—, »Politik als Beruf«, in: *Wissenschaft als Beruf – Politik als Beruf*, (Max Weber Gesamtausgabe, Bd. 1,17), Tübingen 1992, 113–252.

Will, Wolfgang, *Der römische Mob. Soziale Konflikte in der späten Republik*, Darmstadt 1991.

Williamson, Callie, »Monuments of bronze. Roman legal documents on bronze tablets«, in: *Classical Antiquity* 6 (1987), 160–183.

Wiseman, Timothy Peter, *Catullus and his world: a reappraisal*, Cambridge 1985.

Wolski, Józef, *The Seleucids. The decline and fall of their empire*, Kraków 1999.

Zahrnt, Michael, »Publius Cornelius Scipio Aemilianus – der intrigante Enkel«, in: Karl-Joachim Hölkeskamp und Elke Stein-Hölkeskamp (Hg.), *Große Gestalten der römischen Republik*, München 2000, 159–171.

Zimmermann, Martin, *Pergamon. Geschichte, Kultur, Archäologie*, München 2011.

# BILDNACHWEIS

S. 88–89: Isabell Bischoff, Hannover
S. 135: mauritius images/Artokoloro/Alamy Stock Photo
S. 203: mauritius images / World Book Inc.
S. 212: mauritius images / TopFoto
S. 266: Michael Sommer

# REGISTER

## 1. PERSONEN

## 2. ORTE

Tom Holland
**Rubikon**
Triumph und Tragödie
der Römischen Republik
Aus dem Englischen von Andreas
Wittenburg
464 Seiten, kartoniert
ISBN 978-3-608-94924-7

Aufstieg und Untergang der Römischen Republik: Mit stilistischer Brillanz und historischem Scharfsinn erzählt Tom Holland die römische Geschichte von ihren etruskischen Anfängen bis zur Ermordung Caesars.